Imagem imperfeita

Russell Jacoby

Imagem imperfeita
Pensamento utópico para uma época antiutópica

TRADUÇÃO DE
Carolina Araújo

Rio de Janeiro
2007

COPYRIGHT © 2005, Columbia University Press

TÍTULO ORIGINAL
Picture Imperfect – Utopian Thought for an Anti-Utopian Age

CAPA
Evelyn Grumach

PROJETO GRÁFICO
Evelyn Grumach e João de Souza Leite

CIP-BRASIL. CATALOGAÇÃO-NA-FONTE
SINDICATO NACIONAL DOS EDITORES DE LIVROS, RJ.

J18i	Jacoby, Russell Imagem imperfeita: pensamento utópico para uma época antiutópica / Russell Jacoby; tradução Carolina de Melo Bomfim Araújo. – Rio de Janeiro: Civilização Brasileira, 2007.

Tradução de: Picture Imperfect – Utopian Thought for an Anti-Utopian Age
ISBN 978-85-200-0731-0

1. Utopias. 2. Distopias. 3. Utopias – Aspectos religiosos. I. Título.

06-4618	CDD – 321.07 CDU – 321.167.5

Todos os direitos reservados. Proibida a reprodução, armazenamento ou transmissão de partes deste livro, através de quaisquer meios, sem prévia autorização por escrito.

Direitos desta tradução adquiridos pela
EDITORA CIVILIZAÇÃO BRASILEIRA
Um selo da
EDITORA RECORD LTDA.
Rua Argentina 171 – 20921-380 – Rio de Janeiro, RJ – Tel.: 2585-2000

PEDIDOS PELO REEMBOLSO POSTAL
Caixa Postal 23.052 – Rio de Janeiro, RJ – 20922-970

Impresso no Brasil
2007

Para Cristina

Sumário

PREFÁCIO 9

AGRADECIMENTOS 21

1. Uma brisa anárquica 23

2. Sobre o antiutopismo: mais ou menos 71

3. Tirar o mundo de seu eixo 131

4. Um anseio que não pode ser pronunciado 173

EPÍLOGO 213

NOTAS 219

ÍNDICE REMISSIVO 271

Prefácio

"Nossa mais importante tarefa neste momento é construir castelos no céu", escreveu Lewis Mumford em seu *Story of Utopias*, de 1922.* Quatro décadas depois, ele se perguntava como pôde, na aurora da Primeira Guerra Mundial, ter manifestado sentimentos tão otimistas: "Eu ainda vivia no espírito auspicioso de uma época anterior", explicou Mumford, que, então, escrevia sob o "impulso do grande século XIX, com o seu lastro de idealismo esfuziante e de sólidas iniciativas sociais".[1]

Hoje apenas os historicamente estúpidos acreditam ser urgente construir castelos no céu. O idealismo esfuziante desapareceu há muito tempo. Em uma época de emergências permanentes, mais do que nunca nos tornamos utilitaristas estritos, dedicados a consertar, e não a reinventar, o aqui e o agora. Mesmo assim, é possível argumentar em favor de uma escrita da história a contrapelo, de uma escrita sob o impulso não deste, mas de um outro período. Em uma era de triagem intelectual, eu me dedico ao espírito utópico de outrora.

---

*Os títulos citados que têm edições em português trazem os nomes dessas traduções, os que não foram traduzidos mantiveram o título da edição utilizada pelo autor. Nas notas, contudo, manteve-se a edição utilizada pelo autor em todos os casos. (*N. T.*)

Entretanto, ninguém pode saltar sobre a sua própria sombra histórica. Qualquer estudo sobre o espírito utópico deve ocupar-se de sua situação atual. Hoje, a maioria dos observadores considera os utópicos e seus simpatizantes, na melhor das hipóteses, sonhadores inconseqüentes e, na pior delas, totalitários assassinos. A última acusação, e não a primeira, me preocupa. Apóia-se em uma leitura do registro histórico — precisamente na leitura dos grandes romances "antiutópicos" tais como *1984* — que é profundamente equivocada. Baseia-se em uma distensão da categoria "utópica", de modo a nela incluir qualquer idéia de uma sociedade futura, não importando o que isso implique de vicioso ou exclusivista. Todos os ditadores do século XX, de Hitler a Pol Pot, e todos os terroristas do século XXI foram taxados de utópicos. Uma recente exposição sobre utopias, em Nova York e Paris, incluía fotografias de um *kibutz* israelense e de um campo de concentração nazista, como se cada um deles representasse uma utopia viável.

A tradição utópica pode ser difusa, mas, nesse caso, ela acaba por transformar-se em tudo e nada. À medida que a história satura o pensamento utópico, nem uma única definição pode determinar a sua essência. Não obstante, ao longo de milênios, alguns compromissos marcaram-no de modo consistente. Das idéias greco-romanas de uma "época de ouro" até as fantasias de reinos mágicos no século XIX, noções de paz, bem-estar e plenitude caracterizaram a utopia, no mais das vezes ligadas à fraternidade e ao trabalho coletivo. Na "época de ouro" de Ovídio, "as criaturas vivas confiavam umas nas outras". As cidades não se escondiam atrás de "altas muralhas e pontes". Nem o som das "espadas retinindo" quebrava a paz; a terra produzia "riquezas tal como as árvores geram frutos".[2] Basta saltar alguns milênios até a ficção utópica moderna para encontrar idéias análogas. Em *A cidade esmeralda*, de 1910, L. Frank Baum descreve a Terra de Oz como um lugar que não conhece a doença ou a pobreza, onde até mesmo a morte era rara: as pessoas morriam apenas por acidentes infortunados. "Não havia pessoas pobres [...] porque não havia dinheiro. [...] Os vizinhos davam a cada um, gratuitamente, o que quer que lhe fosse necessário ao uso. [...] Todos trabalhavam durante metade do tempo e brincavam durante a outra metade." Os habitantes de Oz eram "pacíficos, generosos, cordiais e alegres".[3]

Eu recuso a idéia de que os ideólogos nazistas pertençam a esse grupo. A preocupação nazista com a pureza racial, a guerra e a nação não compartilha em nada com os motivos utópicos clássicos. Em seu *O mito do século XX*, de 1930, um texto fundamental do *Reich* nazista, Alfred Rosenberg pode sonhar com um "novo tipo humano" e um "novo modo de vida", mas a pureza ariana e o pulso germânico definem esse futuro. "Um povo ainda pode libertar-se da servidão política", escreve ele, "mas nunca mais da poluição racial". Para Rosenberg, os "patifes negros e judeus" estavam afogando a Alemanha e tinham de ser eliminados. "O que ainda é incerto é quando uma Alemanha desperta alcançará o estágio de realizar uma limpeza impiedosa, com vassoura de ferro e disciplina infatigável. Mas, se há ainda um ponto em que repousa a maior e mais sagrada das tarefas, é na propagação da doutrina da manutenção de uma raça pura."[4] Mesmo antes de os nazistas chegarem ao poder, os ideólogos do nazismo aproximavam-se muito mais da conclamação ao genocídio do que da paz e da fraternidade utópica.

Também a recente avalanche de terrorismo global, freqüentemente atribuída a fanáticos religiosos, não pode ser imputada aos utopistas. "Assim como os comunistas", informa-nos um oficial do Departamento de Defesa norte-americano, os radicais islâmicos "prometem uma utopia".[5] Mas que tipo de utopia buscam os radicais islâmicos, e quais os meios de que se utilizam para tal? Charles Fourier, o grande utopista francês do século XIX, imaginou um mundo de prazeres eróticos e gastronômicos, no qual os mais modestos indivíduos desfrutariam de uma vasta variedade de amantes e iguarias. Para concretizar suas idéias, Fourier escreveu livros, atormentou potenciais patrocinadores e, em certa ocasião, reuniu fundos para comprar um terreno fora de Paris no qual seria fundada uma comunidade. Sayyid Qutb — o egípcio do século XX, geralmente considerado a grande fonte intelectual da fraternidade muçulmana e do islamismo radical — desprezaria Fourier e tudo o que ele representava.[6]

Qutb rejeita o "paganismo" em todas as suas formas — o liberalismo, o secularismo, a liberdade sexual e, obviamente, o judaísmo. "A maior parte das teorias que tentam destruir todos os valores e tudo o que é sagrado para a humanidade é defendida por judeus."[7] Qutb defendia uma *Jihad* em prol do "império de Alá [...] e da lei da divina *Shariah* [a lei islâmica]".[8] Enquanto Fourier ridicularizava a hipocrisia dos padres e filósofos que denunciavam (e em geral praticavam) o adultério, propondo libertar as mulheres da submissão "civilizada", Qutb especifica punições "severas" para o adultério. "Para homens e mulheres casados", escreve em *Social Justice in Islam*, a fornicação exige "apedrejamento até a morte"; para os descasados, ela exige "cem chicotadas", o que, geralmente, é "fatal". Outras infrações são tratadas da mesma maneira. A punição para o roubo "é fixada como a mutilação de uma mão; no caso de uma segunda ofensa, a outra mão é

PREFÁCIO

decepada; na terceira, um pé; e depois, o outro pé".[9] Quais são os elos dessas normas com a utopia?

Ainda assim, idéias sobre o paraíso, a igualdade e a liberdade também aparecem nas obras de radicais islâmicos como Qutb. Entretanto, umas poucas frases, ou mesmo sentenças e parágrafos, não constituem uma visão utópica. O tema é o espírito maior do islamismo radical, algo distante das utopias clássicas. "Sabei que o paraíso já se embeleza [para vós] e que os belos anjos vos chamam depois de terem vestido os mais belos trajes", escreveu Mohammad Atta, o chefe dos seqüestradores no ataque de 11 de setembro ao World Trade Center, em sua mensagem final aos seus compatriotas. Sua frase seguinte os incita a, se vierem a ter a "honra" de assassinar um passageiro, fazê-lo em nome de seus pais, ao que prossegue cortando a garganta de um deles, como em um sacrifício ritualístico de um animal.[10] Compare-se isso à *Utopia* de More, escrita, cronologicamente, cinco séculos antes e, espiritualmente, dez séculos à frente, na qual a tolerância religiosa era praticada e a violência detestada. A *Utopia* de More incluía adoradores do Sol e da Lua. "Todos eram livres para praticar a religião que bem entendessem, e tentar converter as outras pessoas para a sua própria fé, desde que o fizessem tranqüila e educadamente, por meio do argumento racional."

Não tenho qualquer intenção de exonerar os utopistas de todo e qualquer crime. O que pretendo sugerir é que o pincel largo, que pinta todos os utopistas como terroristas e todos os terroristas como utopistas, seja trocado por uma ferramenta mais precisa. Na maioria dos casos são as paixões nacionalistas, étnicas e sectaristas — e não as idéias utópicas — que conduzem à violência global. Onde estão os utopistas em Ruanda, no Sudão, no Iraque, em Belize, no Sri Lanka, na

Palestina e em Israel? As lutas nessas regiões são em função do poder, da terra, da identidade de um grupo e da religião. No entanto, "utópico" permanece um rótulo conveniente a todos aqueles inflamados pelas idéias de nação, religião e raça.

Busco aqui delinear a história do ânimo antiutópico moderno. Ironicamente, o antiutopismo remonta ao próprio Thomas More, o criador do termo "utopia". Com o surgimento de Lutero e as turbulências da Reforma, o católico More se voltou contra o movimento que ele acreditava ter contribuído para iniciar. O utopista More tornou-se o antiutopista More, o terror dos chamados heréticos. Intelectuais importantes do século XX, tais como Karl Popper, Isaiah Berlin e Hannah Arendt, seguiram os passos de More ao atacar uma doutrina que anteriormente os tinha atraído. Primeiramente seduzidos por um marxismo vagamente utópico, eles, a seguir, rejeitaram-no diante de um stalinismo claramente brutal; esses "antiutopistas liberais" lideraram a crítica à ideologia totalitária mais ampla. O totalitarismo tornou-se o lema geral não só para o utopismo, como também para o marxismo, o nazismo e o nacionalismo. Hoje, os antiutopistas liberais são quase universalmente aclamados, suas idéias se tornaram a sabedoria convencional de nossos dias. Enquanto sua crítica se aplica ao totalitarismo ou ao marxismo e suas deformações, não tenho o que lhes refutar; porém, na medida em que ela denigre todo o pensamento utópico, eu tenho uma objeção.

A extinção da especulação utópica deriva, obviamente, de outros motivos além do sucesso dos liberais antiutópicos. No capítulo 1, apresento um cenário de razões, incluindo a perda da força da imaginação moderna. A história não afeta apenas as eleições e as guerras, mas também o modo como

PREFÁCIO

pensamos e imaginamos. Será possível que a imaginação — a fonte da especulação utópica — tenha perdido o seu vigor? Será que uma represa implacável de "imagens" pré-fabricadas, advindas do cinema e da publicidade, tenha estorvado a sua fonte lingüística e factual, a "imaginação"? Será que a imaginação se tornou estéril — ou melhor, prática e realista? O assunto dificilmente é circunscrito e minhas preocupações resistem a provas, de modo que ofereço apenas evidências sugestivas. Às vezes ofereço um curso sobre utopismo. Os estudantes que chegam ao verdejante campus da Califórnia têm perfis e proveniências variados, mas, em geral, trazem o sorriso fácil e o olhar aberto daqueles com quem a vida foi generosa. Dou tempo para que os estudantes delineiem suas próprias utopias. Eles então trazem idéias louváveis — tratamento de saúde universal com escolha dos médicos, educação superior gratuita, parques limpos, veículos ecológicos —, mas muito pouco que escapa ao ordinário. Os sonhos mais audaciosos poderiam ainda assim ser concretizados por um amplo estado de bem-estar social.

Não sou um defensor da construção no céu de castelos do tipo completo, com especificações sobre o tamanho dos aposentos e o horário das refeições. A época desses castelos detalhadamente projetados provavelmente passou. Ao menos foram-se os dias em que parecia desejável diagramar o futuro até sua última porta, janela e torreão. Ainda assim, o espírito desses castelos etéreos permanece vivo e precioso — ou pelo menos eu espero que sim — e aí reside o paradoxo desse ensaio utópico antiutópico. Traço uma distinção entre duas correntes do pensamento utópico: a tradição projetista e a tradição iconoclasta. Os utopistas projetistas mapeiam o futuro a cada centímetro e minuto. Da disposição dos assentos à mesa aos temas de conversação, os projetistas — de longe o maior grupo dos utopistas — apresentam instruções precisas. Para solucionar a segregação etária na utopia de More, por exemplo, velhos e jovens sentam-se em grupos alternados de quatro pessoas. O jantar começa com "uma peça de literatura educativa lida em voz alta [...]. A seguir, os mais velhos começam a discutir problemas sérios".

Os detalhes foram, algumas vezes, inspiradores. Para demonstrar o seu desprezo pelo metal precioso, os utópicos de More usavam urinóis de ouro, além disso, usavam roupas rústicas e não compreendiam por que deveriam valorizar peças feitas com boa lã. "Afinal de contas, essas roupas finas foram, anteriormente, usadas por uma ovelha e eles não conseguiriam transformá-las em nada melhor do que uma ovelha." No entanto, a informação detalhada sobre tamanho, forma, dieta e modas do futuro incorre em muitos riscos. Inevitavelmente, a história obscurece ou ridiculariza os planos mais audaciosos, ela os faz parecerem banais demais ou idiossincráticos demais. Pior, esses planos freqüentemente revelam mais uma vontade de dominação do que de liberdade, eles prescrevem o modo como homens e mulheres deveriam agir, viver e falar livremente, como se eles não fossem capazes de descobrir isso por si mesmos.

Volto-me, então, aos utopistas iconoclastas, aqueles que sonharam uma sociedade superior, mas que se recusaram a apresentar suas medidas precisas. No sentido original e por razões originais, eles eram iconoclastas, eram contestadores e destruidores de imagens. Explícita ou implicitamente, eles observaram a proibição bíblica aos ídolos: "Não farás para ti ídolos [...] Não te prostrarás diante deles, nem lhes prestarás culto" (Êxodo, 20:4-5). Essa proibição, naturalmente, não implica qualquer desrespeito a Deus. Ao contrário: ela O honra ao se recusar a circunscrevê-Lo. Do mesmo modo que Deus, para os judeus, não pode ser representado, o futuro, para os utopistas iconoclastas, não pode ser descrito; ele só pode ser abordado por meio de pistas e parábolas. É possível "ouvir" o futuro, mas não vê-lo. O *Spirit of Utopia*, de Ernest Bloch, obra clássica do gênero, de 1918, não oferece qualquer detalhe concreto sobre o futuro. Ele invoca um espírito utópico puramente por meio de suas reflexões sobre a música, a poesia e a literatura. Eu examino as raízes e os contornos desse utopismo iconoclasta — iconoclasta porque evita os projetos, e utópico porque evoca uma futura "bem-aventurança dos completamente satisfeitos".[11]

Os utopistas projetistas conquistaram o maior quinhão de atenção — tanto dos especialistas quanto dos leigos. Eles descrevem utopias em cores vívidas; suas propostas podem ser estudadas, abraçadas ou rejeitadas. De Thomas More a Edward Bellamy, suas utopias tomaram a forma de narrativas nas quais viajantes contam suas aventuras no futuro ou em uma terra desconhecida. Eles apresentam personagens, eventos e particularidades. *Looking Backward*, de Bellamy, um clássico do utopismo projetista, começa com uma narrativa direta: "Vi a luz pela primeira vez na cidade de Boston, no ano de 1857."

Os utopistas iconoclastas, ao contrário, oferecem pouco de concreto em que se prender; não apresentam nem fábulas nem imagens do que virá. Perto dos projetistas, parecem quase tão inefáveis quanto de fato o são. Eles desaparecem nos limites do utopismo. O *Spirit of Utopia* de Bloch começa misteriosamente: "Eu sou. Nós somos. Isso basta. Agora temos de começar." Se, em relação ao futuro, os iconoclastas eram ascéticos, eles não o eram de fato. Esse ponto deve ser ressaltado, já que a iconoclastia por vezes sugere um temperamento severo e puritano. Se há algo que define o utopista iconoclasta, é o desejo de luxo e sensualidade, não um puritanismo frio.

Em uma sociedade obcecada pelas imagens como a nossa, eu sugiro que o utopismo projetista tradicional pode ter se exaurido, mas o utopismo iconoclasta é indispensável. Os utopistas iconoclastas resistem à sedução moderna das imagens. Figuras e gráficos não são obviamente novos, mas a sua ubiqüidade é. Uma cortina de imagens nos circunda da manhã até a noite, da infância à velhice. A palavra — quer escrita, quer oral — parece se retrair no despertar dessas imagens. "Tudo", escreve o teólogo Jacques Ellul em sua defesa da iconoclastia moderna, *The Humiliation of the Word*, "está subordinado à visualização e nada tem sentido fora dela." Vivemos em uma "era da visualização extrema".[12]

Mesmo na atual sala de aula, volumes ostentosos com gráficos vistosos substituíram antigos livros-texto pontilhados com fotos cinzentas. Extravagâncias em multimídia com projeções de computadores e visuais elaborados substituíram a antiquada palestra. Com efeito, "uma imagem vale mais do que mil palavras", mesmo tendo sido um publicitário da década de 1920 a cunhar essa frase. Ele vendia a seus próprios colegas a eficácia de se exibir anúncios publicitários nos bondes. "Que manteiga deliciosa é uma frase bem curta", dizia seu manuscrito, "mas ela venderá mais mercadorias se apresentada ao lado de uma imagem tentadora do produto — disponibilizada a muitas pessoas, de manhã, à tarde e à noite, todos os dias do ano — do que mil palavras colocadas diante do mesmo número de pessoas."[13] Não vou me prolongar na questão do significado

PREFÁCIO

de se viver em uma "era de visualização extrema", mas creio que em uma era como a nossa os pouco notados utopistas iconoclastas são mais importantes do que nunca.

Meu objetivo neste livro é primeiramente identificar a suspeita, hoje reinante, em relação à utopia e mapear a sua história. Considerarei o modo pelo qual alguns dos intelectuais mais veneráveis de nosso tempo, tais como Isaiah Berlin, Karl Popper e Hannah Arendt, moldaram um antiutopismo moderno. Também quero distinguir as duas tradições de utopismo — projetista e iconoclasta. Creio que os utopistas iconoclastas são essenciais para qualquer esforço de se escapar à letra do cotidiano. Esse esforço é a condição *sine qua non* para um pensamento sério sobre o futuro — o pré-requisito de *qualquer* pensamento. Os utopistas iconoclastas foram tanto visionários, ao esquadrinhar o perigo da iconografia sedutora, quanto arcaicos, ao sustentar injunções bíblicas. Como judeus que eram, em sua maioria, eles não nomearam ou representaram Deus; sequer inventariaram o futuro. Não alego que tenham constituído um grupo compacto; não obstante, de Gustav Landauer a Max Horkheimer, compartilharam uma orientação fundamental. Isso é tudo — mas creio que seja o suficiente.

Um exemplo: em 1960 o poeta Paul Celan encontrou em uma livraria de Paris uma coleção de ensaios sobre o judaísmo publicada em Praga, em 1913. Kafka tinha uma cópia dessa obra e muitos de seus amigos, como Max Brod e Hugo Bergmann, contribuíram com textos. Celan, aparentemente, leu apenas um ensaio com atenção: "The sanctification of the name",[14] de Bergmann. Celan, que sobrevivera a um campo de concentração nazista e se suicidou aos quarenta e nove anos, sublinhou a seguinte frase do

Talmude: "Aquele que pronunciar o Nome perderá a sua parte no mundo futuro."[15]

Essa frase sintetiza um axioma dos utopistas iconoclastas: a sua resistência em representar o futuro. Eles não apenas obedeceram ao tabu sobre os ídolos, equilibraram-se no limite do silêncio sobre o que poderia ser. Se o futuro desafia a representação, não desafia, no entanto, a esperança. Os utopistas iconoclastas eram utopistas contra a corrente. Não se renderam ao toque do tambor das emergências cotidianas, também não pintaram uma utopia em cores reluzentes. Eles mantiveram seus ouvidos atentos a longínquos sons de paz e alegria, de um tempo em que, como disse o profeta Isaías, "o leão comerá palha como o boi" (Isaías, 11:7). Podemos aprender com eles.

Los Angeles, Califórnia

Agradecimentos

Como nos meus livros anteriores, mantenho breve os meus agradecimentos. Vários colegas do departamento de História da Ucla leram com atenção alguns dos capítulos ou responderam às minhas questões. Gostaria de agradecer, em particular, a David N. Myers, Gabriel Piterberg e J. Arch Getty e, em geral, aos participantes do Colóquio Europeu por seus comentários e discordâncias pontuais. Tanto Teo Ruiz, catedrático do Departamento de História, quanto Scott Waugh, decano de Ciências Sociais, possibilitaram-me lecionar, escrever e manter um teto para me abrigar: sou agradecido a eles. Paul Breines, como sempre, contribuiu com uma esplêndida leitura de partes deste livro. Peter Dimock e Plaegian Alexander, meus editores em Columbia, apoiaram a mim e a este texto desde o início. Michael Haskell pilotou o manuscrito com serenidade e destreza através dos vários obstáculos. Também gostaria de prestar uma homenagem a Paul Piccone, editor da *Telos* durante muito tempo, que morreu enquanto eu finalizava esta obra. Em seus escritos e argumentos, ou ainda, na própria textura de sua vida, Paul deu corpo a uma vontade intelectual inconformada de desafiar todas as devoções acadêmicas. Devo notar que foi Paul (e *Telos*) quem publicou, em 1978, o primeiro livro em inglês de Gustav Landauer, que aparece em minhas análises aqui.

Paul deixará saudades. Por fim, devo demais a Cristina Nehring, meu amor, assim como uma autora brilhante, que trouxe a este livro não apenas o seu impecável tino editorial, mas também o seu espírito apaixonado e a sua inteligência impetuosa.

1. Uma brisa anárquica

Toda generalização é falsa. Vivemos em uma época de esperança e transformação. Também vivemos em uma época de resignação, rotina e talvez alarme. Prevemos que o mundo vai melhorar, tememos que ele piore. Existimos em meio a inacreditavelmente ricos e a uma pobreza paralisante. Conduzimos nossas vidas em paz e somos cercados pela violência. Os ricos, em condomínios espaçosos, preocupam-se em manter seus carros esportivos sem arranhões. Os pobres, em guetos imundos, sonham com água limpa, enquanto os refugiados das infindas guerras civis, com quatro paredes e um teto. Nos arredores de Johannesburgo, os miseráveis invadem terrenos com a idéia de que "com todo esse espaço, é possível fazer um banheiro".[1] Hoje quase nada é capaz de reunir essas duas realidades.

Algo, no entanto, pode dizer respeito a ambos os mundos: as idéias utópicas estão mortas e enterradas, tanto para os prósperos quanto para os destituídos. Elas são irrelevantes para os satisfeitos e imateriais para os famintos — e, ainda por cima, perigosas para muitos intelectuais. Para os desesperados, as idéias utópicas parecem sem sentido; para os bem-sucedidos, elas carecem de urgência ou de importância; para as classes pensantes, elas levam a um totalitarismo assassino. Contudo, algo deve ser dito logo a princípio: a escolha que temos não é entre propósitos razoáveis e um utopismo desarrazoado. O pensamento utópico não destrói ou despreza reformas reais. Na verdade, é praticamente o oposto: reformas práticas dependem do sonho utópico — ou, pelo menos, o pensamento utópico leva ao aperfeiçoamento.

O livro *Looking Backward*, de Edward Bellamy (1888), não apenas delineou uma sociedade futura que superava o egoísmo e a desigualdade, como também estimulou grupos políticos dedicados à reforma prática. O seu romance de maior sucesso poderia ser menosprezado, rotulado como uma especulação etérea sobre o futuro da América do Norte, mas seria um erro encará-lo assim. Afinal, ele deu origem a uma associação política, os Clubes Nacionalistas, e acelerou reformas tão prosaicas quanto a construção de uma boa rede de saneamento. Com Bellamy em mente e exigindo "evolução, não revolução" e "desenvolvimento com ordem e progresso", os Clubes Nacionalistas impulsionaram reformas no sistema eleitoral, trabalhista e municipal.[2] Os seguidores de Bellamy, por exemplo, foram a base do surgimento da cidade de Chicago, ao ampliarem o sistema elétrico com recursos públicos. Chicago demonstrou que autoridades municipais eleitas poderiam fornecer eletricidade "de melhor qualidade e mais barata do que qualquer corporação privada", proclamava o jornal do Clube. "Nessa época 'prática', os homens exigem fatos, não teorias." Em Chicago eles conquistaram suas reivindicações. Em Boston, receberam a lição contrária do sistema elétrico privado, que era caro e perigoso.[3]

Looking Backward não é uma exceção. A história está repleta de utopias que incitaram reformas e utopistas que produziram melhorias concretas. Consideremos o marquês de Condorcet, o utopista francês do século XVIII, que sonhou

UMA BRISA ANÁRQUICA

com "a verdadeira perfeição da humanidade", vivendo em completa igualdade, imaculada de "ganância, medo ou inveja".[4] Ele também serviu como o legítimo diretor da Société des Amis des Noirs (Sociedade dos Amigos dos Negros), a primeira organização francesa dedicada à abolição da escravatura.[5] Condorcet denunciava com eficácia o escândalo da escravidão, mas, longe de exigir medidas utópicas, ele propunha uma série de reformas moderadas que levariam à emancipação negra. Ele temia que a reivindicação da liberdade imediata levantasse oposição em demasia e pusesse em xeque qualquer progresso.[6] Assim, redigiu o documento fundador da sociedade que detalhava como os grupos se encontrariam, os custos anuais de sua filiação e as suas metas cautelosas: "Já que queremos nos concentrar em trabalhos úteis, devemos repelir *a priori* qualquer um que tente disseminar suspeitas acusando-nos de não termos metas fixadas" ou "apresentando-nos como uma instituição perigosa."[7]

Podemos também tomar o exemplo de Enfantin, um seguidor do utopista Saint Simon, que projetava, no século XIX, uma futura Época de Ouro. Enfantin tinha metas mais místicas do que o seu mentor — e também mais práticas. Ele queria unir os princípios orientais e ocidentais, masculinos e femininos, e previu como fazê-lo. Em 1833 viajou com uma equipe de engenheiros para Alexandria, no Egito, com o propósito de construir um canal que conectasse os dois domínios. É fácil zombar da linguagem rebuscada de Enfantin e de seus propósitos metafísicos, observa Zachary Karabell em sua recente história do canal de Suez, mas ele compartilhava esse idioma e esse senso de destino com muitos visionários do final do século XVIII, incluindo os fundadores dos Estados Unidos. Enfantin elaborou projetos para o canal e reuniu equipes para escavá-lo. Depois de três anos de progresso intermitente, ele deixou o Egito, mas não antes de ter conquistado o seu mais "ávido convertido", Ferdinand de Lesseps, que levou a cabo com sucesso a construção do Canal de Suez.[8]

Reformas realistas ou mudanças sociais exeqüíveis coexistem com o utopismo e são, com freqüência, por ele alimentadas. No início do utopismo moderno, Thomas More descreveu uma comunidade que habitava uma ilha, desprovida de dinheiro e de propriedade privada. Não obstante, a primeira parte da sua *Utopia*, de 1516, protestava contra as injustiças de sua época; ele acusava a Inglaterra por sua pobreza endêmica, pela criminalidade que ela criava e pelas execuções que daí se seguiam. Os ladrões eram enforcados "por toda parte", às vezes "vinte em uma única forca". Por quê? Porque eles roubavam para matar a fome. "Neste aspecto, vocês ingleses", comenta o narrador da *Utopia*,

> me fazem lembrar os professores incompetentes, que preferem reprovar os seus alunos a ensinar-lhes. Em vez de infligir essas punições horríveis, seria muito mais adequado proporcionar a todos algum meio de sobrevivência, de modo que ninguém se encontrasse sob a horripilante necessidade de se tornar, primeiramente, um ladrão e depois um cadáver.[9]

Seria isso utopismo — exigir o suprimento de "algum meio de sobrevivência" aos cidadãos? Pouca coisa há de soar mais razoável.

Ao longo de um período de cinqüenta anos (1805-1855), quase uma centena de comunidades utópicas foi fundada nos Estados Unidos. Os seus fundadores e membros em geral não fugiam, e sim buscavam, a sociedade; eles viam a si mesmos como os criadores e os promotores de modelos viáveis de uma vida melhor. Essa era a convicção, por exemplo, de Victor Considerant, o fundador francês de uma comunidade no Texas. Como a velha Europa irá se beneficiar da nossa comunidade? — perguntava. Ele via a sua associação como "o núcleo da nova sociedade" que levaria a "milhares de organizações análogas". "A proposta não é a de deserção da sociedade, mas a da solução do grande problema social, da qual depende a atual salvação do mundo."[10]

Podemos ainda ouvir o depoimento de Nathaniel Hawthorne, que transformou em ficção a sua breve experiência em uma comunidade utópica, a Fazenda Brook: "Deixamos para trás a estrutura metálica enferrujada da sociedade e conquistamos nosso espaço ultrapassando muitos obstáculos [...] nós descemos do púlpito, jogamos fora a caneta, silenciamos o jornal, derrubamos aquela doce, fascinante e deprimente indolência." E para quê? "Era nosso objetivo — um objetivo generoso, certamente, e absurdo [...] abrir mão de tudo o que tínhamos até então conquistado em nome de dar à humanidade o exemplo de uma vida regida por outros princípios, que não os falsos e cruéis nos quais a sociedade humana desde sempre se baseou."[11]

Vale notar que a intenção de "dar à humanidade o exemplo" raramente acabou bem. A história das comunidades utópicas é, em geral, uma história de fracasso. John Humphrey Noyes, ele mesmo fundador de uma comunidade utópica (Oneida), espantava-se de que essas associações "começavam tão alegremente e fracassavam em tão pouco tempo".[12] Contudo, ignorar o fracasso é errar em relação à história, como se nada de positivo ou humano dele resultasse. Ao contrário, a vitória pode atestar muito mais uma configuração de força ou poder, do que de verdade ou validade. Isso pode parecer óbvio, mas vai de encontro a crenças e preconceitos profundamente assentados. Entretanto, as questões propostas pelo sucesso podem ser decisivas: o sucesso é bem-sucedido, mas por quanto tempo e às custas de quê? Estudar apenas os vencedores mundiais mantém o pensamento atrelado a uma realidade estreita. Das derrotas surgem idéias, pessoas transformadas e novos movimentos.

Mesmo quando fracassam, as comunidades utópicas transformam radicalmente as pessoas e as percepções. Nos Estados Unidos do século XIX, Hawthorne era apenas uma das figuras literárias e políticas que extraíram lições de experiências utópicas. Frederick Law Olmsted, por exemplo, o paisagista que projetou o Central Park de Nova York, visitou uma comunidade fourierista em Nova Jersey, a Falange Norte-Americana. Ele ficou espantado com "as vantagens da cooperação" no trabalho e na cultura. Mesmo admitindo não ser "eu próprio um fourierista", ele saiu de lá com uma convicção de tornar "o conhecimento, a cultura intelectual e moral, e a cultura estética mais simples — mais populares". Ele aprendeu a força da "*democratização* da religião, do refinamento e da informação". Nessa associação, acreditava ele, todas as pessoas "viveriam mais conscientemente, seriam mais felizes e melhores".[13]

Hoje, todavia, a visão utópica esmaeceu e desperta pouco interesse. Na melhor das hipóteses, "utópico" é empregado como um termo abusivo, sugerindo que alguém não só não é realista, como também é favorável à violência. Apresento pelo menos três razões para o destino do pensamento utópico: o colapso, iniciado em 1989, dos Estados comunistas; a convicção amplamente difundida de que nada distingue utópicos de totalitaristas; e algo ainda mais difícil de pontuar, mas essencial: um empobrecimento crescente no que pode ser chamado de imaginação ocidental.

Posso acrescentar muito pouco à história da queda do comunismo. Para muitos analistas, o marxismo soviético e suas variáveis simbolizavam o projeto utópico. O fracasso do comunismo soviético implicou o fim da utopia. Afinal, quem pode desafiar o veredicto da história? É certo que, ao longo de sua vida, o stalinismo engendrou gerações de críticos que protestavam contra a identificação do sistema soviético com a emancipação humana. Mas, quando o navio soviético naufragou, ele também fez afundar, a contragosto, os pequenos barcos de dissidentes que remavam em suas águas. Parece injusto que pessoas como Victor Serge, Emma Goldman, Gustav Regler e até mesmo Lev Trótski, que lutaram contra o comunismo autoritário — e sofreram as conseqüências dessa luta —, devam compartilhar do seu destino, como se nenhuma distinção pudesse ser feita entre acusador e acusado. Quando o comunismo soviético floresceu, ele silenciou os críticos com o seu sucesso putativo; ao fracassar, silenciou os críticos com o seu desaparecimento. Aqueles que resistiram à sedução do sucesso soviético foram incapazes de escapar à correnteza do seu colapso.[14]

Isso é injusto, mas quem disse que o julgamento da história é justo? Ele não consiste em um *Weltgeist* anônimo, mas sim em incontáveis indivíduos — escritores, acadêmicos, políticos e pessoas comuns. Hoje, em termos gerais, eles concordam e o pensamento utópico acabou. O século XVI nos deu um novo termo, "utopia", e o século XX nos deu "distopia", ou utopia negativa, o universo de *Admirável mundo novo*, de Huxley, ou de *1984*, de Orwell, em que a utopia foi convertida em algo diabólico. Talvez isso diga tudo. O movimento da utopia para a distopia ratifica a história.

A palavra "utopia", cunhada por Thomas More, respirava possibilidade, estimulada pelas recente "descoberta" do Novo Mundo. "Não sei, madame", dizia o narrador de *Conversations on the Plurality of the Worlds*, a obra do século XVIII de Fontenelle, "se compreendeis a surpresa desses americanos" ao encontrarem os exploradores em seus navios. "Depois disso", o que mais seria impossível? "Aposto [...] contrariamente a qualquer raciocínio lógico, que algum dia poderá haver comunicação entre a Terra e a Lua." "'A verdade', disse a marquesa sem tirar os olhos de mim, 'é que sois louco'."[15] Esse otimismo e entusiasmo encontraram o seu lugar nas visões utópicas. A sua disposição para aprender, dizia o Rafael de More sobre os utópicos, é a razão de serem "tão à frente de nós em termos econômicos e políticos". Essas notícias estimulavam a sua platéia festiva. "Nesse caso, meu querido Rafael, para o nosso próprio bem, conte-nos mais sobre a ilha em questão." Eles então param de cear e voltam de bom grado a ouvir a sua narrativa.[16]

Quase cinco séculos depois, o mundo tornou-se entediado. Fomos e voltamos da Lua. Em meados do século XX, J. Max Patrick, co-editor de uma antologia de obras utópicas, cunhou o termo "distopia" como o contrário de utopia.[17] Ele se referia a uma utopia satírica como o "oposto da *eutopia*, a sociedade ideal: ela é uma *distopia*, se for possível cunhar um termo".[18] Sem dúvidas, as distopias do século XX têm aspectos e até cheiros bem diferentes das utopias clássicas, mesmo daquelas criadas ao final do século XIX. "Minha primeira sensação", narrava o viajante ao acordar na utopia de *Notícias de lugar nenhum*, de William Morris (1890), "foi a de um alívio delicioso causado pelo ar fresco e pela brisa agradável."[19] Uma frase no início do *1984* de Orwell diz: "O saguão cheirava a repolho cozido e a velhos tapetes esfarrapados."[20]

Mesmo assim, surge um problema crítico. Será a distopia o oposto da utopia — do mesmo modo em que a escravidão é o oposto da liberdade ou o frio é o oposto do quente — ou será que ela emerge da própria utopia? A epígrafe de Nicolas Berdyaev, que Huxley usa em *Admirável mundo novo*, retrata bem a questão: "Nós costumávamos não prestar muita atenção às utopias, chegávamos até a desconsiderá-las por completo, dizendo que, lamentavelmente, a sua realização era impossível." As coisas mudaram. "Agora, no entanto, elas parecem ser levadas a cabo muito mais facilmente do que pensamos e chegamos até a nos defrontar com um problema angustiante bem diferente: como podemos evitar a sua realização final?"[21] Para Berdyaev, são as próprias utopias que constituem a ameaça.

Poucos seriam capazes de sustentar que a liberdade leva à escravidão ou que a água gelada ferverá, mas muitos de fato argumentam que a utopia leva à distopia — ou, pelo menos, que há muito pouco que distinga as duas. A fronteira nevoenta entre a utopia e a distopia resume o julgamento histórico. A distopia não está para a utopia assim como a dislexia está para a leitura, ou a dispepsia está para a digestão. As outras palavras compostas a partir do prefixo "dis-", derivadas de uma raiz grega que significa doença ou imperfeição, são formas distorcidas de algo saudável ou desejável, mas a distopia é considerada menos como uma utopia deteriorada, do que como uma utopia desenvolvida. As distopias são habitualmente vistas não como o oposto das utopias, mas como o seu complemento lógico. Ninguém sugere que a dislexia signifique

que devamos renunciar à leitura, mas muitos acreditam que as distopias invalidam as utopias.

Por quê? A resposta breve diz respeito ao banho de sangue comunista — o stalinismo, o maoísmo, Pol Pot e outros — e alude, mais uma vez, aos grandes romances distópicos do século XX que tratam dessa experiência. É justo — ou não? Esse juízo levanta questões sobre a leitura popular dos textos, não sobre a sua leitura especializada. A partir de *Admirável mundo novo* ou de *1984*, gerações de alunos do ensino médio e de universitários aprenderam a lição de que as utopias em geral, e o comunismo em particular, não são apenas perniciosos, como também destrutivos. No entanto, os romances distópicos do século XX não foram enfaticamente antiutópicos — e certamente não o foram os seus autores. Alguns anos antes de *Admirável mundo novo*, Huxley escreveu *A ilha*, um romance poucas vezes indicado aos estudantes e que, entretanto, prega uma sociedade utópica livremente baseada no budismo e na vida cooperativa. "Não estamos interessados em nos tornar membros de influência em um partido, estamos interessados em nos tornar apenas bons seres humanos", informa o guia da ilha ao visitante, que aí encontra habitantes felizes e saudáveis.[22]

Huxley não foi nem um anticomunista, nem um anti-socialista. Assim como H. G. Wells, um outro utopista, ele foi obcecado pela promessa e pela ameaça da ciência.[23] O visitante da *Ilha* pergunta quem é o proprietário de tudo: "Vocês são capitalistas ou socialistas estatais?" "Nenhum dos dois", responde, "somos co-operadores."[24] Em suas reconsiderações de 1958, em *Admirável mundo novo*, vinte e sete anos depois de escrever *A ilha*, Huxley aprovou a redistribuição da propriedade. "É um axioma político", escreveu ele, que "o poder está vinculado à propriedade." Hoje "os meios de produção tornam-se rapidamente propriedades monopolistas do Grande Negócio e do Grande Governo. Portanto, se vocês crêem na democracia, tratem de formular acordos para distribuir a propriedade o mais amplamente possível".[25] Será que esses comentários são próprios a um pensador distópico? Agora eles parecem utópicos.

Se, por um lado, Huxley chega a fazer alusão ao comunismo soviético em *Admirável mundo novo*, que apresenta uma personagem de nome Lenina, por outro, nem o stalinismo nem o nazismo o preocupavam. "*Admirável mundo novo* foi escrito em 1931", relembrava ele posteriormente, "antes da ascensão de Hitler (...) e quando o tirano russo ainda não tinha tomado as rédeas do poder."[26] O fetiche da juventude, os perigos do consumismo, as manipulações da psique humana: esses sim eram fatores que o preocupavam, especialmente ao observá-los nos Estados Unidos durante a década de 1920.[27] Afinal de contas, o fabricante de automóveis norte-americano Henry Ford, pioneiro da produção em massa, está constantemente presente em *Admirável mundo novo*. Os líderes eram chamados Fords, o T (do automóvel modelo T) era um sinal sagrado, o calendário era marcado por "d.F." (depois de Ford), o dia de Ford era feriado e um slogan atribuído a Ford ("A história é uma ilusão") era reverenciado. Huxley temia um futuro tecnológico e americanizado. A distopia de *Admirável mundo novo* é menos uma rejeição a patamares utópicos do que uma rejeição ao marketing e à padronização em massa.

Já o *1984* de Orwell tem o comunismo soviético como um alvo muito mais direto. Mesmo assim, nem esse livro, e muito menos o seu autor, podem ser classificados como sim-

IMAGEM IMPERFEITA

plesmente antiutópicos. Orwell sempre manteve a confiança em um futuro socialista:[28] "Cada linha de trabalho sério que escrevi desde 1936", declarou, "foi escrita, direta ou indiretamente, *contra* o totalitarismo e a favor do socialismo democrático."[29] Ele chegou a protestar contra uma leitura que via *A revolução dos bichos* e *1984* como tratados antiutópicos ou anti-socialistas. Ele quis ressaltar as tendências destrutivas que emergiam na União Soviética, na Inglaterra e na Alemanha nazista — e não conciliar as pessoas com o *status quo*. No prefácio à edição ucraniana de *A revolução dos bichos*, Orwell explica que, na Inglaterra, muitas ilusões eram mantidas sobre a União Soviética: "Na verdade", escreveu, "nada contribuiu tanto para a corrupção da idéia original do socialismo quanto a crença de que a Rússia é um país socialista e de que cada ato de seus governantes deve ser consentido, para não dizer imitado." Orwell acreditava "que a destruição do mito soviético era essencial, se quiséssemos um renascimento do movimento socialista".[30]

Ao final de sua breve vida, as interpretações equivocadas de *1984* incomodavam cada vez mais a Orwell — a ponto de ele solicitar a seu editor um comunicado à imprensa para esclarecer as suas intenções.[31] Ele via um perigo "na estrutura imposta às comunidades socialista e capitalista liberal pela necessidade de se preparar para a guerra total." Afligia-lhe a "perspectiva totalitarista" e ele temia que os super-Estados capitalistas e comunistas se confrontassem. Obviamente, o "bloco" anglo-americano não seria chamado de comunista, mas de algo como "cem por cento americanista".[32] Em resposta a um sindicalista norte-americano, ele escreveu que *1984* "NÃO foi pensado como um ataque ao socialismo ou ao partido trabalhista britânico (do qual sou partidário), mas como uma demonstração das perversões, às quais a economia centralizada está sujeita e que já foram parcialmente realizadas pelo comunismo e pelo fascismo".[33]

De fato, ler *1984* como um ataque direto à utopia ou ao socialismo requer algum esforço. Muitos elementos sugerem a Grã-Bretanha capitalista, e não a Rússia comunista. Os "proletários" ou trabalhadores vivem em subúrbios sombrios e passam o tempo — além do trabalho — no jogo, no cinema e no futebol; eles jogam dardos e assistem a filmes que "transbordam sexo". Eles também lêem jornais vagabundos, repletos de relatos de crimes, astrologia e esporte. Nada disso se aplica à classe trabalhadora soviética. Isaac Deutscher, um conhecido de Orwell, notou que "Orwell sabia muito bem que jornais desse tipo não existiam na Rússia stalinista e que os erros da imprensa stalinista eram de um tipo muito diferente".[34]

Além disso, no clímax intelectual do livro, quando O'Brien, representando o Partido, interroga Winston, o que se expõe não é o comunismo, mas um sistema que deixou para trás até mesmo a pretensão de justiça e de emancipação. O'Brien, que pune Winston por suas respostas incorretas, quer saber: qual é o "motivo" do Partido? "Por que devemos querer o poder?" Winston pensou saber: "O Partido não busca o poder em si mesmo, mas apenas para o bem da maioria", que era fraca e incapacitada demais para governar a si mesma.

Essa era a resposta errada, no entanto, ela demonstra que Winston ainda imaginava um Partido que mantinha um compromisso com a felicidade ou com a liberdade. O'Brien corrige Winston. O Partido busca o poder em si mesmo, simplesmente para acumular poder: "O objeto do poder é o poder." Por quê? Para causar sofrimento. "Será que agora você começa a ver o tipo de mundo que estamos criando?", pergunta O'Brien. "É precisamente o oposto das estúpidas utopias hedonistas que os antigos reformistas imaginaram." O Partido tem como objetivo "um mundo de medo, perfídia e tormento. [...] Se você quiser uma imagem do futuro, imagine a marca de um pontapé no rosto de um homem — para sempre".[35] *1984* defende implicitamente as "estúpidas utopias hedonistas", em que "os antigos reformistas", como Orwell, ainda acreditavam.

Antes de *1984*, já havia o romance distópico de Ievguêni Zamyatin, *We*, que foi lido, resenhado e, até certo ponto, imitado por Orwell.[36] Escrito no começo da década de 1920, *We* causou o degredo de Zamyatin da União Soviética. Com o seu "Estado único", o "benfeitor" onisciente, o "escritório de guardiões", a "tabela de horários", que regulava todas as atividades, inclusive o sexo, além de uma trama de amor e subversão, o livro antecipava muitos dos elementos de *1984*. Zamyatin pensou *We* como um ataque selvagem ao comunismo soviético — e foi assim que ele foi lido. "Tudo aqui é falso", escreveu um apologista soviético. "O comunismo não luta para subjugar e manter a sociedade sob o domínio de um Estado único." Esse guardião da ortodoxia advertia que Zamyatin trilhava "um caminho muito perigoso e inglório" — não tão perigoso quanto o desse crítico, que desapareceu em uma das depurações de Stálin.[37]

Não precisamos de nenhum elemento exterior ao livro para notar que as preocupações de Zamyatin iam muito além do comunismo soviético. Ele rejeitava, não a revolução ou a transformação, mas a idéia de que a história havia parado. Os novos revolucionários esqueceram que cada revolução deveria ser seguida de outra. "Meu amor", pergunta a camarada subversiva ao seu amante irresoluto, que é um matemático do Estado, "diga-me qual é o último número [...] o final, o maior." "Isso é absurdo!", responde ele, "Como pode haver um número final?" Era esse exatamente o argumento dela: "Então como pode haver uma revolução final? Não há; as revoluções são infinitas."[38] Disso tratavam as objeções de Zamyatin às utopias: elas davam fim à história e ao movimento. "A utopia é sempre estática", escreveu ele em um ensaio sobre H. G. Wells.[39]

O amor à rotina e à repetição irritava Zamyatin, que passou muitos anos na Inglaterra. Antes de *We*, ele já havia ironizado a obsessão inglesa pela precisão mecânica e pelos horários.[40] O vigário de seu conto "The islanders" tem horário para comer, caminhar, arrepender-se, fazer caridade — e fazer sexo com sua esposa. Quando ela se senta em seu colo em um momento não previsto, ele a repreende: "Meu amor", entoa o vigário, "você sabe [...] que a vida deve tornar-se uma máquina harmoniosa que, com uma inevitabilidade mecânica, leva-nos ao objetivo desejado [...], se o funcionamento, mesmo que seja de uma mínima engrenagem, for perturbado [...] bem, você já sabe."[41]

Orwell sabia. Ele procurou, durante vários anos, uma edição de *We* e finalmente localizou uma tradução francesa. Então, reconheceu que o livro era mais do que um tratado anticomunista. Em 1922 Zamyatin dificilmente poderia acusar o sistema soviético de criar uma vida tediosa, argumentou Orwell. Ao contrário, Zamyatin tinha como alvo "não um país em particular, mas os objetivos implícitos da civilização industrial. Trata-se, na verdade, de um estudo sobre a Máquina".[42]

Essa breve análise revela que os mais importantes livros distópicos do século XX não foram antiutópicos; eles não desprezaram as especulações utópicas mais do que ironizaram o comunismo autoritário ou o futuro tecnológico. Eles não unem utopia e distopia, eles condenam a sociedade contemporânea ao projetarem no futuro os seus piores aspectos. Aqui reside a diferença entre utopia e distopia: as utopias buscam a emancipação ao visualizar um mundo baseado em idéias novas, negligenciadas ou rejeitadas; as distopias buscam o assombro, ao acentuar tendências contemporâneas que ameaçam a liberdade.

A sabedoria popular de que as utopias levam inexoravelmente a distopias não deriva apenas de textos, ela apela à história para se justificar. Termos novos também ajudam a formular o argumento. Assim como "distopia", o termo "genocídio" pertence ao século XX. Inevitavelmente esses novos termos parecem relacionados, parecem referir-se a experiências congêneres. Raphael Lemkin, um refugiado judeu polonês, cunhou o termo "genocídio", em 1944, "para denotar uma prática antiga em seu desenvolvimento moderno": a aniquilação de um grupo étnico ou nacional. Ele acreditava que as práticas nazistas ocasionaram uma nova palavra.[43] Enquanto Lemkin trabalhava incansavelmente para divulgar as notícias sobre o genocídio — com poucas recompensas[44] — ele não o associou nem à utopia nem à distopia.[45]

Não obstante, a opinião acadêmica e convencional hoje liga consistentemente genocídio e utopia, responsabilizando "utopistas", como Stálin, Hitler e Mao, pelo banho de sangue do século XX. Partindo de As origens do totalitarismo de Hannah Arendt (1951) e chegando a Soviet Tragedy de Martin Malia (1994) — cujo último capítulo tem o título de "A lógica perversa da utopia" —, os especialistas jogaram o comunismo, o nazismo e a utopia em um mesmo saco. Intelectuais de prestígio como Isaiah Berlin e Karl Popper argumentaram, de maneira persuasiva, que a utopia leva ao totalitarismo e ao assassinato em massa. "Devemos nos precaver da utopia", escreveu Ralf Dahrendorf. "Quem quer que se proponha a implementar projetos utópicos terá de, em primeiro lugar, limpar a tela na qual o mundo real está pintado. Esse é um processo brutal de destruição", que leva à instauração do inferno na Terra.[46]

Questionar essa abordagem requer perguntar do que, de fato, tratam as utopias — e por que, por exemplo, o nazismo não deve ser entendido como um empreendimento utópico. A mais vaga descrição da utopia — como uma sociedade inspirada por noções de liberdade, fraternidade e plenitude —, aparentemente, excluiria o nazismo e a sua noção de arianos dominando os seres inferiores em um Reich de mil anos. O que liga a *Utopia* de Thomas More ao *Minha luta* de Hitler? Quase nada.[47]

More, um santo da Igreja católica, oferece uma visão de mundo onde "todos recebem uma porção justa, de modo a não haver jamais homens pobres ou mendigos. Ninguém é proprietário de nada, mas todos são ricos — afinal, que riqueza maior pode haver que a alegria, a paz de espírito e a liberdade da angústia?" Ele sonhou com um lugar em que o homem pudesse "viver em júbilo e paz". A guerra era desprezada "como uma atividade adequada apenas às feras" e a tolerância era ampliada a várias religiões. O líder da Utopia considerava "uma loucura arrogante" forçar a conformidade religiosa por meio de "ameaças ou violência". Se "o conflito e o distúrbio" decidirem as controvérsias religiosas, os melhores homens hão de sucumbir aos piores "assim como a semente é expulsa do campo pelos espinhos e pelas farpas".[48]

Hitler sonhou com um Reich ressuscitado sobre a base de uma "grande idéia unificadora da luta", o anti-semitismo. Ele acreditava que o envenenamento por gás de "doze ou quinze mil" judeus teria mudado o resultado da Primeira Guerra Mundial e reivindicava uma guerra racial para proteger a linhagem sangüínea, uma vez que "toda a cultura humana, todos os resultados da arte, da ciência e da tecnologia [...] são quase que exclusivamente produtos criativos dos arianos." A "mais poderosa contraparte dos arianos é representada pelos judeus", que envenenam e corrompem o puro sangue nórdico. A "contaminação do nosso sangue [...] é sistematicamente levada a cabo pelos judeus de hoje [...], esses parasitas negros da nação violentam as nossas jovens louras e inexperientes, destruindo algo que nunca mais poderá ser substituído".[49] Em 1939, Hitler ameaçou eliminar os judeus da Europa: "Se o financiamento internacional dos judeus [...] tiver êxito em levar as nações à guerra mundial, o resultado não será [...] a vitória dos judeus, mas a aniquilação da raça judaica na Europa."[50] Isso não se parece com Thomas More.

Especialistas cuidadosos analisaram as obras utópicas que antecederam e acompanharam o nazismo, como, por exemplo, Jost Hermand em *Old Dreams of a New Reich: Volkish Utopias and National Socialism*. Todavia, o termo "utópico" em seu estudo tem um sentido bem peculiar, algo que ele parcialmente reconhece ao freqüentemente colocá-lo entre aspas, como se a conjugação dos termos "nazista" e "utopia" em uma mesma frase violasse o sentido, o que de fato ocorre. Ele cita o exemplo de um romance "utópico" pré-nazista, de 1913, que projeta uma futura Era Glacial, um tempo em que seriam eliminados os povos inferiores e se abriria caminho para uma raça germânica mais poderosa, "de alta estatura, loura e de olhos azuis". Na nova Alemanha, "são totalmente ausentes a escória racial, os de baixa estatura, os atarracados, os troncudos e os de cabelos negros. [...] A Era Glacial os tinha exterminado. [...] Tudo o que restou foi o povo germânico, que, livre de todos os parasitas celtas, mediterrâneos e orientais, podia agora respirar em paz".[51] Os temas da superioridade racial, atrelados à violência e ao misticismo, permearam a ficção "utópica" ao longo de todo o Terceiro Reich, mas essa literatura continha muito pouco da fraternidade e da harmonia que marcaram as utopias clássicas.

Hans Mommsen, um renomado historiador alemão, escreveu um ensaio intitulado "A realização do utópico: a 'solução final para a questão judaica' no 'Terceiro Reich'". Será que a aniquilação dos judeus realmente concretizou uma visão utópica? Mommsen praticamente se omite. A sua clareza chega, ao máximo, em considerações do tipo: "O sonho utópico do extermínio judeu poderia tornar-se realidade apenas à meia luz de ordens ambíguas, conjugadas a um fanatismo ideológico."[52] Mas esse "sonho" não compartilha o utopismo que, de Hesíodo a Bellamy, imaginou um mundo de paz. O fato de Mommsen ter usado o termo "utópico" moderada ou equivocadamente parece ter chamado a atenção de seus tradutores. Eles traduziram o título desse ensaio, "Die Realisierung des Utopischen", por "A Realização do Impensável".[53]

Numerosos analistas, entretanto, continuaram a alinhavar utopismo, totalitarismo e nazismo:[54] eis a sabedoria de nossa época. Uma exposição de grande sucesso de crítica e público sobre utopia, em cujo subtítulo lia-se "A busca por uma sociedade ideal no mundo ocidental", foi apresentada em Nova York e Paris com a inclusão de itens e parafernálias nazistas, como pôsteres anti-semitas e o *Minha luta* de Hitler.

A exposição trazia ainda fotos de um campo de concentração nazista e de um *kibutz* israelense, como se ambos apresentassem aspectos comparáveis do utopismo. Aparentemente, o genocídio e o humanismo ilustram "a busca pela sociedade ideal". Em um ensaio, "Utopia and Totalitarism", para o catálogo da exposição, um acadêmico francês admite que "nem todas as utopias antecipam regimes totalitários em um mesmo grau"; entretanto, as "diferenças" entre elas se esvaecem frente às semelhanças. "Precisamente por causa de seus objetivos utópicos", escreve ele, elas são todas "arautos do totalitarismo".[55] Isso não é exato, mas é a opinião geral. Será que a noção de Fourier de banquetes pródigos — "mais requintados do que os que desfrutam os melhores reis" — antecipa o totalitarismo?[56] A precisão histórica se rende a um ânimo liberal antiutópico.

Um livro recente do historiador Eric D. Weitz, intitulado *A Century of Genocide: Utopias of Race and Nation*, coloca essa abordagem em segundo plano. Ele argumenta que as utopias subjazem a todos os regimes genocidas do século XX. Tomando como exemplos a União Soviética stalinista da década de 1930, a Alemanha de Hitler da década de 1940, o Camboja de Khmer Vermelho da década de 1970 e a Sérvia de Milošević na década de 1990, Weitz escreve que são "todos poderosas visões articuladas do futuro, tendo cada um deles prometido criar a utopia aqui e agora".[57] Para descobrir o utopismo em todos esses casos, Weitz alarga o sentido do termo até a incoerência. O que era utópico nos esforços violentos de Milošević para criar uma Sérvia superior? Weitz identifica um nacionalismo sérvio beligerante "imbuído de um sentido de infringência" e de um ódio aos muçulmanos, mas onde está o utopismo nisso? Ele discute questões diversas para, ao final, concluir que "freqüentemente" imagens de um futuro "brilhante" apareciam na retórica dos nacionalistas sérvios. Um bispo sérvio, por exemplo, declarou que a Sérvia "era o estado que havia conquistado o maior espaço do paraíso". O agressivo nacionalismo sérvio dificilmente confirma um elo entre utopia e genocídio.

Weitz também luta para encontrar um traço utópico no nazismo. Anti-semita, racista, xenófobo, nacionalista, autoritário, mas utópico? Ele enfatiza os aspectos místicos, agrários e comunitários do nazismo que poderiam, à primeira vista, parecer utópicos. Relata que os nazistas incentivavam os pães integrais e um "maior consumo de frutas e vegetais frescos", como se isso fosse a demonstração de um utopismo nefasto. Ele chega a declarar que "o pão integral foi chamado de 'solução final' para o problema do pão". Provavelmente Weitz também diria que o atual movimento em prol de lanches saudáveis na escola é utópico e genocida. Os nazistas de fato defendiam um "novo" homem e uma "nova" mulher, mas foi menos o utopismo desse conceito do que o seu racismo o que se demonstrou letal. O caso nazista não estabelece o vínculo utópico-genocida.[58]

Ao classificar o nazismo como um empreendimento utópico, os especialistas ratificam o preconceito antiutópico e confirmam a acusação ao utopismo. A lista de vítimas das iniciativas utópicas cresce e qualquer simpatia remanescente desaparece. Os utopistas permanecem condenados pelo sangue que fizeram correr. Mas onde está a prova? A questão formulada por Hegel ainda pesa sobre nossas cabeças: "Mesmo ao se compreender a história como o altar de sacrifícios em que foram vitimadas a felicidade dos povos, a sabedoria dos Estados e a virtude dos indivíduos — a questão surge involuntariamente —, a que princípios, a que objetivo final esses enormes sacrifícios foram oferecidos?"[59] Podemos hoje dizer que os utopistas são os responsáveis? Será que os assassinatos em massa são amplamente causados por utopistas alucinados, ou mesmo sãos?

Avaliar esse argumento implica entrar no necrotério da história, não apenas para contar os cadáveres, mas para determinar a sua *causa mortis*. Muito mais do que uma constituição forte e habilidades médicas são necessárias para tanto. A política satura a tarefa. Partindo do número de mortes (e suas causas) no Novo Mundo depois da "descoberta" européia e chegando aos assassinatos em Ruanda, no século XX, especialistas e partidários divergem. Quantos e por quê? Uma tentação em se estabelecer números cada vez maiores — como se apenas os números confirmassem um argumento — domina muitas das pesquisas. Atribuir assassinatos em massa aos esforços utópicos é um consenso.

A opinião acadêmica na década de 1930 estimava a população do hemisfério ocidental à época da chegada de Colombo em cerca de 8 milhões de habitantes. Cinqüenta anos mais tarde, muitos especialistas propunham 150 milhões de pessoas. Mas, como nota David Henige, em seu *Numbers from Nowhere*, entre 1930 e 1980 "não houve qualquer mudança nas evidências". Os "altos calculistas", como ele os chama, "encontram números, acreditam neles e os multiplicam."[60] No entanto, os números formam apenas o subtexto do debate; a causa e a responsabilidade da dizimação da população indígena americana constituem o tema real. Com números maiores chega-se a uma culpa maior.

A análise clássica desse exemplo é *American Holocaust*, a obra de 1992 de David Stannard que examina a aniquilação dos nativos americanos depois de Colombo. Stannard oferece muitas estimativas e provas, mas são os números que primordialmente sustentam o seu argumento. "A destruição dos índios das Américas", escreve Stannard, "foi, de longe, o ato de genocídio mais massivo na história universal." Ele estima cem milhões de mortos — ao longo de pelo menos um século, e, em sua maior parte, em decorrência de doenças.[61] Contudo, Stannard não procura nenhuma missão utópica nos assassinos — por um bom motivo. Se há alguém com feições utópicas são os nativos americanos, que viviam em comunidade, em paz e tranqüilidade. Como disse Peter Martyr, no século XVI, em seu relato sobre os povos do novo mundo:

> Esta terra não pertence a ninguém; assim como o sol ou a água. Eles não conhecem a diferença entre o *meum* e o *tuum*, essa fonte de todos os males. É necessário tão pouco para satisfazê-los que nesta vasta região há sempre mais terra para ser cultivada do que é preciso. É de fato uma época de ouro, sem fossos, cercas ou muros para delimitar os seus territórios; eles vivem em jardins abertos a todos. [...] O seu comportamento é naturalmente eqüitativo.[62]

Os nativos americanos, escreveu Hoxie Neal Fairchild em seu estudo clássico sobre o bom selvagem, eram freqüentemente "representados como um povo virtuoso e conciliatório, belo e dotado de uma certa inteligência, vivendo coletivamente na nudez e na inocência, compartilhando as suas propriedades comuns".[63]

Ninguém apresentou os espanhóis (ou os ingleses) nesses termos. Eram objetivos mesquinhos e prosaicos que os incitavam. "A gigantesca destruição espanhola de sociedades inteiras foi, em geral, um subproduto da conquista e da escravização dos nativos, um meio genocida para um fim econômico", escreve Stannard.[64] Ele poderia ter citado a denúncia *O paraíso perdido*, do padre espanhol do século XVI Bartolomé de las Casas, que colocou a questão de modo sintético: "A razão para a matança e a destruição de tamanha infinidade de almas", escreveu Las Casas em 1552, "é que os cristãos têm um objetivo último, o de obter ouro, e de se intumescer de riquezas em um tempo muito curto. [...] É preciso que mantenhamos em mente que as suas ganância e ambição insaciáveis, as maiores já vistas no mundo, são as causas de suas vilanias."[65] Las Casas, que escreveu poucas décadas depois da *Utopia* de More, não encontrou nenhum sinal de utopismo nesses assassinatos em massa.

Com certeza, medir as intenções dos algozes e estimar o número dos mortos em qualquer século é uma tarefa difícil e foram poucos os que tentaram. A frase de abertura da obra negligenciada de Gil Eliott, *Twentieth Century Book of the Dead,* diz: "O número de mortes provocadas pelo homem no século XX beira cem milhões." Os maiores cenários de violência — o livro foi publicado em 1972 — incluem a Primeira Guerra Mundial, a China (principalmente na guerra sino-japonesa), a guerra civil russa, o Estado soviético, os judeus europeus e a Segunda Guerra Mundial.[66] Apenas uma parte dessas mortes, cerca de um quinto ou um quarto, poderia ser atribuída a utopistas, mesmo que considerados irrestritamente.

É possível contrapor a Elliot um recente livro de especialistas franceses, *O livro negro do comunismo.* Stéphane Courtois, seu principal editor, traz o mesmo número encontrado por Elliot — mas o atribui apenas aos mortos pelos comunistas no século XX, o que também coincide com o número que Stannard computa para as mortes de nativos americanos. "Os fatos inegáveis demonstram que os regimes comunistas mataram aproximadamente 100 milhões de pessoas em contraste com aproximadamente 25 milhões de vítimas dos nazistas", escreve Courtois, embora seja vago quanto ao método de dedução dos índices. Para Courtois, os números inferem uma "similaridade" entre o nazismo e o comunismo e justificam a extensão do termo "genocida" para o sistema comunista. Ele identifica o utopismo como uma causa fundamental. "A verdadeira motivação para o terror", escreve Courtois em sua conclusão, "torna-se aparente: ela deriva da ideologia leninista e da vontade utópica."[67]

Aqueles que se referem ao totalitarismo nazista e stalinista como o canto fúnebre da utopia deveriam prestar mais atenção à Primeira Guerra Mundial, um derramamento de sangue que influenciou diretamente a Revolução Russa e, indiretamente, o nazismo. Os especialistas nunca encontraram qualquer vestígio de utopismo, quer nos eventos que levaram à sua eclosão, quer nos seus quatro anos de hostilidades. A Primeira Guerra Mundial, escreve Enzo Traverso em seu *Origins of Nazi Violence*, foi o "ato fundador" da violência do século XX. Ela introduziu ao mundo o "bombardeio de cidades, o confinamento de cidadãos dos países inimigos, a deportação e o trabalho forçado de civis". Ela marcou "um novo limiar na escalada da violência".[68] "O bolchevismo e o fascismo são filhos da Primeira Guerra Mundial", declarou o historiador François Furet. Se assim é, então o que sabemos desses pais? Infelizmente muito pouco. A Primeira Guerra Mundial "permanece como um dos mais enigmáticos acontecimentos da história moderna". Ela praticamente escapa à nossa memória e ao nosso entendimento, notou Furet. "Énos muito difícil imaginar as paixões nacionalistas que levaram os povos europeus a matarem uns aos outros durante quatro anos."[69] Mas não é sempre essa a mesma história prosaica da violência moderna? Não o utopismo, mas simplesmente o velho nacionalismo? Mesmo que ele tenha tentado classificar como "utópico" o movimento de ampliação da Sérvia, Weitz, em seu *Century of Genocide*, admite que ele foi guiado principalmente pelos "esforços desesperados de uma antiga elite" que mobilizou o povo pelo nacionalismo.[70]

Um esforço recente de analisar as mortes em guerra ao longo de três séculos conclui que "os objetivos mais freqüentes" eram "o território ou a independência". Em outras palavras, o nacionalismo incitou esses conflitos, embora o século XX tenha revelado um aumento mais agudo nas "guerras civis".[71] Sobre o período que vai do final da Segunda Guerra Mundial até o fim do século XX, talvez a análise mais completa sobre as mortes em guerra tenha sido elaborada por Milton Leitenberg do Centro de Estudos Internacionais de Segurança da Universidade de Maryland. Em se tratando apenas dos conflitos que causaram as maiores perdas de vida — acima de 500 mil —, os "utopistas" comunistas certamente têm a sua porção, sobretudo na Ásia, onde muitos milhões de mortes são devidos ao regime de Pol Pot no Camboja (1975-1978), talvez dois milhões; e muitas mais são atribuídas às políticas chinesas de reforma agrária (1949-1954), 4,5 milhões; à sua repressão aos contra-revolucionários (1949-1954), 3 milhões, e à revolução cultural (1965-1975), 2,1 milhões.[72]

Números como esses são impossíveis de serem averiguados. Mas o necrotério da história não permite uma saída fácil. Para chegar à sua porta é preciso atravessar cômodos funesto, contar os cadáveres e inspecionar as certidões de óbito. A guerra civil chinesa (1946-1950), por exemplo, que precedeu esse banho de sangue, custou ao país 6,2 milhões de vidas. Retrocedendo um pouco mais — antes de 1945 —, o total de mortes da guerra sino-japonesa, que começou com a invasão da China pelo Japão e terminou com a derrota japonesa para os Estados Unidos, chegou a 10 milhões.[73] Em um outro exemplo, para permanecer na Ásia e nos anos consecutivos à Segunda Guerra Mundial, encontramos 1,5 milhão de mortes na guerra civil de Bangladesh (1971); quase um milhão na divisão da Índia e talvez um outro milhão na Indonésia, em sua maioria membros ou simpatizantes do partido comunista (PKI), na seqüência do fracassado golpe de 1965. Um estudo da CIA, uma instituição pouco afeita a exageros, conclui que, "em termos de número de mortos, os massacres anti-PKI na Indonésia estão entre os piores assassinatos em massa do século XX" (o estudo acrescenta ainda que, à diferença do genocídio nazista e dos expurgos stalinistas, essas mortes ocorreram praticamente sem serem noticiadas).[74] Ademais, para considerarmos alguns números da África subsaariana, encontramos uma série de guerras civis, conflitos étnicos e lutas por independência, cada um dos quais dizimou cerca de um milhão ou mais de pessoas nos anos posteriores à Segunda Guerra Mundial: Angola, Etiópia, Moçambique, Nigéria (dois milhões de mortos na guerra civil, entre 1967 e 1970), Ruanda, Sudão e Uganda.

O que pode ser extraído dessa listagem melancólica? Talvez nada. Ou talvez o seguinte: a comunidade humana tem mais motivos para temer os defensores de uma agenda étnica, religiosa ou nacionalista do que homens com projetos utópicos. Com efeito, isso se torna ainda mais latente ao examinarmos os conflitos contemporâneos letais. "A última década do século XX", escreve Samantha Powers, "foi uma das mais mortais no mais funesto século de que se tem registro."[75] Ela se refere a Ruanda, mas ódios mortais marcaram quase todos os conflitos recentes: a guerra entre a Etiópia e a Eritréia, no Sudão, na Argélia, no Sri Lanka, em Kosovo, em Bangladesh, na Caxemira, no Afeganistão e no Congo.[76] A matança em alguns desses conflitos — no Congo e no Sudão — chega a milhões. Mas onde estão os utópicos?

Em *Gostaríamos de informá-lo de que amanhã seremos mortos com nossas famílias*, Philip Gourevitch relata as reuniões que precederam o genocídio em Ruanda, nas quais os ódios eram insuflados e recompensas, prometidas. Líderes locais "descreviam os tutsis como demônios — com chifres, patas, rabos e tudo mais — e davam ordens para matá-los. [...] As autoridades locais lucraram concretamente com os massacres, tomando terras e propriedades dos tutsis mortos, [...] e os assassinos civis, também, foram em geral recompensados".[77] Isso parece bem distante do utopismo. Em um mundo cada vez mais científico e racional, os vínculos primitivos de sangue, os clãs e as religiões inflamam a carnificina global. Isso não é propriamente ignorado; mas, por outro lado, também não lhes é atribuída a mesma gravidade do que às iniqüidades dos utopistas.

A imaginação nutre o utopismo. Zamyatin intuiu que a imaginação, longe de levar a uma sociedade totalitária, ameaça-a. As autoridades do estado único de seu *We* descobrem uma operação médica para remover cirurgicamente a imaginação subversiva. "Alegrem-se!", proclama a *Gazeta do Estado Único*, a ciência pode agora superar a imaginação, o "último obstáculo no nosso caminho para a felicidade". A imaginação tem sido um "verme" que atormenta a população, causando uma infelicidade generalizada. "A última descoberta da ciência estatal é a localização do centro da imaginação — um mísero nódulo no cérebro. [...] Basta uma cauterização com raios X triplos para se curar da imaginação — para sempre." Vocês se tornarão perfeitos e se livrarão da ansiedade. "Corram!", comandam as autoridades. Entrem na fila e obtenham a sua "Grande Operação".[78]

Se a imaginação sustenta o pensamento utópico, o que sustenta a imaginação? Essa questão foi poucas vezes enfrentada como um problema histórico, e não psicológico ou filosófico.[79] Centenas de livros e artigos tratam da imaginação na literatura, nos mitos, na cognição, na percepção, na compreensão e na filosofia, mas passam ao largo da sua história. *The World of Imagination*, a obra enciclopédica de Eva Brann, abarca a imaginação de Platão a Bergson; ela a persegue através da psicologia cognitiva e da percepção visual, examinando-a na lógica, na poesia e na religião. Chega até a relacionar imaginação e utopia. No entanto, todas as suas 800 páginas sequer aludem à imaginação como uma entidade histórica, como algo que se transforma ao longo das décadas ou dos séculos.[80] O problema aqui não é tanto o seu papel no pensamento, na memória ou no aprendizado, mas as suas configurações sociais e históricas. Como a forma da imaginação muda ao longo do tempo? Será que ela se desenvolve ou enfraquece? "A imaginação" foi a mesma em 1800, em 1950 e em 2000?

Perguntar não é responder. Parece razoável assumir que a trama e a urdidura da imaginação registrem mudanças históricas. Contudo, chegar a pontos específicos da imaginação requer uma série de conjecturas. A imaginação provavelmente depende da infância — e, de modo inverso, a infância depende da imaginação. Com certeza essa foi uma noção cara a românticos como Rousseau e Wordsworth, que idealizaram a criança como a criatura da imaginação e da espontaneidade.[81] Entretanto, hoje em dia um historicismo banal sobre a "construção" ou a "invenção" da infância (ou da família ou de qualquer outra coisa) freqüentemente culmina em um relativismo ainda mais banal, sugerindo que o que é inventado ou construído não pode ser vigoroso ou desejável. Não obstante, os edifícios são construídos; eles também se erguem e, às vezes, causam fascínio. Em outras palavras: os românticos podem ter idealizado a infância como o domínio da imaginação, mas isso não invalida a imaginação. Nem o fato de que "a criança romântica" era "estritamente confinada a uma elite" faz com que ela seja espúria.[82] O que é restrito a poucos não é, por essa razão, ilegítimo, mas o inverso também pode ser verdadeiro. A alfabetização foi outrora limitada a uma elite, mas quem argumentaria a favor de que ela assim permanecesse?

Se a infância alimenta a imaginação, o que alimenta a infância? Muitas obras históricas exploraram essa mudança de dimensão, que, na verdade, é quase uma descoberta da infância. O estudo clássico de Philippe Airès, *Centuries of Childhood*, publicado há mais de quarenta anos, argumenta que a infância propriamente dita pertence ao período moderno.[83] Empregando evidências iconográficas, estatísticas sobre a moralidade infantil e o costume de enviar as crianças para o serviço militar ou outras espécies de trabalho, ele conclui que a infância não era reconhecida até os séculos XVI e XVII; até então as crianças eram vistas como adultos em miniatura. Por mais ecos que essa idéia tenha encontrado, os historiadores contestaram-na em grande parte, para não dizer totalmente: "As visões de Airès são distorcidas", escreve Nicholas Orme em seu recente *Medieval Children*, "não apenas nos detalhes, mas em sua essência. Já é hora de deixá-las de lado."[84] O perigo, no entanto, é desviar delas e descobrir que nada mudou. O historiador Keith Thomas concluiu que a continuidade da infância é muito maior do que qualquer mudança que lhe tenha ocorrido. "Uma vez que o desenvolvimento da mente e do corpo da criança é essencialmente uma constante biológica, não é de se surpreender que haja grandes semelhanças entre os comportamentos infantis no início da era moderna na Inglaterra e os seus comportamentos atuais."[85]

Isso parece um claro exagero quanto à continuidade. Ao menos no período moderno uma série de fatores moldou, para não dizer revolucionou, a infância: o tamanho da família, a mortalidade, as práticas educativas, o trabalho, o estudo e a brincadeira são os mais importantes.[86] Nenhum deles permite generalizações simples sobre o caráter de sua mudança nos últimos dois séculos. No entanto, alguns elementos podem ser mais facilmente documentados do que outros. O estabelecimento da educação compulsória e as restrições ao trabalho infantil podem, por exemplo, ser rastreados e, de fato, são com freqüência mencionados. A primeira legislação francesa sobre o trabalho infantil, datada de 1841, exigia que as crianças freqüentassem a escola para que fossem empregadas (e limitava a jornada diária de trabalho a oito horas para crianças com idade entre oito e doze anos!).[87] Essas leis não existiram sempre e se tornaram mais abrangentes ao longo dos anos. Por fim, elas mantiveram mais crianças fora da força de trabalho ou diminuíram a jornada diária, criando uma reserva prolongada para o aprendizado, o crescimento e a brincadeira.[88] Ao mesmo tempo "o declínio do tamanho familiar, de uma média de seis crianças na década de 1860 para três em 1900 e dois na década de 1920", juntamente a um padrão de vida em ascendência, podem ter permitido um maior cuidado e atenção a cada criança.[89]

Quais são as conseqüências para a imaginação? Às vezes as coisas são mais bem compreendidas em seu declínio. No refluir das águas, as camadas profundas ganham a superfície. Uma literatura sobre o "declínio da infância" surgiu apontando uma diminuição do espaço emocional e psíquico que envolvia a criança em fase de crescimento. Uma zona de proteção — sempre delicada — sucumbe às forças do mercado. "A maquiagem moderna da sociedade", escreveu Max Horkheimer na década de 1940, "trata de cortar os sonhos utópicos da infância na mais tenra idade."[90] Se isso ocorre, então a noção "clássica" e a realidade da infância se revelam não apenas frágeis, mas também obsoletas, surgindo ao final do século XVIII e esvaecendo ao final do século XX. Mas será que isso acontece? A própria literatura do "declínio" pode ser historicamente situada como um produto, como foi criticamente sugerido, de um "mal-estar particularmente contemporâneo [...], do pânico e da nostalgia".[91]

Todavia, esse mesmo crítico, David Buckingham, admite que o perfil do lazer das crianças mudou nas últimas décadas. Não apenas os mercados tomaram as crianças como alvo, mas, devido à crescente ocorrência, e mesmo ao temor cada vez maior, de perigos externos, "o principal local de lazer das crianças mudou dos espaços públicos (como, por exemplo, a rua) para espaços privados (o quarto)". Brincar ao ar livre foi "gradativamente substituído pelo entretenimento doméstico (particularmente via televisão e computadores) e — especialmente entre as classes mais abastadas — por atividades de lazer supervisionadas, tais como esportes organizados, aulas de música e assim por diante".[92] Isso se encaixa bem com a observação de Neil Postman, em *O desaparecimento da infância*, em relação a uma profusão de jogos com os quais as crianças brincam sozinhas. "À exceção da cidade do interior, onde os jogos ainda estão sob o controle dos jovens que os jogam, os jogos da juventude norte-americana se tornaram cada vez mais oficiais, quase profissionais e extremamente sérios."[93]

Em um período de cinqüenta anos, o tempo que as crianças passam na frente das telas de televisões e computadores pulou de zero para, pelo menos, três ou quatro horas diárias.[94] Durante esse mesmo período, o orçamento para publicidade dos fabricantes de brinquedos subiu de zero para bilhões. Os publicitários tomaram as crianças como público-alvo, tornando-as um mercado muito importante. Isso trouxe à tona o que Juliet B. Schor chamou de "remodelagem" ou "mercantilização" da infância.[95] Em 1955, um grande fabricante de brinquedos, com vendas em torno de 50 milhões de dólares, gastava algumas centenas de dólares em anúncios para crianças.[96] Hoje, somente o orçamento para publicidade em televisão dirigida às crianças está em cerca de um bilhão de dólares. "A típica criança norte-americana assiste a mais de 30 mil comerciais por ano ou cerca de 82 por dia."[97]

Alguém seria capaz de duvidar de que essas horas e esses anúncios afetam as crianças? Será possível que o tempo de brincadeiras desestruturadas que dão espaço à imaginação tenha diminuído? O tédio não parece ter desaparecido, entretanto, o "tédio", entendido como uma fantasiosa tarde de domingo com nada a se fazer, pode ser abreviado por uma troca de canais de televisão ou por jogos de computador. "O tédio é o pássaro dos sonhos que faz eclodir o ovo da experiência", escreveu Walter Benjamin em 1936. E acrescentou: "Os seus ninhos — as atividades que são intimamente associadas ao tédio — já estão extintos nas cidades e em declínio também nas áreas rurais."[98]

Será que o tédio, uma zona desestruturada de inatividade e falta de propósito, permite o desenvolvimento da imaginação? E não será o próprio tédio um produto do tempo e do espaço? "O tédio tem uma história", escreve o historiador Peter Burke, "no sentido de que as ocasiões de tédio e também o que pode ser chamado de 'limiar do tédio' estão sujeitos à mudança ao longo do tempo." Ele constata que o tédio era bem comum entre a elite intelectual do início da era moderna na Europa; em suas quintas e na sua vida social, ela buscava passar o tempo e escapar do enfado.[99] É claro que, desse mesmo modo, podemos retroceder até os gregos, os romanos e os primeiros cristãos. A acédia, ou preguiça, é tão antiga quanto os gregos, embora só com grandes padres da Igreja ela tenha se tornado uma preocupação central. A preguiça ameaçava as almas piedosas, especialmente as dos monges, mas também marcava um estágio no crescimento espiritual. Para chegar à união com Deus, pode ser necessário arriscar a acédia. Em *Foundations of Coenobitic Life*, a acédia está no sexto lugar entre as oito tentações.[100] Assim como a preguiça, o enfado ou o aborrecimento, o tédio tem uma longa história.[101]

Assim como em várias pesquisas históricas, as controvérsias giram em torno das ênfases postas sobre a continuidade ou a descontinuidade. Será o tédio algo novo? Em que ele se diferencia do tédio moderno? O próprio termo pode ser instrutivo. "O termo 'tédio' data do século XIX", escreve Patrícia Spacks em seu livro sobre o tédio. "O verbo 'entediar-se', como um termo psicológico, data de meados do século XVIII."[102] Os manuais de etiqueta, em geral, indicavam meios para não se tornar "entediante", muito embora os seus conselhos fossem freqüentemente desconsiderados. "Apenas onze horas, não são?", relatava a senhora Humphry Ward em seu conto sobre um jantar no campo em meados do século XIX. "Eu pensei que já fosse pelo menos uma — essa Lady Broadlands é tão estúpida e arrogante e seu marido é *tão* entediante."[103]

Mesmo podendo ter sido um fenômeno de elite e um fracasso pessoal, o tédio sofreu duas mudanças depois da Segunda Guerra Mundial, argumenta o historiador Peter Stearns: "Entediar-se tornou-se muito mais importante do que realizar tarefas tediosas." Alegar "tédio" era uma reivindicação legítima. Além disso, o *locus* do tédio se desviou para a infância. A expressão "estou entediado", quando dita por uma criança, não é mais um fato, mas uma acusação que significa: "entretenha-me". Stearns lista vários artigos e livros dirigidos a pais que abordam o perigo do tédio entre as crianças. "De maneira generalizada, o tédio foi gradativamente se transformando, depois do final de década de 1940, de um atributo da personalidade [...] a um estado impositivo que exige correção por parte dos outros. [...] As crianças passam a se entediar facilmente" e a culpa é dos pais e da sociedade.[104]

Embora Stearns não o cite, ele poderia ter-se referido, para ilustrar a sua tese, a um best-seller de 1957. O próprio título, "*Where Did You Go?*" "*Out*" "*What Did You Do?*" "*Nothing*", expressava uma nova preocupação em relação ao tédio — ou, mais exatamente, um protesto contra ele. Robert

Paul Smith, seu autor, conta sobre o que ele fazia enquanto criança — e o que os seus filhos e os amigos deles fazem. Em criança, ele não conhecia a palavra "entediado": "Nunca pensamos que o dia fosse outra coisa senão um conjunto de nada interrompido ocasionalmente por alguma coisa." Boa parte de seu livro descreve essas coisas: "Sentávamo-nos em caixas, [...] ficávamos em cima de tábuas colocadas sobre nossas escavações, [...] procurávamos coisas como facas, bolinhas, amêndoas, gafanhotos, nuvens, cães e gente. Nós subíamos, saltávamos e pulávamos. Não íamos a lugar algum — apenas subíamos, saltávamos, pulávamos e galopávamos." O que ele quer dizer é que "nós fazíamos um monte de nada, [...] mas hoje, por algum motivo, nós temos vergonha disso". Hoje, se um adulto vê uma criança fazendo "nada", nós "queremos saber qual é o problema".[105] Como explicou Smith em uma outra ocasião, "penso ser uma vergonha que a sociedade não deixe as crianças sós. As crianças deveriam aprender que elas não têm de estar fazendo algo a cada instante. É bom simplesmente não fazer nada".[106]

Quando foi que "fazer nada" tornou-se inaceitável para os pais e talvez também para as crianças? Por que essa mudança? As novas preocupações dos pais em relação à delinqüência e ao fracasso escolar, o processo urbano que isolou as crianças de outras crianças, as famílias menores que significam menos irmãos disponíveis — e os que estão disponíveis são de idade mais próxima e com uma rivalidade maior; mais mães trabalham e, nesse vazio, entraram os produtos manufaturados: gibis, filmes, televisão, brinquedos. Eles responderam a uma necessidade, eles foram necessários. Os pais sentiram o imperativo de manter os seus filhos ocupados. "A necessidade de manter as crianças entretidas", escreve Stearns, "e, com freqüência, de comprar coisas ou serviços para suprir essa necessidade, é um fruto não apenas de um crescente mercado direcionado às crianças, mas também de um crescente compromisso dos pais com a oferta de diversão."[107]

Naturalmente, a grande ampliação do mercado de brinquedos é uma parte dessa história. É claro que os brinquedos não são novos, mas a sua venda incessante a crianças é. "O impacto mais evidente do mercado de brinquedos", escreve Steven Kline em *Out of the Garden*, "é que ele faz com que as crianças queiram mais brinquedos."[108] Com efeito, "o mercado infantil é enorme", mais de 200 bilhões de dólares em 1997 somente nos Estados Unidos, se consideradas as compras diretas e as das famíliaes influenciadas pelas crianças.[109] Essas compras influenciam a brincadeira e a fantasia. Os brinquedos e os videogames, feitos por adultos, substituem as brincadeiras e jogos de rua, feitos por crianças. "Somos testemunhas de algo novo", observa John Holt. As antigas brincadeiras de casinha e pique-esconde sucumbem a jogos padronizados pelos super-heróis da televisão. Agora as crianças "têm pronta a maior parte de seus sonhos".[110] Ou, como coloca Gary Cross em sua história dos brinquedos, "o Capitão América substituiu o caubói. A Barbie aprimorou o bebezinho. [...] Novos objetos de brincar incorporaram os sonhos de crescer rapidamente em um fantástico mundo do consumo ou em uma esfera heróica do poder e do controle".[111]

Isso é de fato verdade? O estudo clássico de Iona e Peter Opie, *Children's Games in Street and Playground*, não vê muita mudança. O livro, cujo subtítulo é "Buscar, pegar, procurar, caçar, correr, duelar, empurrar, arriscar, adivinhar, representar, fingir", detalha com deleite um grande número de jogos infantis ainda presentes em ruas e parques, o que faz com que os autores critiquem a noção de decadência: "A crença de que os jogos tradicionais estão desaparecendo é por si mesma tradicional." Eles notam que as brincadeiras de rua acontecem nos refúgios e cantos das cidades, onde os adultos quase não as vêem. Ao envelhecermos, "não prestamos mais atenção aos jogos e, ao não notá-los, supomos que eles tenham desaparecido".[112] Bem mais próximos de Jane Jacobs, em *Morte e vida nas grandes cidades*, eles acreditam que os espaços não planejados das cidades possibilitam os jogos e as brincadeiras, tanto hoje quanto no futuro.

Porém, mesmo os Opie notam que esses espaços estão mudando e que cada vez mais crianças vivem segundo horários e jogos coletivos, sejam eles na escola ou não. Algo desaparece quando os jogos exigem treinadores, uniformes e equipamentos. As superintendências dos parques se voltam para os "líderes de jogos". Os Opie se perguntam se gramados muito bem cuidados e parques restaurados prejudicam a brincadeira. As autoridades "invadem" os parques e organizam áreas para brincar. "O centro de nossa própria cidade natal tinha, por algum milagre, até dois anos atrás, um pequeno bosque escuro", o habitat natural das crianças que brincam. Hoje não há mais, e não há mais em função de um mesmo processo: "As árvores foram derrubadas, o chão nivelado, o riacho canalizado e a área inundável asfaltada."[113] Ademais, esse estudo foi feito há décadas, na Inglaterra e na Escócia dos anos de 1960. Mesmo os mais otimistas Opie duvidam de que os jogos infantis ainda permaneçam inalterados.[114]

Se a infância desestruturada sustenta a imaginação, e a imaginação sustenta o pensamento utópico, então o esvaecimento do primeiro implica o enfraquecimento do último — o pensamento utópico. Sem dúvidas, as causas históricas

UMA BRISA ANÁRQUICA

não podem ser precisamente concatenadas, como se A causasse B que causasse C. Além disso, o tema em questão — a vitalidade da imaginação — não é facilmente circunscrito ou dissecado. Apesar dessas incertezas, parece provável que a colonização do espaço e do tempo infantis prejudiquem uma imaginação independente. As crianças têm mais o que fazer, mais é feito para elas e há menos inclinações — e talvez menos recursos — para o sonho utópico.

O livro de Robert Paul Smith começa com uma pergunta a um grupo de crianças, das quais nenhuma "parecia saber o que fazer nos próximos quinze minutos". "Eu disse a elas: 'Que tal brincarmos de chicotinho queimado?' Inacreditavelmente nenhuma daquelas crianças sabia o que isso significava." Eles também não sabiam brincar com bolinhas de gude, nem de jogos com bola. Quando elas jogavam beisebol era "em algo chamado de Liga Mirim, em que um grupo de adultos supervisores estava sempre ao redor importunando-as, colocando-lhes as máscaras de apanhador e transformando aquele momento em algo solenemente importante". Quando brincávamos, apenas brincávamos com as crianças do quarteirão sem a interferência de adultos. "As crianças, no que eu posso dizer sobre elas, não fazem mais isso."[115]

O grande intelectual do misticismo judaico, Gershom Scholem, escreveu certa vez que o messianismo judaico pode ser descrito como "um tipo de brisa anárquica".[116] Ela alude à "profunda verdade" de que "uma casa bem organizada é algo perigoso". Nessa casa, "uma janela está aberta, através dela sopra o vento e não se pode ter certeza do que ele trará consigo". Ele acrescenta que é "fácil compreender a reticência e a apreensão" dos donos de casa tradicionais.[117]

Ao menos em parte, este livro espera constituir uma "brisa anárquica" na casa da utopia. Na tradição utópica, quase todas as atenções são voltadas para o que pode ser chamado de escola "projetista" do utopismo. De Thomas More a B. F. Skinner, os utopistas projetistas detalharam como o futuro seria; eles estabeleceram, elaboraram e demarcaram essas diretrizes. Às vezes, esses autores foram inspirados, às vezes pedantes e às vezes loucos. "As pessoas usam camisetas de linho branco sobre as quais vestem um terno que combina paletó e calças do mesmo tecido", escreveu Tommaso Campanella em sua obra do século XVII, *A Cidade do Sol*. "Esse [terno] não tem pregas, apenas cortes nos lados e na parte de baixo, que são fechados com botões. A parte das calças vai até os calcanhares, que são cobertos com meias grossas e sapatos". Quatro vezes por ano, quando o sol entra nos signos de Câncer, Capricórnio, Áries e Libra, "o guardião do guarda-roupa" distribui novos modelos aos habitantes.[118]

Tais detalhes podem conferir à especulação utópica um certo peso e plausibilidade. É assim que as pessoas devem trabalhar, ou comer ou brincar — sugerem os autores. É factível, indicam eles. Os projetistas utópicos apresentam o tamanho dos cômodos, o número de lugares às mesas, a hora exata em que despertar ou dormir. Entretanto, a força dos projetistas também é a sua fraqueza. Os planejamentos revelam, e por vezes celebram, um certo autoritarismo. Eles dizem: esse é o modo segundo o qual as pessoas *devem* se vestir, essa é a hora em que elas *devem* comer. Em suas reconsiderações acerca do seu *Story of Utopias*, Lewis Mumford reflete sobre o fato de que, onde quer que ele buscasse novas idéias na história das utopias, deparava-se com excessivos esquemas ditatoriais: "Essas virtudes rígidas", escreveu, "essas instituições gélidas, esses ideais estáticos e auto-referentes não me atraem."[119]

É claro que esses aspectos repulsivos, explica Mumford, não constituem o todo das utopias. Se assim fosse, ele teria "abandonado a [sua] pesquisa" imediatamente. Além das leis autoritárias, ele encontrou uma amplitude de espírito e imaginação, lamentavelmente ausente na sociedade contemporânea. "O pensamento utópico [...] então, era o oposto da unilateralidade, do partidarismo, da parcialidade, do provincianismo e da especialidade."[120] Isso é verdade — mas não é o suficiente. Os projetistas não apenas pareciam repressores, como também rapidamente se tornaram antiquados. Mesmo com a melhor das intenções, os projetistas encadeavam o futuro ao passado. Ao delinear a utopia, eles usaram os elementos disponíveis em seu tempo. Com os seus horários e disposição de lugares, as suas utopias tornam-se condenáveis, não por sua amplitude, mas por sua estreiteza, não por suas extravagâncias, mas por sua pobreza. A história rapidamente os obscurece.

A tradição projetista constitui apenas uma parte, embora a maior delas, do utopismo. Menos notados e menos facilmente definidos são os utopistas antiprojetistas, que podem ser chamados de utopistas iconoclastas. Mais do que elaborar o futuro em detalhes precisos, eles ansiavam, aguardavam e se empenhavam pela utopia, mas não a visualizavam. Os utopistas iconoclastas abordaram idéias tradicionalmente associadas à utopia — harmonia, lazer, paz e prazer —, mas, em vez de determinar o que ela poderia ser, eles mantinham, como já eram, os seus ouvidos abertos a ela. Ouvidos e olhos são metáforas apropriadas, pois, uma vez que eles não visualizavam o futuro, mantiveram-se à sua escuta. Eles não privilegiaram o olho, mas o ouvido. Muitos desses pensadores eram judeus e, explícita ou implicitamente, eles obedeceram ao princípio que proíbe as imagens. Deus, o absoluto e o futuro, desafia a representação visual. Tal como o futuro, Deus poderia ser ouvido, mas não visto. "Ouça, ó Israel!": assim começam as orações judaicas.

Os utopistas iconoclastas, além de nos judeus, beberam nas águas do romantismo alemão. Se eles eram contrários às imagens do futuro, buscavam suas pistas na música, na poesia e nos momentos místicos. "Nos anos anteriores a 1914", relembra Hans Kohn, que é ligado a vários dos utopistas iconoclastas, "os intelectuais alemães descobriram o romantismo e o misticismo."[121] O utopismo iconoclasta teve sua origem não apenas em fontes judaicas, mas também no idioma romântico da Alemanha *fin de siècle*. Idéias de *"Geist"*, "sociedade", "experiência", "unidade" e "vida" permearam os românticos do início do século XX, aqueles românticos especializados na transcendência espiritual. O grupo da "Neue Gemeinschaft" (Nova Sociedade), por exemplo, fundada por Heinrich e Julius Hart, tentou superar "o espírito de desunião, de dualidade".[122] Os pensadores utópicos judeus tomaram de empréstimo esse idioma romântico e lhe atribuíram uma lâmina mais afiada; eles converteram uma língua mística e individualista para uma linguagem política; eles modelaram um utopismo compromissado com o futuro, mas que lhe mantinha reservas. Contra a tradição dominante dos projetos, eles ofereceram um utopismo sem imagens entretecido com a paixão e o espírito.

O utopismo iconoclasta não implica uma severidade puritana. Exatamente nesse quesito ele, no mais das vezes, diferencia-se do utopismo convencional e do socialismo permeado por noções de pureza e obediência. Heine captura bem esse utopismo sensualista em sua apresentação do pensamento alemão aos franceses: "Não se irritem conosco", ele suplica aos franceses, "vós que sois virtuosos republicanos."

> Nós lutamos não pelos direitos humanos dos povos, mas pelos direitos divinos da humanidade. Nisso e em muitos outros aspectos nós nos diferenciamos dos homens da Revolução. Não queremos ser *sans-culottes*, nem simples cidadãos, nem sequer presidentes corruptos; nós queremos fundar uma democracia de deuses, iguais em majestade, santidade e benção. Vocês exigem simplesmente vestuário, moral austera e prazeres frugais, nós exigimos néctar, ambrosia, mantos púrpura, perfumes caros, luxúria e esplendor, a dança de ninfas sorridentes, a música e as comédias.[123]

O que Adorno escreveu sobre Heine poderia ser dito de qualquer um dos utopistas iconoclastas: "Em contraste com o socialismo, ele apegou-se à idéia de felicidade irrestrita na imagem de uma sociedade justa, uma idéia rapidamente descartada em função de slogans como 'quem não trabalha, não come'."[124] A renúncia a imagens do futuro protegeu a idéia do fim da renúncia.

O clássico dos iconoclastas judeus é *The Spirit of Utopia*, de Ernest Bloch (1918). Bloch o considerava uma obra de "romantismo revolucionário" ou de "gnose revolucionária".[125] O livro explora a interioridade, a música e a alma. Nenhuma frase sequer se refere ao tamanho dos aposentos individuais. Mesmo assim, "afinidades eletivas" — o termo de Goethe empregado por Michael Löwy em seu *Redenção e Utopia* — podem ser encontradas entre uma série de pensadores e escritores europeus judeus — de Martin Buber a Gustav Landauer, de Walter Benjamin a T. W. Adorno e talvez até Kafka.[126] Todos esses foram utopistas iconoclastas sem mapas precisos, não obstante utopistas. Scholem ressaltou o seu utopismo — e ele, com efeito, era um amigo íntimo de Benjamin. Para os judeus, disse Scholem, a redenção nunca foi um evento puramente interior.

> Afinal, a restituição de todas as coisas ao seu lugar próprio, que é a Redenção, reconstrói um todo que desconhece a separação entre interioridade e exterioridade. O elemento utópico do messianismo, que reina tão supremo na tradição judaica, preocupa-se com o todo e nada além desse todo.

Scholem encontrou esse utopismo vivo em Bloch, Benjamin, Adorno e Herbert Marcuse, "cujos laços conscientes ou inconscientes com a sua herança judaica são evidentes".[127]

Conquanto a proibição às imagens influenciou inúmeros comentadores, ninguém argumentou que a recusa a se visualizar a divindade diminua-a. Ao contrário: essa recusa foi concebida como um ato de piedade. Para os judeus, fervorosamente monoteístas, a proibição às imagens e a correspondente relutância em escrever o nome de Deus não diminuía, mas sim honrava Deus. Isso sugere o grande abismo entre Deus e a humanidade. Deus, dizia o filósofo judeu do século XII Maimônides, não pode ser descrito positivamente, todo atributo positivo limita a divindade. Dele só se pode aproximar indiretamente — "por negação". "Pois qualquer termo que pronunciamos com a intenção de louvá-Lo e exaltá-Lo contém algo que não pode ser aplicado a Deus e inclui expressões depreciativas; é, portanto, melhor permanecer calado e contentar-se com a reflexão intelectual."[128] Pela mesma razão, Deus não poderia ser pintado ou retratado; afinal, detalhes visuais definem e confinam.

Um fio de Ariadne liga essa teologia negativa do século XII aos utopistas iconoclastas e negativos do século XX. A recusa em descrever Deus se transforma na recusa em descrever a utopia, que só pode ser descrita em termos negativos. No entanto, assim como na resistência a nomear Deus, a relutância a descrever a utopia não a diminui, mas a exalta. Isso anuncia o abismo entre o agora e o depois. Isso caracteriza a recusa a reduzir o futuro desconhecido ao presente conhecido, a esperança à sua causa.

"O portão para a justiça é o aprendizado", escreveu Benjamin em seu ensaio sobre Kafka. "E, entretanto, Kafka não ousa atrelar a esse aprendizado as promessas que a tradição atrelou ao estudo da Torá. Os seus assistentes são sacristãos que perderam a sua casa de oração, seus estudantes são os aprendizes que perderam a sua Sagrada Escritura."[129] Benjamin compreendeu a "inversão negativa" das categorias judaicas em Kafka. De acordo com Scholem, "o ensino não comunica mais uma mensagem positiva, mas oferece apenas uma promessa absolutamente utópica — tão indefinível ontem como hoje — de um mundo pós-contemporâneo".[130] Michael Löwy, que buscou apontar as dimensões judaicas e anárquicas de Kafka, intitulou o capítulo sobre ele de "Teologia negativa e utopia negativa".[131]

"Utopia negativa" não é exatamente uma palavra de ordem. Todavia, a tradição utópica positiva de projetos de cozinhas comunitárias do futuro atrofiou. Ela sofreu reveses demais, foi obscurecida por história demais e as suas fontes imaginativas foram extenuadas. Em uma era de triunfalismo

IMAGEM IMPERFEITA

e autopromoção, anunciar o futuro apenas aumenta o tumulto. Um outro projeto utópico parece apenas um outro *outdoor* ou vídeo. O futuro, talvez, possa ser escutado, mas não visto. Os utopistas iconoclastas sabiam disso. Eles o abordaram tal como abordaram o absoluto — com os ouvidos e os corações abertos.

2. Sobre o antiutopismo: mais ou menos

O que abastece a animosidade contra a utopia? As imagens de plenitude e tranqüilidade que constituem as visões utópicas clássicas não parecem justificar o desdém ou o medo. Os primeiros textos literários gregos não promovem a violência e a opressão, e é difícil considerar esses escritos como os inspiradores dos totalitaristas assassinos.[1] Eles em geral louvam a paz e condenam a violência. Hesíodo, poeta do século VIII a.C., é em geral tomado como o primeiro a descrever uma utopia, apresentada em *Os trabalhos e os dias* como os homens de "ouro" que viviam como deuses, "sem preocupações em seus corações, protegidos da dor e da miséria".[2] O envelhecimento não existia e, com "membros de vigor incansável", essa raça de ouro "desfrutava das delícias dos banquetes". "Tudo o que havia de bom era seu." Eles "não conheciam o constrangimento e viviam em paz e abundância como os senhores de sua terra".

Mas isso não durou muito. O mito de Hesíodo é sobre a decadência: os homens de ouro desapareceram da Terra e, com eles, a paz e a boa vida. "Os deuses do Olimpo" formaram uma segunda raça — "muito pior" — agora de prata. Esses homens, depois de chegarem à adolescência, viveram apenas por um breve período e sucumbiram à insensatez. "Eles não foram capazes de evitar a violência imprudente entre si e não queriam reverenciar os deuses." Um Zeus irritado os enterrou e produziu uma terceira raça de bronze, que também se tornou violenta. Zeus produziu uma quarta raça e depois uma quinta, de ferro, que inclui a era do próprio Hesíodo. "Dia e noite não lhes darão trégua, enquanto eles se consomem pela labuta e pela dor." Esse é um período de sofrimento e ingratidão. "Não haverá afeição entre o hóspede e o anfitrião e nenhum amor entre amigos ou irmãos, como no passado." Os contraventores "saquearão as cidades uns dos outros". Os malfeitores triunfarão. "O poder fará a lei e o pudor desaparecerá."[3]

É impossível ser mais claro. Não é a utopia, mas o seu colapso que é associado à violência. Hesíodo também não incentiva a fantasia etérea, com freqüência ligada às utopias. Ao contrário, ele estimula tarefas e deveres práticos. *Os trabalhos e os dias* é, em sua maior parte, dirigido ao irmão de Hesíodo, que ele considera preguiçoso e injusto. O poema conclama ao trabalho pesado e a uma vida correta: "Que haja ordem e medida em teu trabalho/ até que teus celeiros estejam repletos pela colheita da estação/ Riquezas e rebanhos de ovelhas seguem aqueles que trabalham." Está repleto de conselhos sobre como construir e quando arar: "Lembra-te! Este é o momento certo da derrubada/ Corta uma tora de um metro para o teu almofariz e uma de seis para o pilão." O utopismo de Hesíodo não parece mais sonhador do que as máximas de Benjamin Franklin:

Não deixe para amanhã ou para depois de amanhã;
os celeiros não se enchem por aqueles que adiam
e perdem tempo na falta de objetividade.
O trabalho prospera pelo cuidado;
aquele que adia se digladia com a ruína.[4]

A maior parte dos especialistas vê o poema como a recomendação de uma vida decente e disciplinada. A sua "tese central", escreve um classicista, é de que "a injustiça surge da tentativa de ganhar a sobrevivência e a riqueza sem trabalhar por elas".[5]

Mesmo em sua encarnação grega, as utopias literárias não se limitam a conclamar os cidadãos a levar uma vida correta. Ao preverem um outro mundo, as utopias gregas implicitamente criticam o estado da sociedade.[6] Quanto e com que finalidade? Esse é o enigma básico da tradição utópica. Em que medida os sonhos utópicos são um ataque ao aqui e agora, à realidade medíocre e não-utópica, e em que medida eles são imaginações de um futuro? Os especialistas continuam a debater se a peça de Aristófanes, As aves, é uma crítica feroz à sociedade ateniense ou uma luz que reflete sobre o futuro.[7]

Dois atenienses deixam sua cidade ("É preciso fugir de Atenas o mais rápido possível") queixando-se de seu povo litigioso. "Procuramos por uma residência menos estafante, uma cidade onde possamos levar nossas vidas em paz." Eles buscam um "lugar livre de preocupações".[8] Tendo duas aves como guia, eles procuram por Tereus, ele próprio transformado em uma poupa (um pássaro dos bosques na Antigüidade) por Zeus. Quando encontram Tereus, perguntam onde podem encontrar uma cidade tranqüila, "onde um homem possa vadiar, se estirar e ficar deitado em paz". Tereu sugere várias cidades gregas, as quais os visitantes rejeitam peremptoriamente até que perguntam: "Como é a vida aqui junto aos pássaros?" "Nada má", responde a poupa. "Não há dinheiro, é claro." "Isso acaba imediatamente com a maior parte dos seus problemas", proclama um ateniense. "E quanto à comida", acrescenta a poupa, "temos sementes de papoula, murta, gergelim branco e hortelã." Essa informação agrada os viajantes: "É uma lua-de-mel sem interrupções!" Eles então elaboram um plano: juntar-se aos pássaros e fundar uma nova sociedade, que eles batizam de "Cucolândia", talvez a única expressão de Aristófanes adaptável ao português moderno.

Aristófanes apresenta a Cucolândia sem muitos detalhes. Como escreve o classicista Victor Ehrenberg, os atenienses viajantes querem fundar um lugar onde "a comida e o amor" reinem supremos.[9] Com esse fim, eles rejeitam vários recém-chegados que querem se juntar a eles, mas que estrangulariam a nova utopia com seus antigos problemas terrestres: um sacerdote suplicante, um vendedor de oráculos, um advogado, um poeta oportunista. "Em honra à Cucolância, essa grande cidade,/ eu compus os seguintes versos líricos. [...] Há muito tenho pensado nessa cidade", começa o poeta. "É impossível", responde um dos fundadores, "porque não faz um minuto que eu a consagrei e dei-lhe um nome!" Eles despacham o poeta. O mesmo acontece ao vendedor de decretos, que chega para apregoar leis diversas. "Eu sou um negociante dos decretos mais modernos. A sua satisfação é garantida." Ele é dispensado, assim como o advogado que pede um par de "asas". Por quê? Para que ele voasse à procura de clientela com uma "mala cheia de processos, que lhe serve de lastro". Mesmo que o utopismo de *As aves* se mantenha vago, é difícil interpretá-lo como uma defesa implícita ou explícita da violência — ou mesmo do controle "totalitário". Com efeito, um dos esperançosos colonos é um matemático, que chega com um plano de "dividir o ar em metros quadrados". Ele é aconselhado a partir e a "dividir algum outro lugar".

Assim como muitas utopias, a Cucolândia ocupa um território ambíguo, ela zomba tanto da sociedade que deixou para trás quanto do esforço de criar algo inteiramente novo. O coro proclama: "Aqui habitam o amor e a sabedoria/ pelas ruas as Graças passeiam/ e a Paz encontra o seu lugar." Mas até que ponto isso deve ser levado a sério? Será que essa é uma comédia leve ou um ataque político direcionado? Ela ridiculariza uma utopia etérea ou o imperialismo terrestre — uma vez que Atenas havia acabado de enviar uma expedição para conquistar Siracusa, em um projeto a que Aristófanes presumivelmente se opunha?[10] "As aves não deve ser lida como uma fantasia escapista", escreve A. M. Bowie. A peça busca amainar a arrogância e o militarismo atenienses.[11] Sem dúvida, um caráter polêmico e político colore As aves, um sentimento que ela compartilha com outras peças de Aristófanes, como, por exemplo, a peça antibélica Lisístrata. No entanto, Aristófanes tempera a sua seriedade com piadas e comédia, uma tática recorrente na literatura utópica. A paródia anuncia a seriedade.[12]

O utopismo leve permanece vivo muitos séculos depois em Luciano, um satírico grego, cujas obras são por vezes consideradas a inauguração do gênero da ficção científica utópica. Luciano põe suas cartas na mesa em História verdadeira: "Não tenho qualquer intenção em contar a verdade. [...] Escrevo sobre coisas completamente externas à minha experiência. [...] Não creiam em uma palavra do que digo." Luciano viaja até a Lua e volta, encontrando por acaso a Cucolândia de Aristófanes: "'Então, Aristófanes dizia a verdade', disse a mim mesmo."

Na Terra, ele e seus amigos viajantes chegam à Ilha dos Bem-aventurados, infundida de "um aroma maravilhoso". Os pássaros cantam e uma brisa agradável sopra através das árvores. Ninguém envelhece. "Em vez de quatro estações, eles têm apenas uma, [...] a primavera." Uma festa deliciosa acontece permanentemente. "Os convidados, em seu momento de ócio, reclinam-se em leitos de flores e são servidos pelos ventos." As relações sexuais são livres e simples. "Eles não vêem nada de indecente no intercurso sexual, seja ele hetero ou homossexual." (Luciano acrescenta: "A única exceção era Sócrates, que sempre jurava que seus relacionamentos com os jovens eram puramente platônicos.") O bem-estar era em grande parte facilitado pelas fontes de risos e prazeres: "A primeira coisa que um convidado faz ao chegar lá é tomar um gole de cada uma dessas fontes e, daí por diante, ele não pára mais de rir e de se divertir."[13]

O utopismo jocoso com uma mensagem séria voltou a florescer um milênio e meio mais tarde, com More e Rabelais, ambos aficionados por Luciano. Juntamente com Erasmo, More traduziu muitos dos diálogos de Luciano. Como comenta um biógrafo de More: "Luciano seria um interesse improvável a dois cristãos, uma vez que era licencioso, por vezes obsceno, e sempre cético quanto à religião sobrenatural."[14] No entanto, a sua ironia, sua audácia e talvez seu utopismo chamaram a atenção de Erasmo e de More. O *Elogio da loucura* de Erasmo, publicado em 1511, era dedicado a More e fazia um trocadilho com o termo grego *moria* ("loucura") associado a seu nome; ele também se utilizava de uma abordagem humorística à maneira de Luciano, da qual compartilhavam Erasmo e More.[15] Erasmo escreveu (a More), em sua carta-introdução ao *Elogio da loucura*, que "gracejos podem levar a algo mais sério".

> As piadas podem ser manipuladas de modo tal que qualquer leitor a quem não falte por completo o discernimento pode intuir nelas algo muito mais recompensador do que nos argumentos rabugentos e ilusórios de algumas pessoas que conhecemos — quando, por exemplo, proferem infindáveis elogios à retórica e à filosofia em uma oração remendada, ou quando louvam a um príncipe. [...] Nada é mais divertido do que tratar as trivialidades de modo a tornar claro que não se está fazendo nada além de brincar com elas.[16]

Esse espírito também está presente na *Utopia* de More, publicada em 1516, desde o título, em si mesmo uma piada (*utopia* = lugar nenhum), até os personagens. A figura principal que narra sobre a utopia é chamada — em uma tradução mais literal — Rafael "Nonsense".[17] O texto original incluía uma página com o "alfabeto utópico" e uma espécie de poesia utópica (de má qualidade) escrita pelo laureado poeta "senhor Windbag". Em sua carta-introdução, More menciona que tinha ouvido sobre um "teólogo muito piedoso" que queria desesperadamente que o Papa lhe enviasse a Utopia como bispo. Antes de partir de sua ilha utópica, Rafael distribui entre os habitantes obras gregas que incluíam Aristófanes e Luciano, "que eles acharam deliciosamente divertidas".[18] Um estudo recente conclui que a *História verdadeira* de Luciano foi a "inspiração" para a *Utopia* de More.[19] T. S. Dorsch, o classicista e tradutor, escreveu: "Tive de colocar a *Utopia* ao lado da minha cópia das obras de Luciano."[20] A leveza retórica não destrói a seriedade de More — ou de Aristófanes.

Tudo isso é válido para um outro projeto utópico que apareceu apenas quinze anos depois da *Utopia* de More, escrito por um outro admirador de Luciano, cujo nome tornou-se sinônimo de sátira e de comédia: François Rabelais. Assim como

More, Rabelais traduziu Luciano, mas, ao contrário de More, nas palavras de seu biógrafo, ele "aspirava a tornar-se o Luciano francês".[21] Para enfatizar o elo com More, em *Gargântua e Pantagruel*, Rabelais chamou o reino de Gargântua de "Utopia".[22] Em uma famosa seqüência de capítulos, ao final do primeiro livro, Gargântua constrói a Abadia de Theleme para recompensar Frei Jean por sua ajuda na batalha. O frei se recusa a dirigir uma comunidade religiosa existente e, por isso, pede a Gargântua que funde uma nova "ordem religiosa com costumes exatamente contrários aos de todas as outras".

O pedido agrada a Gargântua, que o realiza com prazer: "Já que os monges e freiras comuns fazem três votos, ou seja, de castidade, pobreza e obediência, decretou-se que lá qualquer um poderia ser regularmente casado, tornar-se rico e viver em liberdade." Ele também dispensa a rígida rotina de horários, acreditando que "a maior perda de tempo que conhecia era a contagem das horas — que sentido há nisso? —, e o maior absurdo do mundo era regular a vida de alguém pelo toque de um sino". Visto que em comunidades religiosas "tudo é regido, limitado e regulado pelas horas", na Abadia de Theleme "decretou-se que não haveria qualquer relógio ou marcador". Essa era uma instituição religiosa, porém com uma diferença, pois, em relação aos residentes:

> Toda a sua vida era regulada não por leis, estatutos ou regras, mas segundo a sua livre vontade e o seu prazer. Eles se levantavam da cama quando queriam, e bebiam, comiam, trabalhavam e dormiam quando bem aprouvesse. Ninguém os despertava, ninguém os obrigava a comer, beber ou a fazer qualquer outra coisa. Foi assim que Gargântua estabeleceu a ordem. Nas suas regras, havia apenas uma cláusula:
>
> FAZE O QUE QUISERES.[23]

SOBRE O ANTIUTOPISMO: MAIS OU MENOS

Todavia, a leveza e a alegria que em geral envolviam o utopismo desapareceram. Isso pode ser dito de modo mais preciso e quase paradoxal: o anúncio da "utopia" por Thomas More corresponde à sua denúncia por Thomas More. O utopismo e o antiutopismo moderno convergem em More. A vasta literatura secundária sobre More abrange todos os aspectos da sua vida, no entanto, a maior parte dela se concentra na *Utopia* e, em menor grau, na sua execução, em 1535, depois de sua rejeição à sucessão de Ana Bolena como rainha da Inglaterra. More tornou-se funcionário real em 1518, foi promovido a "conselheiro teológico" e, em 1529, tornou-se lorde chanceler de Henrique VIII. Contudo, recusou-se a aceitar as maquinações de Henrique para transferir a autoridade suprema da Igreja na Inglaterra do Papa para ele mesmo, enquanto rei. Com essa manobra, Henrique buscou legalizar o seu divórcio e seu novo casamento — uma série de ações que precipitaram a Reforma inglesa.

Por sua intransigente resistência ao rei e sua ampla sabedoria, a história foi generosa com More, que, em geral, é visto como um grande humanista e um homem de princípios. A Igreja católica santificou-o. O espetáculo da Broadway de 1960 (posteriormente transformado em filme), *O homem que não vendeu sua alma*, retratava More com as cores mais vívidas: "Não faço mal a ninguém", diz ele na peça. "Eu não falo mal de ninguém, eu não penso mal de ninguém e, se isso não é o suficiente para manter um homem de boa-fé vivo, eu prefiro não viver".[24]

Entretanto, More agiu mal. A serviço da Coroa ele caçou e perseguiu protestantes e heréticos. Os historiadores e biógrafos há muito tempo sabem e discutem sobre isso, mas trata-se de algo que praticamente não chegou ao domínio público

— e, quando o fez, foi negligenciado. Uma coleção de setecentas páginas de "artigos essenciais" sobre More apenas em raros momentos o caracteriza como um algoz de heréticos e protestantes.[25] É claro que, para aqueles interessados no utopismo, More é simplesmente o autor de *Utopia*. O estudo clássico de J. H. Hexter se preocupa em reconstruir o ambiente de More, enfatizando o fato de ter ele escrito a *Utopia* no verão de 1515 e no outono de 1516 — com uma breve consideração feita em 1518, quando More tornou-se funcionário real.[26]

Por outro lado, para aqueles que consideraram os maiores eventos da época — e as extravagâncias da utopia —, a reputação de More como um humanista nobre e sensato parece questionável. Ele perseguiu até a morte William Tyndale, o teólogo protestante cuja tradução para o inglês do Antigo e o Novo Testamentos formou a base para a Bíblia do Rei Jaime. O crítico literário George Steiner considerou que Tyndale não apenas atribuiu uma rara eloqüência à Bíblia inglesa, como também "moldou as formas predominantes do estilo inglês". Das 287 palavras do Sermão da Montanha na versão do Rei Jaime, 242 são de Tyndale: "Homem nenhum pode servir a dois mestres. Pois, quem quer que sejam, ele há de odiar um e amar o outro."[27] Isso é Tyndale, o homem incansavelmente perseguido por More.

O recente relato de Brian Moynahan sobre More e Tyndale, cujo subtítulo é "Uma história de martírio e traição", tem um final amargo. Assim como Steiner, ele nos lembra que a Bíblia do Rei Jaime é em grande parte baseada na obra de Tyndale, mesmo tendo ele sido esquecido. Por outro lado, a posteridade tratou-o [More] bem. A sua alegria geral pelo pelourinho e pela fogueira [aos heréticos] e seu ódio individual e obsessivo por William Tyndale foram amplamente esquecidos. Ele progrediu lentamente da beatificação [...] até a canonização. [...] Por toda parte é homenageado com nomes de escolas, faculdades, albergues e ruas, além de estátuas e monumentos. [...] João Paulo II concedeu-lhe a honra máxima, em 31 de outubro de 2000, ao proclamá-lo santo patrono dos políticos.

Moynahan acrescenta que esse ato papal é "no mínimo, bizarro. Os políticos já perseguem seus oponentes de muito bom grado, sem ter a imagem de More pendida à sua frente como um modelo."[28]

O estudo de J. H. Hexter começa com uma reflexão sobre a "misteriosa" intenção de More ao escrever *Utopia*, mas o mistério se adensa ainda mais quando se vê o todo da carreira de More. Depois de *Utopia*, um novo lado de More vem à tona: inflexível, mal-humorado, intolerante. O More utópico deu origem ao More antiutópico. Na *Utopia*, o rei estabelecia a lei em que "todo homem deveria cultivar a religião de sua escolha e poderia militar por ela, desde que o fizesse calma, modesta e racionalmente, sem rancor em relação aos outros". O rei acreditava que era "uma loucura condenável forçar à conformidade as suas próprias crenças, por meio de ameaças ou violência", o que levaria apenas "à contenda e ao tumulto". "Então ele deixou toda a questão aberta, permitindo a cada indivíduo escolher aquilo em que acreditaria."[29]

Depois de tornar-se funcionário real, porém, More não "deixou as questões abertas", mas combateu com mão pesada o que ele considerou como sedição e heresia. No epitáfio que escreveu para si mesmo, ele confessava com orgulho ter sido um "perseguidor de ladrões, assassinos e hereges".[30] Essa formulação incomodou até mesmo os seus admiradores. Quando o seu monumento foi restaurado, no século XIX, o termo "hereges" desapareceu do epitáfio, e More agora luta apenas contra "ladrões e assassinos".[31] A controvérsia continua em relação a se More, enquanto lorde chanceler, teria supervisionado pessoalmente a execução de seis protestantes. Um relato mais antigo declara enfaticamente que "os fatos nessa controvérsia parecem claros: More estabeleceu completa tolerância a todas as religiões na *Utopia* [...] e, mais tarde, não apenas aprovou, como também efetuou execuções de hereges".[32]

O que é indiscutível é que More combateu com crescente vigor e malícia o que ele considerou luteranismo e sedição, censurando livros e prendendo os seus fornecedores. Tal como resumiu John Guy em sua recente biografia, em seu primeiro ano como lorde chanceler, More obteve decretos e proclamações para proibir mais de cem livros. Conseguiu a prisão daqueles que comercializavam essa literatura e quando finalmente eram

> levados frente a More nos *Star Chambers*, ele aplicava toda a severidade da lei nas punições que decretava: os vendedores de livros eram multados e presos, os seus estoques de literatura herética eram queimados em praça pública e, por fim, eles próprios eram obrigados a sofrer punição pública — desfilar em dias de feira pelas ruas de Londres no dorso de um cavalo, sentados de costas, com casacos "revestidos" de livros proibidos, enquanto frutas podres lhes eram atiradas.[33]

More escreveu uma série de tratados atacando Lutero e apoiando a "queima dos heréticos" como algo "legal, necessário e merecido".[34] Incansavelmente ele amaldiçoou, denegriu e insultou Lutero e seus partidários. No que tange à linguagem violenta e grosseira que marcou toda a polêmica inglesa da época, More merece menção especial. Eis um exemplo em prosa do líder humanista da Inglaterra:

> [Lutero] nada tem em sua boca além de excremento, imundície e estrume, com os quais ele banca o bufão. [...] Se ele opta por engolir suas imundícies e lamber o estrume com o qual ele torna imunda a sua língua e a sua caneta [...] e se quer não trazer nada em sua boca que não seja lodo, esgoto, excremento, imundície e estrume [...] é conveniente que ouçamos esse conselho: [...] deixar esse padreco louco, esse tratante com cabeça de estrume, com as suas fúrias e seus delírios, com a sua imundície e seus estrumes, a cagar e ser cagado.[35]

Em um desses tratados ele chegou muito perto do repúdio à *Utopia*. Trata-se da resposta à acusação de que as sementes do luteranismo podem ser encontradas no livro de seu bom amigo Erasmo, *Elogio da loucura*. More negou, mas continuou a dizer, que "ultimamente" os homens, "por seu próprio erro, interpretam mal e destroem as próprias Escrituras de Deus". Se alguém "hoje traduzisse para o inglês *Moria* ou algumas outras obras, mesmo aquelas que eu mesmo escrevi antes disso", provavelmente se referindo à *Utopia*, More declara que pegaria esses livros e "queimaria-os todos com as minhas próprias mãos".[36]

O que transformou o autor de *Utopia* em um censor e um perseguidor? A conclusão comedida de John Guy é de que "a esquizofrenia criada pelo papel ambíguo de More, como o autor de *Utopia* e o inquisidor nos casos de heresia, nunca será superada".[37] Richard Marius, editor das obras completas de More, oferece uma abordagem ainda mais dura: More, escreve ele em sua biografia, perseguiu hereges sem "nenhum vestígio de piedade ou tolerância".

> More acreditou que eles deveriam ser exterminados e, enquanto esteve no posto, fez tudo o que estava em seu poder para autorizar esse extermínio. Que ele não tenha conseguido ser o *Torquemada* [o inquisidor espanhol] inglês foi uma conseqüência da querela entre o rei e o papa, e não o resultado de qualquer caráter piedoso que tivesse tomado o coração de More.[38]

O biógrafo Jasper Ridley chega à mais sombria conclusão de todas em *The Statesman and the Fanatic*. Ele chama More de totalitarista e assassino em massa, o equivalente a qualquer stalinista ou nazista do século XX. Ele foi um intelectual brilhante "cujos princípios e lógica perfeitos", além do ódio reprimido, "transformá-lo-iam em um fanático determinado a esmagar o que ele considera como as forças do mal". É possível imaginar More, conclui Ridley, "depois de escrever livros sobre o socialismo e o planejamento [sua *Utopia*], tornando-se cada vez mais obcecado pela ameaça do inimigo que assaltava a civilização e alcançava o ponto a partir do qual justificava-se, com argumentos falaciosos, a eliminação de milhões de seres humanos como algo lamentável, mas necessário". Para Ridley, pessoas como Thomas More são uma ameaça para o mundo.[39]

A conclusão de Ridley não consegue se sustentar, uma vez que ele usa categorias do século XX para condenar More. Não obstante, o argumento de Ridley merece atenção à medida que exemplifica a ideologia antiutópica tal como ela se formou nos últimos cinqüenta anos. Ele marca como o utópico de coração leve se transforma no antiutópico de mão pesada. Com efeito, com More, ou através de More, ele pode ver o surgimento do antiutopismo moderno, o que faz Ridley ligar, de maneira demasiadamente estreita, o utopismo ao totalitarismo. Porém, há algo que acontece em More que vale a pena ser considerado: o seu sentimento antiutópico não surge simplesmente do mistério ou dos paradoxos de seu caráter.

O mundo muda depois de More escrever a *Utopia*. O luteranismo, o anabatismo e as guerras camponesas varreram a Europa. O utopismo, que outrora parecia inócuo a More, agora lhe parece uma especulação perigosa: "Os séculos passados não viram algo mais monstruoso do que os anabatistas", escreveu ele em 1528.[40] Como disse C. S. Lewis, "os tempos tinham mudado, e coisas que antes lhe pareciam permissíveis, ou até mesmo audácias saudáveis, vieram a lhe parecer perigosas". Na *Utopia* More defende, em parte com scriedade e em parte com jocosidade, um tipo de comunismo. Mas, com a afluência da Reforma, ele passa a atacar o comunismo dos anabatistas como uma heresia horrível — e a defender os ricos proprietários.[41]

Ao responder às ameaças religiosas e políticas da Reforma do século XVI, More se voltou contra o seu próprio passado e, talvez pela primeira vez na história, veio à tona um antiutopismo virulento. More, assim, antecipou o futuro de dois modos. O seu próprio antiutopismo, alimentado por um senso de esperanças utópicas desenganadas, revelar-se-ia característico dos antigos comunistas desiludidos, tais como Arthur Koestler e Ignazio Silone, algo que pode até ser exemplificado pela coleção, de 1950, *The God that Failed*. Por outro lado, as causas do totalitarismo do século XX ratificariam a vendeta de More. A obra clássica aqui é *Na senda do milênio* de Norman Cohn, publicada em 1957 com o subtítulo "Messianismo revolucionário na Europa medieval e reformista e sua influência nos movimentos totalitaristas modernos".

Cohn ligou o milenarismo medieval e da Reforma tanto ao nazismo quanto ao comunismo. O messianismo buscou estabelecer, através de um acontecimento miraculoso ou de uma luta "final", um mundo "habitado por uma humanidade ao mesmo tempo perfeitamente boa e perfeitamente feliz". Para Cohn os movimentos milenaristas não apenas incitaram a violência, como esboçaram o totalitarismo moderno. "Quanto mais cuidadosamente se compara as deflagrações do quiliasmo militante social durante o final da Idade Média com os movimentos totalitários modernos, mais notavelmente as semelhanças aparecem." Ambos compartilham de uma mesma "forma de política", que Cohn apelida de "escatologia revolucionária subterrânea". Ambos operam com "fantasias" de uma luta final, na qual "o mundo será renovado e a história será levada ao seu fim".[42]

O livro de Cohn termina com uma discussão sobre Thomas Müntzer, o militante anabatista que perturbou Thomas More. Para os marxistas, de Friedrich Engels a Karl Kautsky e Ernest Bloch, Müntzer tem sido, há muito tempo, um herói, um revolucionário místico que lutava pelo povo.[43] Por outro lado, para os críticos de Marx, Müntzer prefigura tudo o que há de deplorável no utopismo: "Ao compararmos esses dois tipos de Antigo Testamento", o de Müntzer e o de Marx, escreve Abraham Friesen em *Reformation and Utopia*, "encontramos grandes semelhanças em seu pensamento. O ponto de partida de ambos é escatológico: o tão esperado Reino de Deus na Terra, ou seja, a sociedade comunista sem classes."[44] Conquanto nada ligue diretamente Müntzer à More, Müntzer surgiu de um mundo definido, de um lado, por Lutero e, de outro, por Erasmo.[45] More lutava contra o que ele viu como o seu próprio filho bastardo — o utopismo descontrolado.

Na senda do milênio, de Cohn (1957), pertence a uma série de obras que surgiram no início da Segunda Guerra Mundial e definiram o antiutopismo contemporâneo. Em cerca de doze anos, constituiu-se um consenso liberal antiutópico, que não apenas se manteve como também ganhou forças a cada década que se passava. Os seus textos principais são *A sociedade aberta e seus inimigos* (1945), de Karl Popper, *The Origins of Totalitarian Democracy* (1951), de J. L. Talmon, e *As origens do totalitarismo* (1951), de Hannah Arendt, além de muitos ensaios de Isaiah Berlin, da década de 1950. Juntos, esses textos formam um argumento alarmante e abrangente sobre os perigos do pensamento utópico. Popper começa com Platão, Cohn com a Idade Média, Talmon com o esclarecimento do século XVIII e Arendt com a Revolução Francesa. Não apenas as suas abordagens intelectuais complementam-se como as suas biografias são em grande parte compartilhadas. Para começar, eles em geral pertenceram à geração nascida antes ou durante a Primeira Guerra Mundial: Popper (1902-1994), Arendt (1906-1975), Berlin (1909-1997), Cohn (1915-) e Talmon (1916-1980). Em segundo lugar, eles são todos judeus ou descendentes de judeus. Em terceiro lugar, à exceção de Cohn, eles fugiram ou deixaram os seus países de origem. Em quarto lugar, à exceção de Cohn, eles vieram da esquerda.[46]

IMAGEM IMPERFEITA

Certamente esses aspectos não produzem, automaticamente, o antiutopismo; mesmo assim, eles determinaram o pensamento antiutópico, de muitos modos. Os acontecimentos das vidas de seus autores conferem ao antiutopismo uma gra vidade indiscutível. A crítica à utopia pareceu tão considerá vel quanto os seus eminentes expoentes. Pessoas como Hannah Arendt e Isaiah Berlin surgiram ao universo anglo-americano como os emissários de um outro mundo; eles eram veteranos, às vezes refugiados de guerras, revoluções e governos letais.[47] Traziam consigo experiências indisponíveis aos norte-americanos, falavam inglês com sotaque do antigo mundo. Aos residentes de Berkeley, Hannah Arendt encarnava a própria revolucionária da Europa Central: "Rosa Luxemburgo está de volta", notou uma estudante após ouvir uma conferência de Arendt.[48]

As experiências de guerra e fuga saturaram os seus textos. Eles falavam de uma geração que havia testemunhado tudo: "Não esperamos mais por uma eventual restauração da antiga ordem mundial com todas as suas tradições", escreveu Arendt na abertura de *As origens do totalitarismo*. "Duas guerras mundiais em uma geração, separadas por uma seqüência ininterrupta de guerras locais e revoluções, às quais não se seguiu qualquer tratado de paz para os derrotados e nenhum respeito pelo vencedor" indicam que a "estrutura essencial de todas as civilizações está a ponto de se romper".[49] As suas vidas emprestaram às suas análises uma aura de profundidade. Esses sábios conheciam aquilo sobre o que escreviam, o que Arendt chamou de "natureza verdadeiramente radical do Mal".

As suas semelhanças biográficas também tingiram o antiutopismo de um modo muito específico. Em função de

SOBRE O ANTIUTOPISMO: MAIS OU MENOS

suas idades e de suas inclinações políticas, eles foram atraídos pelo comunismo até se confrontarem com o fascismo. A Revolução Russa, os levantes revolucionários europeus depois da Primeira Guerra Mundial e o marxismo da década de 1920 selaram os seus trabalhos. A desilusão com o comunismo foi marcante em suas vidas, mas ela precedeu a ameaça total do fascismo na década de 1930, o que significa que eles tentaram compreender o que aconteceu com o marxismo antes de se voltar ao fascismo, ou ainda, que este último foi visto através das lentes do primeiro. Por fim, eles viram o marxismo e o fascismo como fenômenos relacionados, como diferentes versões do totalitarismo. Uma vez que o utopismo moldava o marxismo (apesar dos pronunciamentos antiutópicos de Marx e Engels), a teoria do totalitarismo, por eles desenvolvida, ressaltava o veneno do utopismo. Apresentada por acadêmicos refugiados de grande reputação e reconhecida seriedade, ela triunfou. A sua crítica liberal tornou-se a sabedoria convencional de nosso tempo, ela condenou o utopismo como o açoite da história.

Essa trajetória é exemplificada por Karl Popper, que foi a primeira e provavelmente a mais importante figura desse grupo a elaborar um antiutopismo convincente. Em *A miséria do historicismo* e *A sociedade aberta e seus inimigos*, que datam de 1944 e 1945, Popper apresentou uma crítica em grande escala ao pensamento utópico que encontra ecos até hoje. Ele dedicou *A miséria do historicismo* à "memória dos incontáveis homens e mulheres de todos os credos, nações ou raças que morreram vítimas da crença fascista e comunista em leis inexoráveis do destino histórico". Mesmo que a "crença [...] em leis inexoráveis do destino histórico" possa parecer distante do utopismo, para Popper eles eram sinônimos.

Popper, que nasceu em Viena em 1902, acreditava que os judeus eram tratados razoavelmente bem na Áustria antes da guerra, mesmo tendo sido o anti-semitismo a causa da conversão de seus pais ao luteranismo — "para se assimilarem".[50] Ele pertencia a uma rede de familiares e amigos formada por artistas talentosos, músicos e cientistas. Ele era parente, por exemplo, de Bruno Walter, o maestro, e de Josef Breuer, o médico que colaborou com Freud.[51] Com inclinações intelectuais, ele tendia, como muitos de seus conhecidos, para a política e a psicologia. Ele tinha doze anos quando começou a Primeira Guerra Mundial e dezesseis quando ela terminou em revoltas e revoluções. A monarquia austro-húngara, uma reunião vasta e incontrolável de territórios e pessoas, tornou-se, entre outras coisas, a República Austríaca. "Os anos da guerra e as suas conseqüências", lembrava ele, "foram, em todos os sentidos, decisivos para o meu desenvolvimento intelectual."[52] Em uma "nota histórica" de *A miséria do historicismo*, Popper escreveu que a sua tese "remonta ao inverno de 1919-1920".

Por um momento, a revolução vermelha chamou a atenção e atraiu o jovem Popper, que se juntou às forças da extrema esquerda. Na primavera de 1919, Popper participou de um protesto, organizado pelos comunistas, para a libertação de camaradas presos na delegacia de polícia central. Teve início, então, um tiroteio e muitos jovens trabalhadores foram mortos: "Fiquei horrorizado e chocado com a brutalidade da polícia", relembra Popper, "mas também comigo mesmo, porque sentia que, como um marxista, eu tinha parte da responsabilidade pela tragédia — ao menos em princípio." Ele passou a se questionar se a "científica" crença marxista, que prometia "tornar o mundo melhor", era baseada em um co-

SOBRE O ANTIUTOPISMO: MAIS OU MENOS

nhecimento real sobre a sociedade. "Toda essa experiência [...] produziu em mim uma súbita mudança de sentimento que durou para o resto da vida."[53]

No entanto, Popper permaneceu um esquerdista enfático; tamanha era a sua servidão romântica ao proletariado que, durante muitos anos, ele tentou transformar-se em um trabalhador braçal — começou como construtor de estradas e posteriormente foi marceneiro.[54] Por fim, chegou ao serviço social, ao ensino e à filosofia. As suas idéias sobre as deficiências do marxismo continuaram a se desenvolver, mas ele as manteve em segredo por razões políticas: não queria enfraquecer os marxistas, que formavam a espinha dorsal da oposição ao autoritarismo fascista. Porém, a situação na Europa Central se deteriorava. Mesmo antes de 1933, quando os nazistas chegaram ao poder na Alemanha, Popper percebeu que os dias da democracia austríaca estavam contados, e com eles os dias dos judeus. Em meados da década de 1930, Popper tentou, com afinco, deixar a Áustria. Em 1937 ele foi de navio à Nova Zelândia para aceitar a oferta de uma bolsa para conferências no Canterbury University College — não era cedo demais. Em 1937, Hitler marchava pelas ruas de Viena, que o aplaudia. Com o fim da Áustria, Popper acreditou não precisar mais "conter" as suas críticas aos socialistas. Ele se pôs a elaborar suas idéias em *A miséria do historicismo* e *A sociedade aberta e seus inimigos*.

O título *A miséria do historicismo* é uma paródia de *A miséria da filosofia* de Marx, que, por sua vez, é um trocadilho com *A filosofia da miséria* de Proudhon. Se a linguagem de Popper é freqüentemente idiossincrática, para não dizer enganosa — essa era apenas a segunda obra que ele escrevia em inglês —, as suas convicções antiutópicas são inquestionáveis. Popper identifica como fracassos superpostos o historicismo, a profecia histórica e o utopismo. Com freqüência lança mão de formulações do tipo "utopismo e historicismo concordam". Para Popper, o historicismo propõe leis e ritmos da história, ele busca conhecer o futuro e, por vezes, intervir para controlar ou apressar "desenvolvimentos sociais iminentes". O marxismo "representa com excelência a posição historicista", uma posição que explica detalhadamente a ascensão e a queda do capitalismo, conclamando o proletariado a apressar a sua destruição.[55]

Para conduzir o seu argumento até os perigos do utopismo, Popper traça paralelos entre idéias "historicistas" (e utópicas) e não-historicistas (e não-utópicas), além de duas abordagens diferentes da reforma social. A perspectiva não-histórica aplica o que Popper chama de "engenharia paulatina". As limitações factuais impressionam o engenheiro paulatino, que, como qualquer bom cientista, concentra-se nas partes, e não no todo. Ele acredita em "pequenos ajustes e reajustes" e atua "passo a passo, comparando cuidadosamente os resultados esperados com os resultados obtidos". O reformador paulatino "remenda", mas não persegue um "método de replanejamento [da sociedade] como um todo". Por outro lado, o historicista "holístico" ou o "engenheiro utópico" tem como objetivo "remodelar o 'todo da sociedade' de acordo com um plano definitivo ou um projeto". Porém o todo, acredita Popper, "não pode tornar-se objeto do estudo científico, de controle ou de reconstrução". Essa é uma artimanha dos utópicos que planejam "reconstruir a nossa sociedade 'como um todo'" e que, portanto, sucumbem à "intuição totalitarista".[56]

Popper ampliou essas idéias nos dois volumes de *A sociedade aberta e seus inimigos*, que se dedica a compreender o totalitarismo e a luta contra ele. Ele nota que o livro foi concebido em março de 1938, "no dia em que recebi a notícia da invasão da Áustria" pelos nazistas. Entretanto, o livro é em sua maior parte dedicado, não ao nazismo, mas ao marxismo e ao utopismo. Popper observa uma afinidade eletiva entre, de um lado, a democracia e a engenharia paulatina e, de outro, o totalitarismo e a engenharia utópica. As primeiras examinam instituições específicas e suas funções, perguntando-se sobre os meios apropriados para determinados fins, tais como: "será que essa instituição é bem planejada e organizada de modo a servir" a esses objetivos? Ele dá um exemplo, o seguro.

Ao engenheiro social não importa se a indústria de seguros surgiu para servir aos lucros privados ou ao bem público. Entretanto, ele pode "apresentar uma crítica a certas instituições de seguro, mostrando, talvez, como aumentar os seus lucros, ou [...] como aumentar os benefícios que elas trazem ao público". Em outras palavras, o engenheiro social examina os meios, e não os fins, julgando se algo está adaptado aos seus objetivos. O utópico, por outro lado, considera as origens, os fins e os "verdadeiros papéis" do seguro. Ele avalia se "a sua missão é servir ao bem comum". O utópico toma o ponto de vista da história, analisando a intenção dos fundadores e o seu significado contemporâneo.[57]

O engenheiro paulatino é tão comprometido com o aperfeiçoamento social quanto o utópico, mas ele usa ferramentas mais práticas e menos violentas. Para o engenheiro, a perfeição não é atingível. Já que toda geração tem direito à felicidade, em vez de buscar "o grande bem extremo", o engenheiro realista diminui os grandes males que afetam a humanidade. Para Popper, "essa diferença está longe de ser meramente verbal. [...] Ela é a diferença entre um método

IMAGEM IMPERFEITA

razoável de aperfeiçoamento do destino humano e um método que [...] pode facilmente levar a um aumento intolerável do sofrimento humano". Além disso, a existência de injustiças específicas é algo com o que se pode concordar, diferentemente do "estabelecimento de um certo ideal".

> É infinitamente mais difícil raciocinar sobre uma sociedade ideal. A vida social é tão complicada que poucos homens, ou absolutamente nenhum deles, seriam capazes de julgar um projeto de engenharia social em grande escala, se isso fosse exeqüível. [...] Em oposição a isso, projetos de engenharia paulatina são comparativamente simples. Eles são projetos para instituições isoladas, para, por exemplo, seguros de saúde ou de desemprego, ou ainda, tribunais de arbitramento, orçamento contra crises econômicas ou reforma educacional. Se eles errarem, o prejuízo não é muito grande e um reajuste não é muito difícil. [...] É mais fácil chegar a um acordo razoável sobre males existentes [...] do que [...] sobre um bem ideal.

Os utopistas projetistas querem realizar um ideal longínquo e isso leva à ditadura. Eles querem transformar a sociedade, "não deixar pedra sobre pedra". É a "limpeza" do utopismo — o seu "desejo de construir um mundo que não apenas é um pouco melhor e mais racional do que o nosso, mas que também é livre de todas as suas fealdades: nenhuma colcha de retalhos, nenhuma peça de vestuário velha e mal remendada, mas sim um traje de gala inteiramente novo, um novo mundo realmente belo" — é isso o que o torna tão perigoso.[58]

Popper formulou essas idéias precisamente em uma conferência de 1946, "Utopia e violência". No título e no sentimento, a preleção antecipou o capítulo "Ideologia e terror" de Arendt no seu (revisado) *As origens do totalitarismo*. Popper proclamou-se um racionalista, mas, para esse filósofo austríaco, nós podemos julgar uma ação racionalmente "apenas em relação a alguns fins determinados". O utopismo, entretanto, apresenta novos fins ou "uma descrição ou projeto mais ou menos claro e detalhado de nosso Estado ideal". Nós conhecemos esses fins "dos sonhos de nossos poetas e profetas". Eles não podem ser racionalmente discutidos, mas "apenas proclamados aos quatro ventos". À medida que esses fins resistem à prova, o utopista deve usar de violência para implementá-los. O cientista se comporta de modo mais cauteloso. "Nem toda a física do mundo dirá a um cientista se é melhor para ele construir um arado, um avião ou uma bomba atômica. Os fins devem ser adotados por ele ou dados a ele."

Todavia, mesmo Popper admitiu ser essa uma simplificação grosseira. Será que isso significaria que não se deve jamais ter idéias ou objetivos, mas apenas aceitar designações ou o *status quo*? Não exatamente. Ele escreve que é preciso saber como distinguir entre "planejamentos admissíveis para a reforma social e projetos utópicos inadmissíveis". Para tanto, apresenta alguns conselhos: evite objetivos grandiosos e remotos. "Trabalhe para a eliminação de males concretos, em vez de para a realização de bens abstratos. [...] Em termos mais práticos: lute pela eliminação da pobreza por meios diretos — por exemplo, certificando-se de que todos tenham uma renda mínima. Ou lute contra epidemias e doenças, através da construção de hospitais e escolas de medicina. [...] Mas [...] não permita que seus sonhos de um belo mundo o afastem das exigências dos homens que sofrem aqui e agora." Muito pode ser alcançado "se simplesmente desistirmos de sonhar com ideais distantes e de lutar por nossos projetos utópicos de um novo mundo e um novo homem".[59]

O argumento razoável de Popper ecoou nos corredores intelectuais da história, e a cada década ele ganha mais adeptos. No futuro imediato, ele ganharia o reforço dos pensadores do "fim da ideologia", tais como Raymond Aron, na França, e Daniel Bell, nos Estados Unidos. Outros pensadores refugiados confirmariam e colaborariam com as posições de Popper. Eles expandiriam a categoria dos utopistas até incluir nela todos aqueles que tivessem um projeto, ao que os acusariam com violência. Implícita ou explicitamente, "utopistas" significava "marxistas". Essa parte, que talvez seja a maior, da violência em massa do século XX tem pouco a ver com os utopistas, que mal foram introduzidos no argumento. Será que os principais atores da Primeira Guerra Mundial eram utopistas? E Adolph Eichmann e os nazistas? Quanto a isso Arendt teria outra posição, mas a sabedoria liberal, incluindo a dela própria, não mais seria afetada.

Jacob Talmon deixou jovem a Polônia, em 1934, para estudar na Universidade Hebraica da Palestina. Ele continuou seus estudos na França, trocando Paris por Londres quando os nazistas aí chegaram em 1940.[60] Ele se lembrava de pesquisar "a ditadura terrorista jacobina" quando a União Soviética foi palco dos Julgamentos de Moscou, em 1937 e 1938. As semelhanças entre as repressões jacobina e stalinista o impressionaram. "O paralelo parecia sugerir a existência de uma lei incompreensível e inescapável que faz com que padrões revolucionários salvacionistas se desenvolvam em reinos de terror, e a promessa de uma democracia direta perfeita assuma, na prática, a forma de uma ditadura totalitária."[61]

A obra-prima de Talmon — o seu estudo em três volumes intitulados, respectivamente, *The Origins of Totalitarian Democracy*, *Political Messianism* e *The Myth of the Nation and the Vision of Revolution*, escritos ao longo de trinta anos (de 1951 a 1980) — traça a história desse *éthos* "salvacionista". Ele examina quase que exclusivamente movimentos marxistas, radicais e socialistas, da Revolução Francesa à Russa, explicando como muitos historiadores tendem a desprezar as "ideologias messiânicas", encarando-as como a expressão de lunáticos com seus "tratados enfadonhos e, em último caso, ilegíveis ou seus jornais obscuros e efêmeros", mas que conduzem a "experiências bizarras de vida comunitária e comunas utópicas". Essa negligência, acredita ele, seria um erro: essas idéias esquerdistas ameaçam o mundo.[62]

Em *The Origins of Totalitarian Democracy*, Talmon traça a diferença entre o que ele chama de "democracia liberal" e "democracia messiânica totalitária". Em termos que lembram os de Popper, ele escreve que a democracia liberal emprega "julgamento e erro", juntamente com "dispositivos pragmáticos", ao passo que a democracia messiânica propõe um "esquema preordenado harmônico e perfeito das coisas". À medida que um "ideal absoluto" conduz a fé totalitária, ela ignora, coíbe ou intimida os homens. "O messianismo político está, por definição, fadado a substituir o pensamento empírico e a livre crítica através do raciocínio, baseando-se em conceitos coletivos *a priori*, que devem ser aceitos não importando a evidência dos sentidos."[63] Ou, como escreveu em outra ocasião, "o paradoxo trágico do utopismo" é que, em vez de levar à liberdade, "ele traz a coerção totalitária".[64]

O primeiro volume de Talmon trata da Revolução Francesa e de suas conseqüências, ao passo que o segundo explora os socialistas, Marx e algumas forças conservadoras até 1848. Ele reafirma a sua tese básica: "Nenhum período anterior ou posterior experimentou um florescimento tão suntuoso de esquemas utópicos." Agora ele prefere o termo "messianismo político" para abranger todos os "rios e córregos nos quais a enchente revolucionária messiânica irrompeu no início do século XIX". Todos eles compartilhavam "as expectativas totalitário-democráticas de uma [ordem social] preordenada e global", que resultaria na "verdadeira liberdade dos homens".[65] Porém, Talmon era um historiador por demais honesto para forçar o material às suas categorias. Nesse volume, e de maneira crescente no volume seguinte, sua informação ultrapassa o seu argumento, que progressivamente se retrai.[66] Ele tenta ser abrangente, mas nem tudo se encaixa. Será que românticos reacionários como De Maistre, que, na melhor das hipóteses, idolatrava a irracionalidade, a força e a autoridade, confirmam a idéia de um "messianismo político" ou de um utopismo revolucionário? Talmon analisa De Maistre, mas praticamente não o relaciona ao seu próprio argumento.

O terceiro volume, *The Myth of Nation and the Vision of Revolution*, revisa ainda mais a tese do próprio Talmon. O tema principal da história moderna, que ele anteriormente propusera como a querela entre as democracias liberal e totalitária, agora se torna a luta entre a democracia totalitária, tal como expressa no bolchevismo, e o nacionalismo, tal como expresso no "nazifascismo". Seria o nazismo um tipo de utopismo? Isso não é claro, porque, assim como Popper antes dele, Talmon se concentra no socialismo, no marxismo e no bolchevismo. Em seu volume de 600 páginas, apenas uma dúzia trata do nazismo. Assim como em Popper, o desequilíbrio na cobertura sugere o desequilíbrio na teoria, que se concentra quase que exclusivamente na formação e nas deformações do marxismo.

Em sua conclusão, Talmon busca reafirmar o seu argumento. Ele se pergunta francamente: qual é a relação entre esses dois totalitarismos, o bolchevismo e o nazismo? "Se as suas origens e os desenvolvimentos fossem totalmente díspares, por que existiriam semelhanças tão impressionantes nos padrões de pensamento e nos modos de operação?" Talmon conclui, de maneira frágil, que um *éthos* "salvacionista" marcou os dois: ambos reivindicavam a verdade, ambos aderiram a uma "visão maniqueísta da história". No entanto, as "diferenças finais entre a democracia totalitarista messiânica e o totalitarismo nazifascista" não devem ser ignoradas, admite ele. Mesmo que as diferenças "não façam muita diferença na prática", a tradição marxista aclamava a Revolução Francesa com a sua visão de fraternidade universal. Os nazifascistas "rejeitavam irreverente e intransigentemente essa visão".[67]

The Origins of Totalitarian Democracy de Talmon teve "vasta influência entre os historiadores", mas o impacto mais amplo de sua obra ficou limitado e provavelmente decresceu depois de 1980, especialmente em comparação à de Isaiah Berlin e Hannah Arendt.[68] Talvez porque ele tenha modulado a sua tese original ao longo do processo de seus estudos, respeitando as suas descobertas mais do que as suas categorias, um militante do antiutopismo encontra pouco apoio em sua obra. Serve de exemplo o fato de apenas um livro de Talmon ainda ser editado, ao passo que vários dos livros de Hannah Arendt estão disponíveis — e mais de uma centena de obras sobre as suas contribuições estão nas prateleiras. Ela é "a figura mais discutida nas recentes dissertações sobre teoria política", aclama um admirador.[69] Prêmios, selos, ruas e até mesmo uma conexão de trem (entre Karlsruhe e Hannover) foram batizados com seu nome. "Hannah Arendt", conclui Walter Laqueur, "teve mais sucesso do que qualquer outro filósofo alemão, vivo ou morto".[70] Isaiah Berlin não fica muito atrás; na verdade, ele provavelmente lidera o ranking editorial com mais de sessenta volumes em edições, antologias e coleções publicados — quase tudo o que Berlin escreveu, incluindo as introduções a outras obras.

Como um sinal dos tempos, o entusiasmo por Berlin se estendeu até a sua juventude. A Oxford University Press publicou recentemente uma coleção de Berlin contendo um conto do sábio pré-adolescente, acompanhado de um comentário especializado sobre o seu significado. "Se, por um lado, certamente erraríamos ao ler opiniões conceituais na mente desse autor de doze anos de idade", caracteriza Ian Harris antes de dar o salto, "a peça já revela uma disposição de espírito que encontraria expressão na obra madura de Berlin." Em particular, Harris detecta um elo entre a "casinha aconchegante" no conto do Mestre Berlin e o conceito de "liberdade negativa" na teoria do Professor Berlin.

A trama se complica, porém. O testamenteiro literário de Berlin relata que o conto recebeu uma *tuck hamper* (um anglicismo para "cesta de doces") em uma competição literária infantil — pelo menos de acordo com o Berlin maduro. Entretanto, essa declaração ainda não foi confirmada pela investigação acadêmica. "De maneira frustrante", confessa o infatigável editor de Berlin, Henry Hardy, o "Torneio Tuck Hamper" de 1922, organizado pelo *The Boy's Herald*, não lista Berlin como um dos vencedores. Hardy pondera sobre a delicadeza da situação: Será que Berlin teria declarado um

SOBRE O ANTIUTOPISMO: MAIS OU MENOS

prêmio que ele não recebera? Hardy examinou as outras inscrições no concurso e, visto que os outros vencedores consistiam em "anedotas meramente humorísticas", além de serem muito menores do que o conto de Berlin, "talvez" os juízes tenham premiado o jovem como uma "cesta *ex gratia* pela impressionante contribuição ao gênero errado".[71] A questão aguarda novos estudos.

Berlin nasceu em Riga, na Letônia, em 1909, filho de uma rica família judia de comerciante de madeiras, que se mudou para Petrogrado em 1915. Depois da Revolução de Outubro, seu pai continuou a fazer negócios com os soviéticos, porém ele os "odiava" desde o princípio.[72] O desgosto pelos bolcheviques, o anti-semitismo russo e a anglofilia dos membros mais velhos da família Berlin levaram-nos a emigrar para a Inglaterra em 1921, contando Berlin onze anos. Ele explicou posteriormente que a sua experiência juvenil da Revolução Russa — em particular o seu testemunho de um policial czarista sendo arrastado ao linchamento — curou-o para sempre de qualquer simpatia pelo comunismo.[73] Tendo freqüentado a Universidade de Oxford —, com exceção de alguns anos durante a guerra, quando ele serviu ao Ministério das Relações Exteriores britânico como assessor de imprensa e primeiro secretário em Nova York, Washington e Moscou — permaneceu na instituição, exercendo diversas funções ao longo de toda a sua vida.

Se Popper era conhecido como impertinente e vivia em "uma reclusão lendária" nos arredores rurais de Londres,[74] Berlin era engajado, socialmente disponível e famoso em Oxford, onde dava inúmeras entrevistas. Popper rompeu com quase todos os seus alunos e colegas, acreditando ser subestimado; Berlin tinha orgulho de manter relações até mesmo com os seus críticos, e acreditava que a sua contribuição crescia gradativamente. Sem dúvida, o impacto de Berlin provém parcialmente do seu charme, de sua conduta e de suas habilidades sociais.

A sua obra reflete os seus traços pessoais predominantes, seu estilo é coloquial, legível — e difuso. Suas frases são vagas: "Quando os homens", começa o ensaio título de *O sentido da realidade*,

> desenvolvem uma aversão pela época em que vivem, como eventualmente ocorre, quando amam e admiram algum período passado com devoção tão acrítica tornando patente que, tendo escolha, prefeririam viver então e não agora — e quando tentam, como passo seguinte, introduzir em suas vidas certos hábitos e práticas do passado idealizado, e criticam o presente por não se comparar ou ser uma degeneração desse passado —, tendemos a acusá-los de "escapismo" nostálgico, passadismo romântico, falta de realismo; descartamos seus esforços como tentativas de "fazer voltar o relógio", de "ignorar as forças da história" ou "fugir dos fatos" — tentativas, na melhor hipótese, tocantes, pueris e patéticas.[75]

Com a única exceção de um pequeno livro sobre Karl Marx, que foi escrito como um texto introdutório, Berlin escreveu ensaios, e esses ensaios se originavam quase que exclusivamente de projetos comissionados e de conferências a convite. Berlin tinha consciência das limitações do seu trabalho. Ele nunca buscou um argumento com a extensão de um livro, além do que revisava e suavizava as declarações de seus ensaios, mesmo dos mais famosos. Um crítico ferrenho comparou os "quatro ensaios" originais sobre a liberdade, publicados em periódicos, com os publicados no livro e encontrou revisões significativas. Ao acrescentar uma única palavra ou ao apagar uma frase, Berlin por vezes alterava um ponto decisivo. Ele concluiu o seu texto clássico de 1950, "Idéias políticas no século XX", declarando que os problemas políticos "não são *eo facto* as questões centrais da vida humana. Eles não são e nunca foram os temas fundamentais que encarnam o ponto de vista em transformação e a preocupação mais intensa de sua época e geração".[76] Na versão para o livro, Berlin inseriu "únicas" antes de "questões centrais", cortou a segunda frase e adicionou algumas linhas obscuras. Os problemas políticos agora "não são *eo facto* as *únicas* questões centrais da vida humana" (grifo nosso). A noção de que eles "nunca" são centrais foi revogada. Entre 1950 e 1969 os temas políticos se tornaram fundamentais.

Além disso, como nota Anthony Arblaster, que comparou as versões, Berlin freqüentemente fazia substituições quase randômicas em suas eruditas listagens, que estabeleciam as linhagens históricas das idéias. Na versão para o livro, Thomas Hobbes substitui Tomás de Aquino, os "socialistas cristãos" substituem os "bonapartistas", Schopenhauer substitui Tolstói, Tchékhov substitui Marx, De Maistre substitui Maquiavel. Arblaster comenta: "A freqüência dessas mudanças destrói a confiança no critério de Berlin ao selecionar os nomes. Os comentadores sempre escreveram em tom de admiração sobre a 'vasta erudição' e o 'brilho pirotécnico' de Berlin. [...] Talvez muitos leitores tenham sido cegados pelo extraordinário leque de referências que eles não foram capazes de ver claramente para analisar se as grandes generalizações de Berlin de fato se aplicam a todos os pensadores a elas submetidos."[77]

"Idéias políticas do século XX" também inclui a marca registrada de Berlin: uma citação de Kant sobre a "madeira retorcida da qual é feito o homem", que aparece ao longo de todos os seus ensaios e como o título de uma coleção.[78] Para Berlin a expressão sintetiza suas idéias sobre o pluralismo e o seu desgosto por utopias planejadas. A sua conclusão em "Idéias políticas do século XX" é Berlin puro, em sua rejeição ao planejamento utópico e em sua defesa de um pluralismo caótico. Somos capturados na armadilha do dilema entre liberdade e o bem-estar governamental:

> A saída deve, portanto, estar em um certo compromisso logicamente desalinhado, flexível e até mesmo ambíguo: toda situação requer a sua própria política específica, uma vez que, da madeira retorcida da qual é feito o homem, como certa vez observou Kant, nada de correto jamais foi feito. O que a nossa época requer não é (como com freqüência nos é dito) mais fé ou uma liderança mais forte ou uma organização mais racional. É precisamente o oposto — menos ardor messiânico, mais ceticismo esclarecido, mais tolerância às idiossincrasias, acordos *ad hoc* mais freqüentes e efêmeros.[79]

Conquanto possa ser ingênuo argumentar com esses sentimentos louváveis, Berlin cita Kant em função de seus objetivos pessoais. Como observou Perry Anderson, "devemos supostamente compreender que essa é uma clara indicação da rejeição a todas as utopias perfeccionistas" em nome do pluralismo. Contudo, Anderson sugere que Berlin, que cita Kant a esse respeito pelo menos oito vezes em seus principais ensaios, distorce o seu sentido.[80] Em primeiro lugar, a citação é extraída do texto mais utópico de Kant, o seu "Idéia de uma história universal". Em seu sucinto levantamento do utopismo ocidental, Frank e Fritzie Manuel encontram nesse ensaio "uma qualidade emocional" raramente revelada em qualquer outra obra sua. "Ele representa a utopia de Kant e a sua crença, por vezes um tanto vacilante, de que a humanidade estava chegando lá, uma versão alemã do sonho da razão."[81]

Nesse pequeno texto, Kant menciona a possibilidade de uma história universal na qual a humanidade avance em direção à utopia. Como declarou o seu primeiro editor em 1784, "uma das idéias mais caras ao professor Kant é que o fim último da raça humana é o alcance da constituição civil mais perfeita". Ele acrescenta que Kant aponta "na medida em que a humanidade, em diferentes momentos, aproximou-se ou afastou-se desse fim, assim como pontua o que ainda deve ser feito para se alcançá-lo".[82] Além disso, o modo como Kant desenvolve a sua idéia de uma humanidade que progride em direção à perfeição é quase o oposto da de Berlin. Kant sustenta que os antagonismos naturais forçam os indivíduos a deixar o isolamento e desenvolver os seus talentos na sociedade, atingindo com isso a cultura, a felicidade ("na medida em que ela é possível na Terra") e a liberdade. A humanidade precisa de uma ordem social para se tornar livre. Em outras palavras, a sociedade, que pode parecer repressiva, na verdade proporciona a segurança e a educação que permitem a um indivíduo prosperar. Não se trata tanto de que, da madeira retorcida da qual é feito o homem nada de correto possa ser feito, mas de que, para crescer correta e verdadeiramente, a humanidade precisa de uma boa ordem social.

> É tal como as árvores na floresta, que precisam umas das outras, pois, ao buscar tomar o ar e a luz umas das outras, cada uma delas obtém uma forma bela e correta, enquanto aquelas que crescem em liberdade, separadas umas das outras, florescem caoticamente, sendo retorcidas, encurvadas e enroscadas [*krüpelig, schief, und krumm*].

Kant acrescenta que "toda a arte e a cultura" da humanidade são um produto dessa disciplina, são o fruto dessa ordem social.[83]

Isaiah Berlin observou certa vez que ele era como um táxi que, ao ser chamado, iria em qualquer direção. Mas isso é um exagero, talvez até um erro. Berlin voltou por diversas vezes aos temas básicos do pluralismo. Os seus famosos ensaios da década de 1950 batiam sempre nas teclas das virtudes do pluralismo e dos perigos do utopismo. Esse era o ponto de seu táxi. As suas categorias buscavam distinguir uma idéia perigosa de liberdade utópica de uma benigna liberdade pluralista. Em "Dois conceitos de liberdade", a liberdade "negativa" implica o âmbito de não-interferência. "Quanto mais ampla a área de não-interferência, mais ampla a liberdade."[84] O problema se concentra na liberdade "positiva", "não na liberdade de, mas na liberdade para — para se levar uma forma de vida prescrita". Ela alimenta muitas das crenças "nacionalistas, comunistas, autoritárias e totalitárias de nossa época". Em outras palavras, a liberdade "negativa" constitui o pluralismo, e a liberdade "positiva", as ditaduras.[85]

Em formulações anteriores (em uma série de conferências de 1952), Berlin distinguiu duas noções de liberdade, mas aqui ele as identificou como anglo-francesa e alemã. "A principal preocupação de muitos pensadores da Europa Ocidental era resguardar a liberdade dos indivíduos contra os abusos. [...] O que eles entendiam como liberdade era a não-interferência — um conceito fundamentalmente negativo." Reformistas ingleses e franceses, até mesmo os revolucionários, buscaram criar "um certo vácuo" ao redor do indivíduo, proporcionando um espaço em que é possível realizar-se os próprios desejos. "Não se deve criticar esses desejos. As finalidades de cada homem são só suas, a tarefa do Estado é prevenir as colisões." Paralelamente a essa idéia, há uma "outra noção de liberdade, que floresceu entre os alemães".

SOBRE O ANTIUTOPISMO: MAIS OU MENOS

Berlin encontra essa outra idéia desenvolvida primeiramente por Fichte, em cujo pensamento a liberdade significa a submissão à coletividade ou à nação. "O que acontece com a liberdade individual [...] defendida pelos autores britânicos e ingleses?" Fichte e seus seguidores dissolvem a noção anglo-francesa na comunidade, cuja maior força é a do líder que molda a nação em "um todo orgânico único". Aqui temos duas noções de liberdade, "a liberal e a autoritária, a aberta e a fechada".[86] Nesta última formulação, Berlin deixa de lado o elo nacional e, voltando a chamá-las de negativa e positiva, vê os dois gêneros de liberdade desdobrando-se em direções "divergentes". "Essas não são duas interpretações diferentes de um mesmo conceito [de liberdade], mas duas atitudes profundamente divergentes e irreconciliáveis em relação às finalidades da vida."[87]

Tanto como um argumento quanto como uma peça de história intelectual, o tratamento dado à liberdade por Berlin deixa muito a desejar. Não é preciso procurar tanto, basta chegar ao *Cultura e anarquia*, de Matthew Arnold, para encontrar uma posição que tira Berlin dos trilhos. Dificilmente se poderia categorizar Arnold como um adepto da sociedade fechada, contudo, esse pensador liberal enunciou uma crítica irrefutável daquilo que Berlin chama de liberdade "negativa". Com efeito, um dos capítulos de *Cultura e anarquia* tem o título "Fazer o que se gosta". "Nossa noção prevalente", escreveu ele, "é de que, para um homem, ser meramente capaz de fazer o que gosta é algo muito bom e importante. Àquilo que ele deve fazer quando é finalmente livre para fazer o que gosta, nós não damos muita importância."[88]

Em outra ocasião, Arnold escreveu que "a liberdade, assim como a indústria, é um ótimo cavalo para se montar —

desde que cavalguemos em uma determinada direção". O cidadão inglês que grita "somos livres! somos livres!" pensa ser "o mais alto cume do desenvolvimento e da civilização" o momento em que as suas cartas são transportadas de Islington a Camberwell doze vezes por dia, viajando no trem que vai de um a outro desses pontos quatro vezes por hora. "Ele pensa não ser nada o fato de o trem apenas transportá-lo de uma vida não-livre e melancólica em Islington para uma vida não-livre e melancólica em Camberwell, e as cartas não fazem senão lembrá-lo de que é essa a vida nesse lugar."[89] Para Arnold, a incansável ênfase inglesa em "fazer o que se gosta" — nos termos de Berlin, celebrar a liberdade negativa — constitui um fracasso em se analisar os fins da liberdade e a sociedade em sentido mais amplo.

Assim como em muitos dos argumentos de Berlin, as linhagens estabelecidas e os detalhes fornecidos importam pouco. A questão é muito mais a de que Berlin ratifica um pluralismo inerente e irredutível, que desmente qualquer teoria utópica — talvez até mesmo qualquer teoria. A sua insistência no pluralismo dos valores, na individualidade da liberdade e na fraude das soluções totais é a maior força de Berlin, mas também a sua maior fraqueza. "Sempre houve pessoas que quiseram obter segurança em alguma estrutura firme, [...] em algum sistema rígido", disse Berlin em sua conferência sobre Hegel, em 1952. "Mas não é isso o que nós chamamos de liberdade." A liberdade reside na "habilidade de escolher como você deseja escolher, porque você quer escolher sem coerção, sem violência e sem ser engolido por algum vasto sistema".[90]

Vinte e cinco anos depois, em "O declínio das idéias utópicas no Ocidente", e trinta e cinco anos depois, em "A busca

SOBRE O ANTIUTOPISMO: MAIS OU MENOS

do ideal", Berlin parafraseia essas idéias, ratificando-as com citações de Kant sobre a "madeira retorcida da qual é feito o homem". "Lado a lado" com a colisão dos calores, "persiste o sonho com uma era de ouro" que proporcionará "a solução final para todos os males humanos". Mas isso é uma ilusão, porque "os valores últimos podem ser incompatíveis entre si"; além disso, a ilusão é letal, abrindo "uma ampla permissão para infligir o sofrimento a outros homens" em nome da utopia.[91] A noção de um "todo perfeito" ou de um "sistema último" é "incoerente" e "inalcançável". "A busca da perfeição realmente me parece uma receita para o derramamento de sangue." Em vez de buscar a perfeição, precisamos nos dar conta de que a "colisão dos valores" é a essência "daquilo que somos". Nós somos "condenados a escolher, e cada escolha pode implicar uma perda irreparável".[92]

Essas verdades oscilam nos limites dos truísmos. Elas mantêm vestígios conceituais em virtude do contexto. As verdades devem ser aclamadas onde elas são desconhecidas ou desafiadas, mas esse não é o caso das propostas de Berlin. As suas idéias sobre o pluralismo e os perigos do utopismo fazem parte do mote básico da mentalidade anglo-americana. Devemos ter cautela quanto à "ação drástica, seja na vida privada, seja na política pública", escreve ele, uma vez que ela pode levar a um sofrimento não previsto. Em vez de lutar por uma "sociedade nova e melhor", devemos nos dedicar a "soluções utilitaristas" e "permutas". "O melhor que pode ser feito, como uma regra geral, é manter um equilíbrio precário que prevenirá a ocorrência de situações desesperadas."[93] Stefan Collini nota a "autolatria coletiva" na tentativa de Berlin de sustentar a necessidade de respostas parciais. Se Berlin tivesse dirigido esse argumento a um oponente real na década de

1950, digamos aos historiadores marxistas, como Christopher Hill ou Eric Hobsbawn, observa Collini, "seria mais fácil vê-lo como uma estratégia necessária". Ao ser oferecido, no entanto, aos leitores do *The New York Review of Books* na década de 1980, ele mantém o aspecto "tranqüilizante de uma história de ninar".[94]

Não se trata apenas de que Berlin pregava aos convertidos, ele também ocultava o seu contexto e o seu argumento, chegando a admitir que os seus "dois conceitos de liberdade" eram "deliberadamente" antimarxistas: "Eu estava enfurecido com todo o embuste marxista em voga, com tudo o que era dito sobre a 'verdadeira liberdade', [a] arenga stalinista e comunista sobre a 'verdadeira liberdade'."[95] No entanto, ele nunca tratou a fundo desses rótulos. Ele discutiu os perigos do utopismo e do totalitarismo, debruçou-se sobre o marxismo, avaliou luminares intelectuais do passado, mas se manteve em segurança, isolado de seus contemporâneos.

É surpreendente, até mesmo impressionante, que esse filósofo político liberal tão homenageado e reconhecido nunca tenha se arriscado a um único encontro sólido com um outro pensador do século XX. Ele se sentia em casa entre autores dos séculos XVIII e XIX, em sua maioria russos, mas mantinha distância dos que viviam no seu próprio século. Ele deve ser o único intelectual do século XX reconhecido pelo seu compromisso com o mundo que evitou, com sucesso, o compromisso com autores de sua época.[96] Weber ou Freud, Husserl ou Heidegger, Camus ou Sartre, Benjamin ou Adorno: todos eles passaram por Berlin sem serem mencionados — ou mencionados apenas de relance. De uma maneira tipicamente berliniana, ele se apropriava da crítica anterior por humildade: "Soube que Heidegger destruiu a epistemologia moderna", observa em uma nota de rodapé, "mas como eu não compreendo a sua linguagem e os seus pontos de vista, não me sinto em condições de comentá-lo."[97]

Sequer a biografia de Berlin oferece uma imagem contrastante à sua cautela filosófica. Tanto na esfera política quanto na intelectual, Berlin mantinha-se em segurança. Recorrendo ao seu contato pessoal com Berlin e à biografia de Michael Ignatieff, Christopher Hitchens sugere que Berlin "algumas vezes sentiu ou percebeu a necessidade de ser corajoso, mas em geral — ó, céus —, precisamente nesse momento, ele se lembrava de um compromisso urgente em outro lugar".[98] As suas poucas intervenções não macularam a sua imagem de um liberal correto. Confidencialmente, ajudou a exilar o historiador marxista Isaac Deutscher, embora tenha declarado publicamente não tê-lo feito; criticou T. S. Eliot por anti-semitismo, mas diplomaticamente retirou a crítica. Ignatieff nota que Berlin percebeu que a sua própria cordialidade "matizava-se em subserviência". Sobre os principais assuntos da época, ele ou não dizia nada, ou endossava vagamente o *status quo*. Hitchens resume: "Em todos os exemplos apresentados por Ignatieff, ou por mim conhecidos, da Guerra Fria ao Vietnã, passando pela Argélia e por Suez, Berlin empenhou-se em encontrar uma grande justificativa 'liberal' ou a favor do *status quo*, ou a favor das necessidades imediatas das autoridades conservadoras."[99]

Se esses comentários ainda podem ser rotulados como queixas esquerdistas, acusações praticamente iguais surgiram da outra margem. Tendo como base, assim como Hitchens, a sua própria experiência e a biografia de Ignatieff, o neoconservador Norman Podhoretz declara Berlin culpado por "incapacidade de decisão". Berlin elogiava um dos

IMAGEM IMPERFEITA

heróis de Podhoretz, Chaim Weizmann, por acreditar que não se deve permanecer neutro ou descomprometido em relação aos grandes temas da época; é um dever absoluto, aconteça o que acontecer, tomar partido. Porém, como nota Podhoretz, "repetidamente era precisamente esse 'dever absoluto' que Berlin se eximia de cumprir". A sua única crítica a Israel foi proferida em seu leito de morte, quando implorou aos israelenses para que aceitassem um acordo e uma divisão territorial com os palestinos — uma posição, observa Podhoretz, que coloca Berlin "em concordância com a opinião proclamada por praticamente todo o mundo".[100] Berlin lamentava, em âmbitos particulares, as ações dos estudantes radicais da década de 1960, mas não disse nada publicamente. "Onde estava Berlin?", pergunta Podhoretz. "Em algum lugar onde não poderia ser visto, [...] simplesmente para que a sua disposição permanecesse [...] impassível diante das suas convicções." Podhoretz oferece outros exemplos do desaparecimento de Berlin e conclui que esse "grande embusteiro" tinha "medo" de tomar qualquer posição política que "pudesse arriscar o seu sempre crescente prestígio intelectual e social".[101]

A hesitação de Berlin contrasta nitidamente com a franqueza do herói liberal de quem ele tomou de empréstimo as idéias sobre as duas formas de liberdade: Benjamin Constant, o estadista liberal franco-suíço do século XIX, distinguiu as formas antiga e moderna de liberdade. Para Constant, o comércio e as interações privadas constituem a liberdade moderna: "Para serem felizes", escreveu ele em 1814, antecipando Berlin, "os homens precisam apenas ser deixados em perfeita independência em tudo o que diz respeito às suas ocupações, aos seus empreendimentos, à sua esfera de atividade e às suas fantasias."[102] Os antigos buscaram a sua liberdade no âmbito público, não em seus lares ou em suas atividades individuais. Os modernos reverteram esse quadro, eles se concentram na esfera privada. "A nossa liberdade deve consistir no deleite pacífico e na independência privada."[103]

Constant escreveu com eloqüência e vigor sobre a liberdade. Ele também esteve muito à frente de Berlin — mesmo lhe sendo muito diferente. Constant acreditava na "perfectibilidade" da humanidade ou em um movimento em direção à igualdade,[104] o que lhe valeria o rótulo de totalitário da parte de Berlin. O filósofo de Oxford extraía a liberdade moderna ou "negativa" de uma "concepção de liberdade [...] dificilmente anterior ao Renascimento ou à Reforma". Ela é "comparativamente moderna. Parece não haver qualquer discussão sobre a liberdade individual como um ideal político consciente [...] no mundo antigo". Para Berlin essa concepção define a liberdade: "O desejo de não ser violado, de ser deixado a si mesmo, tem sido uma marca de alto grau de civilização."[105]

Constant, mais arraigado à vida material do que Berlin, extraiu a idéia moderna não de uma nova "concepção", mas das novas condições sociais. Em sua conferência "A liberdade dos antigos comparada à dos modernos", ele enumera as situações marcadamente distintas das cidades antigas e dos estados modernos. Na Grécia Antiga, a liberdade implicava a participação pública no governo da cidade, os cidadãos se reuniam para discutir e votar. Isso não é mais possível — ou sequer desejável. Simplesmente o tamanho da Grã-Bretanha ou dos Estados Unidos de hoje impede a participação direta. Em segundo lugar, a abolição da escravidão elimina o "lazer" indispensável aos cidadãos ativos. "Sem a população escrava de Atenas, 20 mil atenienses jamais poderiam passar todos os dias em discussões na praça pública." Em terceiro lugar, o surgimento do comércio — leia-se capitalismo — redireciona as atividades humanas das reuniões públicas para os negócios privados. Agora cada homem se preocupa com "as suas especulações, os seus empreendimentos, os prazeres que ele obtém e que anseia". O comércio não deixa tempo para "o exercício constante dos direitos políticos, a discussão diária das questões do Estado [...] as discordâncias, as confabulações". Ele inspira um "amor vívido pela independência individual" e um desgosto pelas intervenções governamentais.[106] Hoje, "os homens livres devem exercitar todas as profissões, suprir todas as necessidades da sociedade".

Entretanto, o problema para Constant, como deve ser o caso de qualquer pensador político sério, era a natureza da liberdade pública e o modo como ela estruturava as liberdades privadas ou "negativas". Ele reconhecia que a força da liberdade moderna poderia ser a sua fraqueza: uma indiferença em relação à sociedade mais ampla — e talvez uma indiferença em relação ao despotismo público. "O perigo da liberdade moderna é que, absorvidos no deleite de nossa independência privada e na busca pelos nossos interesses particulares, nós possamos abrir mão muito facilmente do nosso direito de participar do poder político."[107] Esse não é um argumento simplesmente moral — embora também o seja. Enquanto esteve exilado em Göttingen por ordens de Napoleão, chegaram a Constant notícias de que o exército francês havia incendiado Moscou. Ele escreveu a um amigo:

> Eu só posso me sentir enormemente perturbado quando penso na quantidade de mal que se espalha pela Terra. Além daqueles diretamente afetados, esse acontecimento tem importância ainda maior. Mas aqui todos estão tão mergulhados nos estudos e na ciência, que não consigo encontrar uma alma sequer [...] com quem conversar sobre isso. É possível explodir uma cidade de 500 mil habitantes sem que ao menos um professor de Göttingen levante os olhos de seu livro.[108]

A liberdade privada dependia das liberdades públicas e da sua proteção por um governo benigno. Em sua conferência sobre as liberdades antiga e moderna, Constant procura "combinar as duas". Ele encerra em um tom muito arnoldiano, ao conclamar os legisladores a buscar "a educação moral dos cidadãos". Essas não eram palavras vazias para Constant, ele era um animal político, alternando suas funções entre deputado eleito e jornalista ativista. Como deputado, Constant denunciou a escravidão e a censura à imprensa;[109] a sua perseguição aos erros de justiça foi comparada à intervenção de Voltaire no caso Calas.[110] "Aqueles que aceitam o retrato que Isaiah Berlin fez de Constant como um defensor da privacidade", escreveu Stephen Holmes em seu livro sobre Constant, "não conseguem explicar por que ele dedicou os últimos quinze anos da sua vida ao serviço público" — não a um "comunismo feito em agradáveis reuniões sociais", mas sim a um "ativismo reformista radical".[111]

Hannah Arendt se manteve no pólo oposto ao de Isaiah Berlin em vários aspectos: ela era tão imoderada quanto ele era cauteloso. Enquanto ele desconfiava das abstrações, ela se regalava com elas. As suas obras são freqüentemente longas e ambiciosas;

as dele são breves e modestas. Mesmo os seus títulos sugerem um alcance bem diferente. Ele escreveu ensaios como "Uma nota sobre o conceito de conhecimento em Vico"; ela escreveu livros com títulos como *A condição humana*. "Proponho", escreve ela no prólogo, "uma reconsideração da condição humana a partir do ponto privilegiado de nossas novas experiências e de nossos medos mais recentes".[112] A sua última obra, *A vida do espírito*, explora nada menos do que o pensamento filosófico ocidental de Platão a Nietzsche. Antes da sua morte ela havia terminado "O pensar" e "O querer", publicados em dois volumes, mas não a terceira parte, sobre "O julgar".[113]

Ela foi, de fato, uma professora do julgar, como tão bem exemplificado em *Eichmann em Jerusalém*, seu relato sobre o julgamento de Adolph Eichmann em Israel. Onde Berlin oscilava, Arendt tomava posição. A revista *New Yorker* publicou o texto que se tornou a sua obra mais famosa e que continua a provocar grande controvérsia — tanto por sua severidade quanto por seu argumento. "É a esse tom impiedoso, freqüentemente escarninho e malicioso, [...] que faço exceção", declarou Gershom Scholem, decano de estudos judaicos, em uma carta que marcou seu rompimento com ela.[114]

Arendt nasceu em 1906, em Königsberg, a capital da Prússia ocidental e a terra natal de Immanuel Kant, em uma família de judeus assimilados. Durante os seus estudos universitários, em meados da década de 1920, encontrou-se sobre a influência pessoal e intelectual de Martin Heidegger — um relacionamento que marcou decisivamente a sua obra para o bem ou para o mal.[115] Ela colocou uma epígrafe de Heidegger no primeiro volume de seu último livro, *A vida do espírito*, e quis dedicar-lhe *A condição humana*.[116] Se Heidegger e o romantismo alemão lhe serviram como um dos pólos de sua orientação, o sionismo — ou as questões da identidade judaica — serviu como o outro.

O seu primeiro livro (depois de sua tese) foi uma biografia de Rahel Varnhagen, uma *salonnière* berlinense do século XVIII. A obra começa com uma citação do leito de morte de Varnhagen: "Aquilo que durante toda a minha vida me pareceu a maior das vergonhas, que foi a miséria e a desgraça da minha vida — o fato de ter nascido uma judia —, é isso o que agora eu não quero, de modo algum, perder."[117] Com a ascensão de Hitler, Arendt ajudou na fuga de judeus da Alemanha, escapando ela mesma mais tarde para Praga e Paris, onde trabalhou para organizações de refugiados judeus. Em 1941, depois da queda da França, Arendt foi para Nova York, onde começou sua carreira como escritora e professora.

Em sua carta a Arendt, Scholem a acusa desdenhosamente de compartilhar das atitudes típicas da esquerda intelectual alemã sobre o judaísmo. Arendt corrigiu-o sobre o seu passado: "Eu não sou um dos 'intelectuais que vieram da esquerda alemã'. Você não poderia saber disso, já que não nos conhecíamos quando jovens."[118] O que Arendt queria dizer com isso? Seus dois pais eram socialistas — e, como um testemunho do seu grau de compromisso, eles se tornaram membros do partido socialista enquanto ele ainda era ilegal na Alemanha. A sua família era pessoal e intelectualmente ligada aos Vogelsteins, a liderança social-democrata.[119] A sua mãe apoiava a agitadora Rosa Luxemburgo e chegou a levar a jovem Hannah a um protesto em favor do malfadado levante revolucionário liderado pela agitadora polono-judia. "Enquanto elas corriam pelas ruas", registra Elisabeth Young-Bruhl, biógrafa de Arendt, "Martha Arendt gritava para sua filha: 'preste atenção, este é um momento histórico!'"[120]

IMAGEM IMPERFEITA

Quaisquer que sejam as suas diferenças de abordagem ou de estilo, Arendt — assim como Berlin, Popper e outros antiutopistas liberais — deu muita atenção ao marxismo, embora isso seja menos evidente no livro que fez a sua reputação, *As origens do totalitarismo*. Certamente *Origens* é uma obra de difícil compreensão e síntese. Quase todos os críticos notam o seu desalinhamento, o modo como as suas partes parecem desconexas de um argumento geral. Característica essa reforçada pela tendência de Arendt a uma prosa solta e a abstrações vagas, o que ela abandona em *Eichmann em Jerusalém*. Freqüentemente ela emprega as expressões heideggerianas com resultados infelizes: "A dominação totalitarista [...] baseia-se na solidão, na experiência do absoluto não-pertencimento ao mundo, que é uma das experiências mais radicais e desesperadas do homem." Ela traça argumentos que apenas parecem profundos: "As ideologias nunca se interessam pelo milagre do ser." E usa com regularidade argumentos que chamam a atenção para a sua erudição, mas que não levam a lugar algum. A sua douta discussão sobre as origens da "ideologia" trata da raiz latina do termo *logoi* e do significado de "idéia" em Platão e Kant, mas não diz nada sobre a sua verdadeira história em Destutt de Tracy, no marxismo e na sociologia do conhecimento.[121]

As origens apresenta tanto uma história do anti-semitismo, do racismo e do imperialismo, quanto uma fenomenologia da experiência totalitarista dos campos de concentração e do terrorismo. Para Arendt, o totalitarismo significa algo radicalmente novo na história — o terror pelo terror e um esforço para transformar a natureza humana. Contudo, quando Arendt deixa de lado a sua linguagem sombria ("Aqui, não há padrões políticos, nem históricos, nem simplesmente morais, mas, no máximo, a constatação de que parece estar envolvido na política moderna algo que, na verdade, nunca poderia ser envolvido na política, tal como nós habitualmente a entendíamos, a saber, tudo ou nada — tudo, e isso é uma infinidade indeterminada de formas de vida coletiva humana, ou nada"), ela apresenta como a força dirigente do totalitarismo algo bem familiar: a ideologia. "A agressividade do totalitarismo não surge da ganância pelo poder, [...] nem pelos lucros, mas apenas por razões ideológicas: tornar o mundo consistente, provar que o seu respectivo senso superior estava certo."[122]

Embora o ponto de partida seja muito diferente, Arendt termina muito próxima a Popper, contrastando nitidamente uma "ideologia" mortal e algo que ela chama simplesmente de "senso comum". É essa distinção que a coloca no círculo de Popper, Berlin e outros antiutopistas. É claro que, diferentemente de Popper, ela exime quase toda a filosofia ocidental do pecado do totalitarismo: "O nazismo não deve nada a parte alguma da tradição ocidental, seja ela alemã ou não, católica ou protestante, cristã, grega ou romana, [...] o nazismo é, na verdade, o colapso de todas as tradições alemãs e européias, tanto das boas quanto das más."[123] Arendt não evoca um Platão ou um Hegel totalitários; nisso ela aparece como o oposto de Popper, o que não é uma diferença pequena. No entanto, quando busca generalizar sobre o motor do totalitarismo, ela tem como alvo a habitual "ideologia", uma prima da utopia. A "ideologia" serve como o eixo de sua análise do totalitarismo, e a "ideologia" é para Arendt o que o "historicismo" é para Popper — um sistema lógico fechado, que postula as leis da história e que leva ao assassinato em massa.

IMAGEM IMPERFEITA

Com a sua lógica irônica e a sua visão utópica, a "ideologia" produz o totalitarismo, como escreve ela em sua conclusão original de *Origens*:

> À medida que os regimes totalitários esvaziam, portanto, resoluta e cinicamente, o mundo da única coisa que faz sentido para as expectativas utilitárias do senso comum, eles impõem sobre ele o mesmo tipo de senso superior a que as ideologias, na verdade, sempre almejaram quando alegaram ter encontrado a chave da história ou a solução para os enigmas do universo. Acima e além da insensatez da sociedade totalitarista, entroniza-se o ridículo senso superior da sua superstição ideológica. [...] O senso comum, treinado no pensamento utilitário, é impotente contra esse senso superior ideológico, já que os regimes totalitários estabelecem um mundo funcional da falta de sentido.[124]

O primeiro capítulo de *Origens* tem o título de "Anti-semitismo como uma violação do senso comum". Conquanto Arendt possa não parecer uma defensora do senso comum, ela regularmente sustenta a oposição entre uma ideologia mortal e um utilitarismo razoável. O seu último capítulo da versão revista de *Origens*, "Ideologia e terror", argumenta que a ideologia alimenta o totalitarismo. As ideologias exigem "explicações totais", elas são "independentes de toda experiência" e são "absolutamente lógicas. [...] Não se pode dizer A sem dizer B e C e assim por diante, até o fim do alfabeto assassino".[125]

Certamente a confusão das idéias fascistas alemãs dificilmente haveria de parecer um paradigma de lógica, e Arendt apresenta a sua tese sobre o rigor terrorista da ideologia sem qualquer exemplo do nazismo. Assim como Popper e Berlin, ela articula um argumento dificilmente aplicável ao nazismo e, como eles, ela dirige a sua pesada artilharia conceitual predominantemente contra o marxismo. Em um estudo minucioso sobre as *Origens*, Roy T. Tsao nota que, embora Arendt dedique muitas páginas ao nazismo, ela baseia o seu argumento central no stalinismo. A julgar pelas aparências, ela mudou de opinião ao escrever o livro — mais precisamente, depois de ter entregado a maior parte do manuscrito. Originalmente, ela planejava examinar apenas o nazismo, posteriormente decidiu tratar do totalitarismo na parte final, mas essa seção conclusiva acabou desconexa dos discursos precedentes sobre o anti-semitismo e o imperialismo.[126] Boa parte do que ela escreve sobre o totalitarismo poderia ser aplicado apenas ao stalinismo — as suas referências ao "altruísmo" do movimento e às confissões em julgamentos públicos apontam claramente para a experiência soviética. O que Popper chamou de historicismo, Arendt chamou de ideologia: a ideologia "promete explicar todos os acontecimentos históricos, a explicação total do passado, o conhecimento total do presente e a previsão confiável do futuro".[127]

Mas isso ainda não esgota a questão. A novidade absoluta do sistema totalitarista impressionou Arendt. Se ela chamou essa mistura sem precedentes de ideologia, chamou também o Estado terrorista de "mal absoluto", uma entidade estranha à filosofia ocidental. "É inerente a toda a nossa tradição filosófica que nós não possamos conceber um 'mal radical'. [...] Nós na verdade não temos nada em que nos apoiar para compreender um fenômeno que [...] destrói todos os padrões que conhecemos."[128] O que é "o mal absoluto"? Arendt não consegue precisar. Podemos dizer que "o mal radical surgiu em conexão com um sistema no qual todos os homens se tornaram igualmente supérfluos".

Karl Jaspers, amigo filosófico de Arendt, questionou essa formulação, ao que ela tentou explicar-lhe: "O mal se revelou mais radical do que o esperado." A tradição ocidental só pode compreender motivos pecaminosos e egoístas. "Porém, sabemos que os maiores males ou o mal radical não têm mais nada a ver com esses motivos pecaminosos, humanamente compreensíveis." O mal radical torna os seres humanos "supérfluos".[129] O pensamento de Arendt permanece obscuro aqui. Teria ela pensado que "os manipuladores desse sistema acreditam na sua própria superfluidade, tanto quanto na dos outros" e que eles são "de longe os mais perigosos" porque não lhes importa que estejam vivos ou mortos? Será que isso se encaixa em Hitler e outros líderes nazistas? Em Stálin? E nos bolcheviques?

O problema, porém, não é apenas a vagueza freqüente ou a terminologia confusa de Arendt. Antes disso, a questão é mais o grau em que ela tacitamente tira de cena a sua influente teoria sobre o totalitarismo quando relata o julgamento de Eichmann, dez anos mais tarde. É um testemunho da sua abertura intelectual que ela reconsidere o seu pensamento sobre a natureza do mal ao confrontar-se com Eichmann, mas isso traz dúvidas quanto ao argumento de *Origens*. Scholem observou que Arendt havia identificado, anteriormente, o "mal radical" como uma característica do totalitarismo: "Naquele momento", escreve ele a ela em tom irônico, "você aparentemente ainda não havia descoberto que o mal é banal." O subtítulo de seu livro sobre Eichmann é "Um relato sobre a banalidade do mal". Arendt admitiu a mudança: "Você tem razão: mudei de idéia e não falo mais de um 'mal radical'." Ela explicou que "de fato, minha opinião agora é que o mal nunca é 'radical', que ele é apenas extremo e que ele não tem uma dimensão nem profunda, nem demoníaca".[130]

Essa não foi uma declaração diplomática da parte de Arendt. Ela comunicou a sua mudança de perspectiva a várias pessoas e chegou a escrever a sua amiga Mary McCarthy que o livro de Eichmann estava parcialmente "em conflito" com o estudo sobre o totalitarismo. A noção da "banalidade do mal" se opõe à de "mal radical". Além disso, ela diz a McCarthy ter exagerado sobre o impacto da ideologia no livro anterior: "Vê-se que Eichmann foi muito menos influenciado pela ideologia do que eu supus no livro sobre o totalitarismo. O impacto da ideologia sobre o indivíduo pode ter sido superestimado por mim."[131]

Arendt planejou a sua inacabada *Vida do espírito* como uma análise desse problema. Ela explicou ter chegado ao julgamento de Eichmann embebida de uma noção satânica de mal: "Entretanto, deparei-me com algo inteiramente diferente. [...] Fui surpreendida por uma superficialidade manifesta do agente, que tornou impossível remeter o mal incontestável de seus atos a qualquer camada mais profunda de raízes ou motivos." O agente, escreveu ela na introdução de *A vida do espírito*, era "bem comum, ordinário, não era nem demoníaco nem monstruoso. Não havia nele qualquer sinal de firmes convicções ideológicas ou motivos específicos do mal".[132]

Com essas observações, tombam os pilares de sua teoria sobre o totalitarismo. Na seqüência da controvérsia gerada por *Eichmann em Jerusalém*, poucos notaram como o seu argumento entrava em contradição com as *Origens*. Os críticos tinham outra visão. Análises mais recentes e acadêmicas notam uma mudança de posição, mas raramente se dedicam à questão. Os especialistas em Arendt, em geral, vêem o último livro como uma sofisticação ou um complemento do primeiro. *"Eichmann em Jerusalém* deve ser visto, portanto, como uma seqüência parcial de *As origens do totalitarismo"*, escreve um acadêmico.[133] "Será que o conceito de mal radical que Arendt analisa em *As origens do totalitarismo* 'contradiz' (como sustentava Scholem) a noção de Arendt da banalidade do mal?", escreve Richard J. Bernstein. Resposta: "Não!"[134] "A banalidade", escreve Margaret Canovan, era na verdade "um modo mais preciso" de descrever o que ela havia dito sobre o totalitarismo.[135] Como diz Dana R. Villa, uma das melhores especialistas em Arendt: "Os críticos tentaram diminuir a força da 'mudança de opinião'" de Arendt, "argumentando, por exemplo, que a noção de 'mal radical' é compatível com a de 'banalidade do mal', ou que, sob o totalitarismo, o mal radical se torna banal."[136]

Um dos capítulos do livro sobre Eichmann se chama "Deveres de um cidadão perante a lei". A conclusão parece difícil de ser evitada. A lição que ela extrai do caso Eichmann sobre a "banalidade do mal" contradiz diretamente a idéia central de *Origens*: o mal demoníaco guiado pela ideologia. Eichmann representava o mal burocrático, além da ideologia. Talvez o livro sobre Eichmann possa ser visto como uma resposta à sua linguagem barroca e ao seu filosofar heideggeriano de *Origens*. Quando ela abordou a realidade concreta, descobriu o quanto esteve errada. Ernst Gellner colocou a questão da seguinte maneira: "Depois de ter apresentado um tipo de análise sobre o totalitarismo [em *Origens*], que era metade *O processo* de Kakfa e metade Wagner, a banalidade de Eichmann estava destinada a surpreendê-la e a confundi-la."[137]

Contudo, a questão aqui é menos a mudança da posição de Arendt e mais os efeitos dessa mudança em suas idéias

SOBRE O ANTIUTOPISMO: MAIS OU MENOS

antiutópicas anteriores. Em cartas e no prefácio a *Vida do espírito*, Arendt admitiu ter desistido da noção de mal "radical"; no entanto, ela nunca declarou abertamente ou elaborou considerações sobre o modo como a sua mudança de opinião revogava a sua primeira teoria do totalitarismo. Para inúmeros leitores a mensagem de *Origens*, que tem como alvo uma ideologia utópica do mal, revogada como é por *Eichmann em Jerusalém*, mantém a sua validade.

O *éthos* antiutópico assolou todos os campos intelectuais. A utopia perdeu os seus laços com visões fascinantes da harmonia e se transformou em uma ameaça. A sabedoria convencional e acadêmica associa as idéias utópicas com a violência e a ditadura. A validade histórica desse elo, no entanto, é duvidosa. Já com More, o utopismo gerava um antiutopismo irritado e isso pode ser prototípico. Os recém-convertidos são perseguidos pelos seus próprios pecados, eles buscam massacrar a sua antiga identidade: "A batalha final seria entre os comunistas e os ex-comunistas", escreveu Richard Crossman em sua introdução a *The God that Failed*.[138] O More utópico tornou-se o More antiutópico. O Popper marxista tornou-se o Popper antimarxista. Obviamente há mais em jogo aqui do que a psicologia. Começando no século XVI e persistindo de modo crescente nos séculos posteriores, o pensamento utópico inspirou indivíduos a renovarem o mundo real — e fez com que outros bloqueassem esse esforço. O antiutopismo não é simplesmente uma resposta psicológica, mas uma réplica política ao projeto político de realização da utopia.

O registro de políticas com inspirações utópicas, incluindo o socialismo e o marxismo, é decididamente misto. Seria, entretanto, uma distorção grosseira atribuir a violência do século XX principalmente a utopistas. Infelizmente, essa atribuição tornou-se um legado duradouro dos antiutopistas liberais, de Popper a Berlin. Ao utilizar uma noção de totalitarismo que embaça a distinção entre o nazismo e o stalinismo, eles identificam o utopismo — também rotulado como "historicismo", "liberdade positiva" e "ideologia" — como a fonte do totalitarismo moderno. Mesmo que essa caracterização fosse precisa, ela diria respeito ao stalinismo e ao comunismo autoritário, mas não ao nazismo, ao fascismo, ao nacionalismo assassino, ao racismo letal e ao sectarismo religioso — itens que cada vez mais provocam o moderno derramamento de sangue.

O desequilíbrio dessa crítica liberal se deve parcialmente à biografia dos críticos. O marxismo atraiu esses especialistas de um modo que o nazismo não poderia fazer. Durante alguns anos, Popper se considerou um comunista. Ambos os maridos de Arendt foram marxistas e os seus argumentos sobre o totalitarismo guardam a marca do segundo, Heinrich Blücher (a quem ela dedica *As origens do totalitarismo*), um antigo membro do partido comunista alemão.[139] Além disso, o marxismo foi um alvo válido para essas críticas simplesmente em função da sua solidez e legitimidade intelectuais. O "inimigo" da sociedade aberta para Popper é o totalitarismo marxista, ele praticamente não menciona o nazismo. O mesmo vale para Talmon e Berlin. Será que Popper teria conseguido escrever dois volumes de ataque à filosofia nazista como o fez com a lógica platônico-hegeliana? Provavelmente não, já que uma filosofia nazista articulada praticamente inexiste. Isso não significa que ele e seus colegas não tenham se preocupado com o nacionalismo virulento ou com o fascismo; absolutamente, mas as suas teorias dificilmente se referem a esses temas. Grandes partes de *As origens do totalitarismo*, por exemplo, tratam do anti-semitismo e do nazismo. Não obstante, esses tópicos não figuram na teoria de Arendt sobre o totalitarismo, em que ela limita os seus comentários a uma "ideologia", por vezes utópica, com pouca aplicabilidade ao nazismo.

O argumento aqui não é defender o marxismo, mas sim defender o utopismo — ou a sua versão iconoclasta. O marxismo não exaure o utopismo, e condenar o marxismo não é necessariamente condenar o pensamento utópico. O argumento é também o de expor a confusão, ou a prestidigitação intelectual, através da qual a utopia é banida em nome da violência, que pode ser muito mais justamente atribuída a burocratas, nacionalistas e sectários religiosos do que a sonhadores.

3. Tirar o mundo de seu eixo

"No amanhecer do dia 15 de setembro de 1825, os habitantes da cidade fronteiriça de Búfalo acordaram assustados com um estrondo de explosão que vinha da frente do palácio da Justiça e reverberava por todo o lago." Assim começa "Embarkation for utopia", um dos capítulos da biografia, escrita em 1936, de Mordecai Noah, um jornalista e político americano judeu do século XIX. A obra descreve o seu esforço em fundar uma comunidade utópica chamada Ararat na grande ilha do rio Niágara:[1] "Não posso ser insensato, ignorando as muitas dificuldades que se possam apresentar", declarou Noah, naquele dia, em seu discurso para a multidão ali reunida. "A tentativa pode ser taxada de visionária e impraticável — a relutância de alguns em aprovar o esforço — a timidez de outros, e as apreensões de todos podem dispor-se contra uma iniciativa extraordinária e interessante."[2]

Noah viu Ararat como um refúgio para os judeus perseguidos pelo mundo, mas os céticos estavam certos. Ararat ainda surge, ocasionalmente, na ficção judaica, mais recentemente em *The Jew of New York*, de Ben Katchor, mas, à exceção do tiro de canhão, da parada e dos pronunciamentos, pouco aconteceu. O acadêmico judeu-alemão Leopold Zunz, que apoiou de longe o projeto, observou que o plano rendeu-lhe apenas uma grande despesa com os correios.[3] Uma pedra fundamental da comunidade, com mais de cem quilos, permanece até hoje — nada mais. Mesmo o compromisso de Noah pareceu, retrospectivamente, limitado. Como nota com perspicácia um personagem do romance de Katchor, Noah sempre mantinha consigo "uma passagem de volta para o seu apartamento [em Nova York]".[4]

As idéias de Noah para Ararat, considerada o primeiro projeto utópico judeu-americano, eram, na melhor das hipóteses, meros rascunhos;[5] ele buscou reunir os judeus degredados do mundo em uma comunidade agrária.[6] Como aponta um relato recente, foram "as reformas tipicamente iluministas", que estimulavam a literatura e as artes práticas, que fomentaram o projeto de Noah.[7] As suas idéias também arregimentaram protestos de celebridades judias, por ele apontadas (sem consulta) como os patrocinadores honorários da sua comunidade. Quando o rabino chefe de Paris (Abrahan de Cologna) soube de sua posição como patrocinador, ele questionou a legitimidade pessoal e textual de Noah, dizendo-lhe que "apenas Deus conhece a época da restauração israelita, apenas Ele fará com que todo o universo o saiba através de sinais inteiramente inequívocos, de modo que qualquer tentativa de nossa parte de nos reunir segundo qualquer designo político ou nacional é proibida".[8] Tanto do ponto de vista prático quanto do político, o "embarque" de Noah em direção à utopia não deu em lugar nenhum.

Noah dedicou-se a outras empreitadas, mas a advertência do rabino evidenciou uma peculiaridade da história judaica: a sua carência de utopias bem desenvolvidas. Certamente essa ausência parece contradizer uma verdade bem conhecida, a de que, de Marx a Rosa Luxemburgo, de Trótski a Abbie Hofman, os judeus gravitam em torno do pensamento e da prática de esquerda: "Os judeus foram inquestionavelmente um elemento pioneiro", um "fermento e um catalisador no interior dos movimentos socialistas e revolucionários modernos", escreve Robert S. Wistrich em *Revolutionary Jews*.[9] Analisando a história judaica desde o início, o historiador francês do século XIX Ernest Renan chamava os profetas judeus de "homens públicos impetuosos" e "fanáticos da justiça social", o tipo "que hoje chamamos de socialista e anarquista".[10]

No entanto, a devoção à justiça ou à reforma ampla não é o mesmo que uma visão utópica detalhada: ambas podem coincidir ou sobrepor-se, mas não necessariamente o fazem e, na maioria das vezes, esse não é o caso. Marx exemplifica essa orientação — um temperamento utópico que evita descrever o futuro. Poucos duvidariam de seu compromisso com a revolução, mas, em toda a sua obra, as descrições de uma sociedade pós-revolucionária ou utópica consistem em poucas frases *en passant*. Ele se prendia aos "fatos reais", observava, em vez de escrever "receitas para os restaurantes do futuro", como queriam os utopistas.[11] A própria iniciativa de Noah dificilmente endossaria essa disposição, à medida que a sua proposta de colônia foi mais um gesto do que um projeto desenvolvido.

A questao não é a ausência da esperança ou de anseios utópicos, mas a ausência de descrições detalhadas ou planos sobre o futuro entre os judeus. A tradição judaica deu origem ao que pode ser chamado de utopismo iconoclasta — um utopismo antiutópico que resiste aos projetos. Esse utopismo iconoclasta é "antiutópico" à medida que se recusa a mapear o futuro; ele só é utópico em seu compromisso com um futuro muito diferente, de harmonia e felicidade. Os utopistas iconoclastas se voltavam para o futuro, mas, ao contrário dos utopistas projetistas, eles se abstinham de descrevê-lo. Em outras palavras, se, por um lado, a história judaica é cheia de reformadores, revolucionários e visionários, por outro, ela quase não inclui equivalentes a Thomas More, Charles Fourier ou Edward Bellamy, autores que demarcaram as dimensões exatas da utopia. Em vez disso, ela deu origem a utopistas iconoclastas a partir de um anseio místico e romântico de futuro.

Uma exceção óbvia à carência de utopistas projetistas judeus pode ser Theodor Herzl. Note-se que, mesmo quando descrevia o futuro, ele, em geral, fugia dos pronunciamentos utópicos. O seu texto fundamental para o sionismo, *The Jewish State* (1896), tentava escapar da contaminação utópica: "Devo, em primeiro lugar", escreveu ele no prefácio, "evitar que o meu esquema seja tratado como utópico por críticos superficiais que podem cometer esse erro de julgamento caso eu não os alerte." Ele sustentava que "também poderia, com toda a probabilidade, ter obtido sucesso literário mais facilmente se tivesse apresentado o meu plano na maneira irresponsável" de uma utopia romântica. Ele distinguia esse plano do utópico *Freiland*, de Theodor Hertzka, em que se viam "numerosas engrenagens encaixando-se umas nas outras".[12]

Ao contrário de Hertzka, Herzl abriu mão dos muitos detalhes em função da sua visão ser prática, e não utópica: "Não serei pródigo em uma descrição artisticamente elaborada de meu projeto por medo de incorrer na suspeita de estar pintando uma utopia." Ele acredita enfaticamente "no resultado prático" do seu esquema, embora não tenha "descoberto a forma que terá ao final". Ele oferece alguns detalhes sobre o perfil do seu "novo Estado", conta-nos que a jornada de trabalho será de sete horas e que os bairros de trabalhadores terão "casas separadas por pequenos jardins". Todavia, Herzl tem dificuldade em se distanciar do utopismo. "Minhas observações sobre as moradias dos trabalhadores, sobre operários e o seu modo de vida, não são mais utópicas do que o resto do meu esquema." Tudo o que ele descreve já está em prática "apenas em uma escala inteiramente menor, que não é nem percebida, nem compreendida".[13]

Não obstante, por diversas razões, Herzl não pode ser facilmente descolado do utopismo projetista. *The Jewish State* não apenas inclui detalhes sobre o futuro, como o situa daqui a meia dúzia de anos. O próprio Herzl tentou, mais tarde, dedicar-se à utopia completamente descrita em *Altneuland* [Velha Nova Terra], publicado em 1902. Em seus diários ele explica que, quanto mais os seus esforços para obter apoio para o Estado judeu vacilavam, mais e mais energia ele dedicava à sua utopia ficcional: "As minhas esperanças no sucesso prático agora se desintegraram", estou "trabalhando exaustivamente" em *Altneuland*; "o romance é a minha vida".[14]

Altneuland conta a história de Friedrich Loewenberg, um freqüentador dos cafés de Viena no *fin de siècle*, que pertencia ao "proletariado" judeu, excessivamente educado e subempregado. Frustrado na vida e no amor, Loewenberg responde a um anúncio em um jornal diário: "Procura-se homem jovem culto e desesperado que queira testar uma última experiência com a vida. Escreva para a caixa postal N.I.N. Guém neste jornal." "Ninguém" acaba por revelar-se um rico germano-americano que busca companhia em sua ilha privada no Pacífico, onde ele pretende passar o resto de sua vida em tranqüila reclusão. A caminho da ilha em um iate particular, os dois aventuram-se na extravagância de uma visita à Palestina, local que lhes parece miserável e desagradável.

Eles continuam a viagem até o seu retiro na ilha, mas, depois de vinte calmos anos, a curiosidade leva-os a retornar à Europa. Eles voltam através do canal de Suez e se deparam com uma Palestina transformada: próspera e limpa, ela se tornara um novo país judeu sob a liderança de uma Nova Sociedade cooperativa, "uma associação de cidadãos que tenta encontrar a sua felicidade no trabalho e nas atividades culturais". A sociedade criada não é capitalista nem comunista. "Conosco", conferencia seu guia, "o indivíduo não é nem triturado pelos moinhos do capitalismo, nem decapitado pelo processo de nivelamento por baixo do socialismo". A educação é gratuita, a emancipação feminina é completa e a religião é privada.

Altneuland apresenta um quadro de sociedade cooperativa que reúne judeus e não-judeus em um país sedutor. Seria isso uma utopia? David, o guia, informa ao visitante que os antigos utopistas construíram "sonhos socialistas" nas nuvens — a Cucolândia. Mesmo Bellamy oferecia "castelos no ar". "Nessa terra das nuvens, todos podem comer de um mesmo prato comum. [...] O lobo e a ovelha pastam juntos. Tudo muito bem — mas isso significaria que os lobos já não são mais lobos, e os seres humanos não mais humanos." Porém, a nova Palestina não dependia de pessoas transformadas ou de novas maquinarias, apenas do poder humano existente. "De onde ela surgiu? A partir da imensa pressão exercida sobre nós [os judeus] de todos os lados, a partir da perseguição e do sofrimento, [...] foi daí que todo um povo descobriu-se unido — reunido."

E nós criamos a Nova Sociedade não porque somos melhores que os outros; não, apenas porque somos pessoas simples com necessidades humanas simples — o ar e a luz, a saúde e a honra, a liberdade de ganhar o seu sustento e a segurança de desfrutar do que produzimos. E tendo de construir, naturalmente escolhemos o modelo de 1900 e não o de 1800 ou o de 1600 ou de qualquer outro período mais antigo.[15]

Altneuland pode ser situado junto a uma série de utopias projetistas judaicas que surgiram à época de *Looking Backwards* de Bellamy (1888). "A literatura judaica não incluiu propriamente utopias até o final do século XIX", escreve Miriam Eliav-Feldon, que fez um levantamento das poucas que surgiram.[16] Como exemplos temos *Das Reiche Judäa im Jahr 6000* (1893), de Max Osterberg-Verakoff, e *Looking Ahead: Twentieth-Century Happenings* (1899), de H. Pereira Mendes, ambos; evidentemente inspirados em Bellamy, pintaram a pinceladas grossas a fundação da nova Palestina. O livro de Osterberg-Verakoff inclui uma discussão e uma crítica de Bellamy, que o caracteriza como excessivamente utópico, recomendando como uma referência melhor o livro realista de August Bebel, *The Woman*. As pessoas gostam do estilo de Bellamy, diz o seu guia ao visitante, porque os adultos não deixam de ser crianças e de gostar de contos de fadas. A igualdade entre os indivíduos pode ser alcançada, mas não como um paraíso de tolos ("*Schlaraffenland*"). "Não é bom que a humanidade estabeleça metas inalcançáveis. As pessoas razoáveis se preservam de tais exageros enlouquecidos."[17]

Looking Ahead também pode servir como exemplo do pequeno subgrupo das utopias projetistas judaicas, embora quase não forneça detalhes sobre a nova Palestina. O livro se ocupa com as articulações políticas que levariam à fundação do novo Estado, mas apresenta apenas as informações mais elementares sobre a natureza da vida, do governo e da economia. "Estradas seriam feitas, vilarejos reconstruídos. [...] As atividades do gabinete palestino superariam todas as expectativas": Pereira Mendes não passa daí — o que já é quase ir longe demais. Depois de muitos parágrafos de declarações vazias, ele pára: "Mas por que continuar?", pergunta-se. Em seu ascetismo em relação ao futuro, Pereira Mendes permanece no eixo da tradição do utopismo judaico. O livro termina dizendo: "Não há necessidade de se falar do que todos nós experimentaríamos nesse momento — a paz universal, a fraternidade universal, a felicidade universal."[18] Uma utopia judaica um pouco anterior, *Zukunftsbild*, de Edmund Eisler (1882), começa com o pesadelo do autor sobre uma máfia anti-semita que ameaçava a sua família e conclui oferecendo detalhes sobre uma futura Palestina. Eisler apresenta fragmentos de centenas de leis, tais como a lei 201, "O hebraico é a língua oficial", ou a lei 651, "Todos os cidadãos são iguais perante a lei".[19]

Altneuland pode ser agrupada junto a essa e a outras utopias projetistas judaicas do final do século XIX que trazem o selo de Bellamy; com efeito, ela chega até a ser indistinguível de outros esboços inspirados nesse autor.[20] Tanto para críticos contemporâneos à obra quanto para os atuais, isso justifica uma crítica significativa a *Altneuland*: à "Nova Sociedade" de Herzl faltava um caráter especificamente judeu. Isso fica claro na explicação dada por um habitante da "Nova Sociedade" a um visitante:

> Os chamados intelectuais de vinte anos atrás tinham objeções ao sionismo, justificadas por ser ele, ao que diziam, baseado em idéias antiquadas. Toda a concepção de um renascimento nacional judeu foi descrita como [...] uma espécie de pesadelo messiânico. [...] Mas isso se revelou muito distante da realidade. A Nova Sociedade é a última a favorecer o obscurantismo. [...] As questões de fé foram definitivamente excluídas de qualquer influência nos negócios públicos. Se você reza em uma sinagoga, em uma igreja ou em uma mesquita, em um museu ou em um concerto filarmônico, não importa à Nova Sociedade. Como você busca entrar em contato com o Eterno é uma questão pessoal.[21]

Secular, tecnológica, cosmopolita, com seus habitantes falando as línguas européias ocidentais, *Altneuland* parecia menos judaica do que francesa ou alemã. "Você deve estar cansado da viagem", aconselha o guia. "Agora você deve descansar. À noite, se quiser, podemos ir à ópera ou a um dos teatros — o alemão, o francês, o inglês, o italiano ou o espanhol."[22]

A crítica de que *Altneuland* não tinha uma identidade judaica foi sustentada por representantes de extremos opostos do espectro político-intelectual. Um acadêmico palestino, Muhammad Ali Khalidi, recentemente argumentou que "o caráter não-judeu" de *Altneuland* — que chega a incluir o nome da comunidade utópica, "A Nova Sociedade" — só pode ser explicado a partir do desejo de Herzl de conquistar apoio dos cristãos europeus. "*Grosso modo*, a intenção de Herzl é descrever uma sociedade-modelo que faria com que os cristãos europeus concebessem o Estado judeu como um local de teste para vários projetos experimentais, nos quais eles mesmos tiveram interesse ao final do século XVIII, os quais, se lograssem êxito, poderiam então ser implementados na Europa."[23]

Ironicamente, Ali Khalidi segue a crítica contemporânea a Herzl feita por Ahad Ha'am, um intelectual oriundo do chassidismo russo que se tornou o principal expoente do sionismo "cultural". Ahad Ha'am, codinome de Asher Ginzburg, bateu de frente com Herzl, a quem ele considerava tecnológico e instrumental demais. Ahad Ha'am representava um sionismo manifestamente mais espiritual e "oriental" do que o de Herzl, que se ancorava na Europa "ocidental". Herzl queria um novo estado para os judeus, mas Ahad Ha'am queria mais: ele buscava uma comunidade de judeus junto a um Estado e não "um Estado de alemães ou franceses de raça judaica". Os sionistas "políticos" queriam a prosperidade, a tranqüilidade e o refúgio do anti-semitismo. Os sionistas "culturais" consideravam isso insuficiente. Mesmo que os judeus obtenham "posições econômicas confortáveis" e a total igualdade, a questão do judaísmo não será solucionada, para isso é preciso uma renovação da cultura e do espírito.[24]

Em uma resenha devastadora de *Altneuland*, em 1903, Ahad Ha'am argumenta que o sionismo político de Herzl e a sua "utopia" careciam de algo particularmente judeu — até mesmo a língua oficial parecia ser o alemão. A linguagem, a cultura e a tecnologia, tudo lembrava a Europa Ocidental. Herzl propôs um plano que dependia da engenharia e das corporações, mas não da cultura e da sabedoria judaicas, podendo ser adotado por qualquer grupo disposto a construir uma nação, por exemplo, pelos negros que retornavam para a África.[25] Ou, como sugere Ahad Ha'am de maneira ainda mais cruel, a *Altneuland* de Herzl é um exemplo de servidão espiritual, "uma grande reverência frente às nações não judaicas". Ele acusa Herzl e seus admiradores de "ajoelhar-se e curvar-se" frente às iminências cristãs.[26]

O conflito entre Herzl e Ahad Ha'am é típico das histórias do sionismo, representando a sua principal linha divisória. *Altneuland*, a resenha feroz que dela fez Ahad Ha'am e a réplica brutal feita pelo aliado de Herzl, Max Nordau, marcaram duas visões do sionismo, uma delas centrada na construção do estado e a outra no renascimento cultural.[27] "Herzl divisou um estado moderno, tecnologicamente avançado, esclarecido e habitado por judeus, não um estado especificamente judeu", escreve Walter Laqueur em sua história do sionismo. "Ahad Ha'am procurou em vão por algumas características especificamente judaicas na visão de Herzl."[28] Por outro lado, Herzl, que encarregou Nordau da resposta, via Ahad Ha'am como o representante de um gueto e do judaísmo do leste europeu. "Na verdade, *Altneuland* é um pedaço da Europa na Ásia." Nós queremos "que o povo judeu, assim como qualquer outro povo esclarecido, desenvolva-se dentro da cultura ocidental, não dentro de uma Ásia selvagem e bárbara [*in einem kulturfeindlichen, wilden Asiatentum*], como Ahad Ha'am aparentemente deseja". Nordau recusa o pensamento de Ahad Ha'am por não ser sionista e por ele não passar de um "rabino revoltado [*Protestrabbiner*]".[29]

A história do sionismo não pode ser claramente separada em duas categorias, em suas variantes política, de Herzl, e cultural, de Ahad Ha'am;[30] a acusação ou o rótulo de "utópico" apareceria em várias subdivisões.[31] No entanto, um utopismo especificamente judeu pode estar menos aparente no projeto de Herzl do que no iconoclasmo de Ahad Ha'am. "É verdade", escreve o seu recente biógrafo, "que Ahad Ha'am não escreveu uma utopia; na realidade é a elaboração de uma antiutopia [...] que se encaixa melhor no seu temperamento."

Todavia, continua Steven J. Zipperstein, ele manteve uma "visão de uma sociedade futura".[32]

Seria possível que a utopia explícita de Herzl tenha representado um utopismo projetista não especificamente judeu — e que um outro utopismo iconoclasta, mais distintamente judeu, tenha existido externa e contrariamente a ele? A biografia pode vir em socorro para deslindar o emaranhado nó do utopismo judaico, ela pode nos ajudar a seguir o fio do utopismo iconoclasta — que ultrapassa Herzl e vai do judaísmo cultural de Ahad Ha'am até Martin Buber e uma série de figuras de Weimar e do *fin de siècle*.

O filósofo Martin Buber tornou-se famoso tanto como líder sionista, quanto como filósofo e intérprete do chassidismo. Buber, cerca de vinte anos mais novo do que Herzl e Ahad Ha'am, conhecia ambos, mas tinha o último como mestre. Uma vez que Ahad Ha'am escrevia em hebraico, língua lida por poucos na Alemanha, Buber tornou-se o seu tradutor e o seu representante na Alemanha. Costumava caracterizar Ahad Ha'am como o homem com uma "balança de ouro na boca", com a qual pesava com honestidade as pretensões das "idéias e da realidade".[33] Na explosão ocasionada por *Altneuland*, Buber defendeu Ahad Ha'am do contra-ataque de Herzl. Tal como seu mestre, Buber defendia um renascimento espiritual do judaísmo, e não simplesmente a fundação de um novo Estado.[34]

Se Buber admirava boa parte da conduta e das realizações de Herzl, ele ainda assim o considerava apenas parcialmente judeu: "Não há nada fundamentalmente judeu em Theodor Herzl", ele escreveu na ocasião da morte de Herzl. Ele era "um judeu ocidental sem tradição judaica, sem impressões judaicas na infância, sem educação judaica. [...] Ele cresceu em um ambiente não-judeu, [...] entrou no judaísmo não por causa do judaísmo, mas por uma masculinidade que se cristalizava. Ele era completamente homem, mas não completamente judeu".[35] Isso explicaria a visão de Herzl de uma Palestina secular, em que estavam ausentes a cultura e a religiosidade judaicas. Buber lembra-se de um encontro com Herzl no escritório da Agência Central Sionista, em Viena, onde um mapa da Palestina decorava a parede. Herzl batia no mapa e falava ardentemente sobre futuros projetos industriais: fábricas, portos, novas cidades. Quando o seu dedo chegou ao rio Jordão, Herzl proclamou seu plano de construir uma grande hidrelétrica — maior do que qualquer uma na América: "Quantos cavalos-vapor produz o Niágara? Oito milhões? Nós produziremos dez milhões!"[36] Buber ficou horrorizado.

Para Buber, muito mais próximo de Ahad Ha'am, isso era perder o foco da questão. Em uma série de conferências de grande repercussão em 1909, Buber acentuou a necessidade de renovação da religiosidade interna do judaísmo. Foi baseado em suas pesquisas sobre o chassidismo que elaborou as palestras, que fez a um grupo sionista de Praga, sobre a dimensão mística e messiânica que deve inspirar o renascimento judaico. O historiador Hans Kohn, na época um estudante em Praga, relembra o impacto de Buber: "Naquele momento, antes de 1914, Buber era um jovem de trinta e poucos anos, não tinha dez anos a mais do que eu. Nós, com razão, passamos a admirá-lo." Como diz Kohn, "os acadêmicos judeus do século XIX [...] interpretaram o judaísmo como uma religião racional e prestaram pouca atenção às suas subcorrentes místicas. [...] Buber revelou a existência, exterior ao judaísmo 'oficial', de um judaísmo subterrâneo, cuja manifestação se encontrava na seita fervorosa e mística do chassidismo".[37]

O grupo de Praga incluía pessoas como Franz Kafka e seu amigo Max Brod, que, por influência de Buber, tornou-se um sionista.[38] Gershom Scholen, uma geração mais novo do que Buber, registrou o impacto dessas falas: "Faço parte daqueles que, em sua juventude," relembra ele, "quando esses discursos surgiram, foram profundamente afetados por eles."[39] Buber conclamou a uma renovação que foi além da habitual "racionalização da fé, simplificação do dogma, modificação da lei ritual". Ele apelava ao "espírito do judaísmo profético" que aparecia em Ahad Ha'am. Mesmo que ele não dispensasse a esperança do estabelecimento do judaísmo na Palestina, para Buber isso não bastava. Uma colônia palestina pode "promover o trabalho intelectual" e "até mesmo tornar-se um modelo social". No entanto, "ela não pode gerar as únicas coisas das quais eu espero que o absoluto surja — o retorno e a transformação, uma mudança em todos os elementos da vida".[40]

Buber pode ser mais importante pela sua rede de conexões e preocupações do que pela sua própria obra. Ele manteve vivo, pessoal e intelectualmente, o utopismo iconoclasta, primeiramente através de seu compromisso vitalício com o seu amigo Gustav Landauer. É certo que as obras de Buber com freqüência recaíam no esteticismo e no romantismo lasso. Uma avaliação recente e cética acusa Buber de oferecer "o chassidismo como uma imagem refletida da sociedade ocidental". Ele respondia aos clichês em voga, que viam os judeus como desarraigados e materialistas, com uma imagem dos judeus como enraizados, intensos espiritual e emocionalmente.[41] O próprio Scholem fez objeções ao judaísmo de Buber. Em uma apreciação crítica depois da morte de Buber, Scholem apresentou a sua "gratidão" à contribuição de Buber, mas admitiu que ele com freqüência lhe parecia "totalmente opaco, questionável e inaceitável". Com isso, não se limitou a notas mordazes sobre as práticas judaicas de Buber — em seus trinta anos em Israel, "ninguém jamais viu [Buber] em uma sinagoga" —, mas também sugeriu que ele tivesse interpretado o chassidismo de uma maneira simplificada e a-histórica: "O 'caso de amor' entre o chassidismo e o mundo revelou-se como o caso de amor entre Buber e o mundo."[42]

Não obstante, do momento em que ele conheceu Landauer, em 1899, até *Paths in Utopia*, cinco décadas depois, Buber defendeu um utopismo iconoclasta. Ele tomou o romantismo da época, que se encontrava em meio a um redemoinho de idéias místicas de comunidade e espírito, e remodelou-o em termos sociais. Buber passou, como diz o estudo de Paul Mendes-Flohr sobre ele, do "misticismo" para o "pensamento social".[43] Essa foi a mesma trajetória de Landauer. Se os utopistas iconoclastas, como Buber e Landauer, eram espirituais, diferentemente dos românticos alemães, eles também eram políticos em suas esperanças mundanas de futuro e judeus em sua resistência a representá-lo.

Utopista anarquista, Landauer ganhou fama na Alemanha pré-guerra como escritor, tradutor e conferencista. Buber conheceu Landauer, pouco mais velho do que ele, no círculo da "Nova Sociedade", um grupo descontraído de artistas e escritores com vagos propósitos comunitaristas e românticos.[44] O encontro marcou uma virada no pensamento de Buber, que, em suas publicações e cartas ao longo da vida, manteve-se leal a Landauer e ao seu espírito utópico — uma lealdade que foi correspondida quando Landauer nomeou Buber como o seu executor testamentário.[45]

O espiritualismo utópico de Buber pode ser constatado em seus primeiros encontros com o grupo da "Nova Sociedade", em que ele, então como vinte e dois anos, fez, em 1900, uma palestra sobre "a nova e a velha sociedade". Nessa conferência, ele mostrava como a nova sociedade divergia da, já morta, estrutura econômica e religiosa do passado. A "nova" emerge das fontes da vida, ela é "uma expressão do anseio transbordante pelo todo da vida [*überströmender Sehnsucht nach dem ganzen Leben*]". Somente quando uma vida vibrante puser de lado a "convenção morta" e os "ritmos alegres" superarem as velhas regras, a nova sociedade surgirá. A sociedade futura se situa em "patamares completamente diferentes" da passada. A nova sociedade não "quer" ser a revolução. "Ela *é* a revolução."[46]

Em uma conferência posterior dedicada a Landauer, "The Holy Way", publicada ao final da Primeira Guerra Mundial, temas típicos de Buber vêm à tona: uma ênfase na comunidade, nas relações humanas e na religiosidade interna — e uma desconfiança de abordagens puramente políticas e tecnológicas. Buber apresentou uma advertência àqueles "que mantêm preocupações exclusivamente políticas". A nova "República judaica" na Palestina "não deve tornar-se apenas mais um dos inúmeros pequenos estados vazios de substância espiritual, um lugar como qualquer outro no Ocidente de hoje, onde o espírito e as pessoas são separados, ambos debilitando-se". Ele não deve tornar-se um lugar "onde ter substitua o ser, e a exploração mútua substitua a ajuda mútua".[47]

O utopismo de Buber pode ser acompanhado até o seu *Paths in Utopia*, publicado ao final da Segunda Guerra Mundial, que levanta as principais figuras utópicas. A fim de salvar um socialismo que se "perdeu" em um beco sem saída, "o lema 'Utopia' deve ser descascado" e reexaminado. O que Buber encontrou dentro dessa casca? Algumas particularidades. Ele descobriu algo a que deu o nome de "camaradagem real". Tanto a sociedade industrializada quanto o socialismo marxista suprimiram o encontro do ser humano com o ser humano. Ele tinha objeções à utopia puramente tecnológica: "A utopia [...] tornou-se completamente técnica. [...] As utopias que celebram fantasias técnicas, em sua maioria, encontram hoje base apenas em um gênero medíocre de romances. [...] Aqueles [...] que se propõem a instalar um projeto da estrutura social perfeita transformam-se em sistemas." Buber, ao contrário, prezava a dimensão molecular da interação humana. Ele defendia um "renascimento da comuna" ou da comunidade em que o relacionamento humano fosse cultivado. "Às vezes penso que cada vestígio de boa vizinhança em um edifício" e "cada gesto de camaradagem afetuosa" significam "uma contribuição" à comunidade mundial.[48]

Em *Paths in Utopia*, Buber discute sobre a comuna de vilas e o *kibutz* em Israel, os quais ele caracteriza, não como um sucesso, mas como "uma experiência que não fracassou" ou um "sinal de não-fracasso". Entretanto, segundo o autor, essas colônias não constituem comunidades utópicas. Elas respondem "não a uma doutrina, mas [...] às necessidades, às tensões, às demandas de uma situação". A sua "motivação ideal permanecia difusa e flexível". Para Buber, isso era um elogio: os moradores do *kibutz* eram exemplo de utópicos sem projetos. "Eles tinham como meta a criação de um novo homem e de um novo mundo. Mas nada disso jamais se cristalizou em um programa pronto e acabado. Esses homens não trouxeram, como ocorreu em todos os outros momentos de instituições cooperativas na história, um projeto consigo."[49]

Um capítulo de *Paths in Utopia* dedica-se a Landauer, a quem Buber atribui o crédito de uma análise detalhada da base comunal da utopia. Landauer não tinha como objetivo a criação de um novo estado, sequer de uma nova organização política, mas apenas a renovação das relações humanas. Buber cita Landauer, dizendo que a tarefa é "amainar o endurecimento dos corações, de modo que o que está lá enterrado possa vir à superfície, de modo que o que verdadeiramente vive, mas que agora parece morto, possa emergir e vir à luz". O que é necessário é um "verdadeiro espírito de comunidade". Mesmo vendo possibilidades futuras nas "vilas socialistas", Landauer queria evitar todas as soluções fixas. Buber parafraseia Landauer: "A rigidez ameaça qualquer realização, o que vive e floresce hoje pode estar incrustado amanhã."[50]

A conferência de Buber sobre a "Nova Sociedade", de 1900, referia-se à palestra de Landauer "Durch Absonderung zur Gemeinschaft" ["Através do isolamento até a comunidade"], que foi proferida no mesmo grupo e tratava de um tema semelhante. Nessa conferência Landauer voltava-se aos místicos alemães e conclamava o estabelecimento de uma "nova" vida. Os indivíduos devem aprofundar-se em si mesmos e descobrir não o isolamento, mas a verdadeira comunidade. "Comecemos! Criemos uma vida social, criemos centros para uma nova vida, libertemo-nos da crueldade impronunciável do nosso ambiente. [...] 'Através do isolamento até a comunidade', isso significa: arrisquemos o todo para viver como um todo."[51]

Na vida, na literatura e no espírito, Landauer encarnou o utopismo judeu moderno. O clássico de Karl Mannheim *Ideologia e utopia*, de 1929, toma-o como um exemplar do utopismo extremo.[52] A sua obra, a sua personalidade gentil, a sua morte violenta e o compromisso de Buber com ele mantiveram as idéias de Landauer vivas — mas não com muito sucesso. Um biógrafo se queixa de que, apesar dos esforços de Buber, que se tornou um filósofo famoso em todo o mundo, "a memória de Landauer afundou em um esquecimento imerecido".[53]

Landauer bebeu da fonte do messianismo judaico e do utopismo.[54] Em 1921, Fritz Kahn, em seu *Die Juden als Rasse und Kulturvolk*, situou Landauer na tradição de Moisés e de Marx, como um redentor e um profeta judeu. A idéia de levar a humanidade da escravidão contemporânea até "a beleza, o amor e a dignidade" obcecou Landauer.[55] Todavia ele é dificilmente categorizado. Um editor moderno colocou muito bem a questão: Landauer era um anarquista, "que não teve outra escolha senão a de compartilhar a causa com socialistas doutrinários e membros do partido; um pacifista que reconheceu que a outra face da revolução era o terror; um místico [...] que não acreditava em Deus; um judeu que não aderiu ao judaísmo; um simpatizante do sionismo que desprezava o nacionalismo".[56] Ele também foi um utopista iconoclasta — um utopista que desconsiderava projetos utópicos.

Durante alguns anos os caminhos de Landauer e Buber se cruzaram tão freqüentemente que é difícil avaliar quem influenciou quem.[57] Ambos estudaram o misticismo alemão, mas de ângulos levemente diferentes; Landauer como um radical e Buber como um judeu. Se a princípio Buber seguiu Landauer, posteriormente Landauer seguiu Buber. A interpretação de Buber sobre o chassidismo, principalmente em seu *Lenda do Baal-Shem*, fez com que Landauer redirecionasse o seu utopismo e reafirmasse o seu judaísmo. Em 1907, Landauer escreveu, para uma série editada por Buber, um pequeno livro intitulado *Revolution*, que trazia ecos de uma política mística.[58] Aí ele chamava a revolução de "microcosmo": "Em um tempo inacreditavelmente curto, em um fluxo fantástico de acontecimentos, o espírito da humanidade, que estava suprimido, emergiu e as possibilidades do mundo foram trazidas à realização — como uma tocha de fogo. Em uma revolução tudo acontece incrivelmente rápido, como no sonho de alguém que dorme, liberto do peso do mundo."[59]

Em outros ensaios dessa mesma época, Landauer se defrontou com as questões da relação entre judeus e alemães, e entre judeus e radicalismo, recorrendo a Buber na tentativa de introduzir a "cultura", ou o *Geist*", na política.[60] Em uma conferência de 1913, para o mesmo grupo sionista de Praga a quem Buber já havia falado, chamada "São esses pensamentos heréticos?", Landauer tratou da renovação judaica. Para ele, a renovação judaica ou o nacionalismo judeu exigiam um renascimento geral, não uma fixação restrita às questões judaicas: "A atenção enfática a uma nacionalidade própria, mesmo que isso evite a degeneração no chauvinismo, é uma fraqueza." Landauer incitava os judeus a buscarem a fonte para revitalizarem a comunidade mais ampla em sua própria tradição. Quanto mais os judeus se voltam para si mesmos, mais eles percebem que as suas profundas tradições levam à "revolução e regeneração da humanidade". Das profundezas do ser vem uma voz que diz "que o judeu só pode ser redimido juntamente com a humanidade e que são a mesma coisa esperar em degredo e exílio pelo messias e ser o messias do povo".[61]

A abordagem feita por Landauer do radicalismo mantinha, em termos gerais, um paralelo com a abordagem feita por Buber do sionismo: ambas criticavam o método puramente tecnocrático. Em uma palestra sobre o povo judeu e o socialismo, Landauer apontou que, para muitos de seus adeptos, o socialismo significava a "práxis" da política partidária, mas que, para outros, incluindo ele mesmo, o socialismo significava uma unidade de "práxis e *Geist*". O socialismo de Landauer propõe "um *Geist* regulador" [*verbindenden Geist*] e não um novo estado que substitua os aluguéis, o dinheiro e a corrupção da sociedade capitalista. Ele acreditava haver "algo de judeu" inerente a essa idéia de trazer o "*Geist*" para relacionar-se com a vida dos homens.[62]

O "*Geist*" e a "cultura" invadiram a atmosfera intelectual desses anos, com o que Landauer e Buber se juntaram a vários grupos que buscavam reformar o mundo pela redescoberta ou revigoramento do "*Geist*". Se é fácil ridicularizar o romantismo lasso desses intelectuais, ao menos Landauer manteve uma perspectiva firme e sólida. Ele protestou contra a licenciosidade conceitual do grupo da Nova Sociedade; pensou que o seu líder, Julius Hart, cobria tudo com rótulos imprecisos, tais como "transformação". As contradições e a dor corpórea deram lugar a uma tagarelice sobre a mudança espiritual, ao que Landauer caricaturava Hart: "Se uma ovelha é devorada por um leão, tanto as ovelhas quanto os homens estariam errados em chamar isso de morte, ou em lamentar; a vida da ovelha foi transformada na vida do leão." A ovelha não desapareceu. "Ela vive como uma entidade espiritual na memória de todos os que a conheceram." Landauer rompeu com o romantismo preguiçoso que confundia "ser", "matéria" e "*Geist*".[63]

De maneira análoga, Landauer distanciou-se posteriormente da obra clássica do utopismo judeu, *The Spirit of Utopia*, de Ernst Bloch, que surgiu em 1918 celebrando o "*Geist*". Bloch bebeu de fontes místicas cristãs, assim como Landauer. Ambos cultivaram uma mistura estonteante de misticismo, judaísmo e revolução, mas vapores nebulosos envolvem *The*

Spirit of Utopia. "Então ao menos ansiamos por buscar novas experiências. A vida consolidada acabou e o que ainda lhe resta de humores tornou-se cada vez mais indolente. Porém, profundamente dentro de nós, uma outra coisa quer fermentar e buscamos a semente que não se desenvolverá aqui."[64] O livro de Bloch se encerra com o capítulo "Karl Marx, a morte e o apocalipse". Aí ele escreve que os judeus sempre foram motivados pelo "mito da utopia" e caracteriza os israelitas como "veneradores ansiosos de um Deus nunca visto", que suspeitam da "teologia de uma concretude definida, pictórica [*fertigen, bildhaften Unterwegs*]".[65]

Entretanto, há utopismos místicos judaicos e utopismos místicos judaicos. Se Landauer considerou as obras de Julius Hart obscuras, também lhe pareceu insuportável o *Spirit of Utopia* de Bloch. Ele pensou que o livro não continha nada de novo, que era uma salada de "charlatanice desavergonhada". Bloch não escrevia na tradição de Espinosa, mas na de impostores como Rudolf Steiner e Madame. Blavatsky. O "embuste de toda mistificação" consiste na incapacidade de distinguir entre palavras e realidade.[66] Quando Landauer escrevia essas palavras, a realidade na forma da revolução alemã lhe acenou.

Os esforços de Landauer para transformar a realidade — para tornar o "*Geist*" político — mantiveram-se durante toda a sua vida. Alguns anos depois de ele e Buber terem divergido da Nova Sociedade, ele se juntou ao Círculo Forte, um grupo motivado por aspirações políticas e utópicas.[67] Uma reunião descontraída de escritores, poetas e visionários, o Círculo Forte queria estabelecer uma "*Bund*", ou associação, para impedir ou ao menos transcender a cada vez mais intensa crise política que antecedeu a Primeira Guerra Mundial na Europa. Os seus membros queriam criar uma zona privilegiada de debate e comunidade, na esperança quase mística de que as verdades por eles descobertas irradiassem para fora do círculo e transformassem a sociedade. Quando a guerra estourou, Landauer e Buber convocaram o grupo com o objetivo de criar uma comunidade "que teria significância para o desenvolvimento do mundo".[68]

Antes da reunião, Buber fez circular no grupo algumas teses que ecoavam um utopismo sobrenatural. Ele acreditava que a "verdadeira união" de almas semelhantes poderia alterar o curso do mundo. Ele fazia referência ao *minyam*, o quorum de dez homens exigido pelo judaísmo para orações em comum e para a leitura da Torá. "Quando dez homens querem uma coisa e se unem para obtê-la, a diáspora terá fim. Enquanto cada um lutar por algo diferente, o planeta espiritual não se moverá um milímetro. No entanto, dez indivíduos podem tirá-lo do seu caminho para a direção que quiserem."[69] Infelizmente, já que o grupo não conseguiu um *minyam* — apenas oito pessoas vieram à reunião da primavera de 1914 —, o planeta não se moveu e a Primeira Guerra Mundial eclodiu logo depois. A sua falta de êxito continuou a desapontar. Um recente biógrafo de Buber lamenta que "o círculo tenha fracassado na conquista de seu objetivo de dar expressão relevante à unidade da humanidade em um momento tão decisivo".[70]

Gershom Scholem, que conheceu muitos dos seus participantes, inclusive Landauer e Buber, lembra, em suas memórias, que a noção que motivava esses indivíduos parece hoje "quase inacreditável". Scholem parece bem informado sobre a missão do círculo, uma vez que a sua caracterização, sessenta anos depois, alude à metáfora das órbitas planetárias que aparece nas teses de Buber. Scholem descreve a associação da seguinte maneira: "Um pequeno grupo de pessoas que pretendia estabelecer uma comunidade dedicada à atividade intelectual e espiritual por um certo período de tempo, para participar, sem nenhuma reserva, de uma troca criativa de idéias; ao fazê-lo elas poderiam ser capazes de tirar o mundo de seu eixo."[71]

Landauer partilhava dessa esperança. O seu próprio percurso até a utopia passava pelo misticismo e pelo anarquismo. Ele tomou de empréstimo aos anarquistas o protesto contra uma idéia de revolução que se limitasse a um novo Estado ou ordem econômica; tomou dos místicos uma idéia de realidade que ia além do aqui e agora; e acrescentou a isso as noções românticas de comunidade e "espírito" ou *Geist*.[72] Com efeito, o *"Geist"* perpassa a obra central de Landauer, o utópico *For Socialism* [*Aufruf zum Sozialismus*], que surgiu em 1911. Precisamos, escreveu Landauer, de "um espírito [*Geist*] coesivo" para a nossa época. "Sim, sim", admitia, "a palavra 'espírito' [*Geist*] de fato aparece com freqüência neste livro."[73]

A crítica acalorada de Landauer ao marxismo consistia nisto: faltava-lhe espírito. Ele era "desespiritualizado" ou, na melhor das hipóteses, não mais do que "a flor de papel no admirável espinho do capitalismo". O marxismo consistia em rodas, molas e alavancas. "Os marxistas tinham, em suas visões e declarações, excluído o espírito por uma razão muito natural, ou melhor, por uma razão material quase excelente, a saber: porque eles não tinham espírito." Para Landauer, o marxismo tinha o sabor das tecnologias mortas e dos projetos frios. "A reverência sem limites dos aduladores do progresso à tecnologia é a chave para compreender a origem do marxismo. O pai do marxismo não é nem o estudo da história, nem Hegel. [...] O pai do marxismo é o vapor", zombava.

Comparados aos marxistas, "nós somos poetas", e não ativistas "frios, deprimidos e sem espírito". Nós, os anarquistas utópicos, queremos "visão poética", criatividade, entusiasmo, harmonia e solidariedade.

Apesar de seu inalterado utopismo, Landauer evitou os projetos. O mesmo aconteceu com Buber: não "cozinhas comuns", mas *"Geist"* e *"Gemeinschaft"* definiram as suas utopias. Landauer dissertava sobre o calor e a beleza do contato humano. Ao mesmo tempo em que glorificava a relação cultural entre os indivíduos, os seus planos utópicos permaneciam vagos, um fato que ele divulgava: "Não direi, como alguns podem muito bem esperar, como a nova realidade que desejamos deve ser constituída como um todo. Não ofereço qualquer descrição de um ideal, qualquer descrição de utopia." Ele reiterava isso. O utópico Landauer escreveu: "Nenhuma descrição de um ideal, nenhuma descrição de uma utopia é aqui apresentada."[74]

A resistência de Landauer em descrever o futuro se estendia à dúvida quanto à linguagem, inevitavelmente o meio para se conceber a utopia. A utopia, pensava ele, escapa ao confinamento da linguagem escrita. As palavras retratam imperfeitamente os desejos e pensamentos humanos; dificilmente elas poderiam expressar os impulsos utópicos. A linguagem escrita pertence ao mundo da dominação e do controle. Por esse motivo, Landauer considerou a música como a melhor "linguagem humana", uma "linguagem sem palavras", que transcende a prosa e as imagens.[75] Uma utopia perfeita existia apenas como uma construção lingüística — no âmbito das "contradições e da sólida reificação" [*Gegensaetzlichkeit und runde Dingelichkeit*]. "O que eu chamo de socialismo não é a perfeição, eu não acredito em tal perfeição."[76]

A desconfiança de Landauer em relação à linguagem não diminuiu o seu misticismo ou o seu utopismo. Ao contrário, o espírito utópico, o ceticismo lingüístico e o misticismo andam de mãos dadas em seu pensamento. Em suas suspeitas sobre a linguagem escrita e em sua reticência sobre o futuro, Landauer era o exemplo de um utopismo judaico iconoclasta, selado pela lealdade ao mandamento bíblico que proíbe as imagens. De Marx a Landauer e Max Horkheimer, esse mandamento paira sobre o utopismo judaico. Em boa parte de sua história, o tabu sobre as imagens impediu os judeus de descreverem o absoluto e, por inferência, o futuro, que seria, na melhor das hipóteses, buscado e percebido abstratamente. À medida que a linguagem deriva das imagens e dos símbolos, o tabu também desafia a palavra escrita. O judeu piedoso não pode escrever ou dizer o nome de Deus.

"Se o pagão daquela velha história, que queria aprender toda a Torá apoiado em um pé só", escreveu Ahad Ha'am, "viesse até a mim, eu lhe diria: 'Não deves fazer-te nenhuma imagem ou nenhuma semelhança' — nisso consiste toda a Torá, o resto é comentário." Ahad Ha'am explicava que essa "característica essencial do judaísmo" tornava "a consciência moral e religiosa independente de qualquer forma humana definida". O "ideal abstrato que não tem 'semelhança'" marca o judaísmo; essa devoção a uma idéia sem imagens persiste, na noção de salvação futura, como algo que "não tem uma forma concreta definida".[77] Implícita e explicitamente, esse mandamento moldou o utopismo judaico, incluindo o de Landauer. Os iconoclastas judeus apresentaram uma utopia abstrata e sem imagens — uma utopia sem projetos ou detalhes.

Landauer absorveu as conseqüências do segundo mandamento de outros pensadores judeus. Se o espiritualismo judeu e o utopismo abstrato vieram através de Buber, um outro amigo íntimo estimulou o seu ceticismo lingüístico. Landauer adotou a desconfiança lingüística de Fritz Mauthner, que hoje figura apenas em relatos sobre a vida intelectual do *fin de siècle* na Europa Central. Para aqueles que vêem o valor da sua obra como "ainda maior do que a do próprio Landauer", ele foi esquecido.[78]

Mauthner, um judeu tcheco, tornou-se, em Berlim, um jornalista de sucesso, especializado em caricaturas. No entanto, a sua paixão estava ligada a uma empreitada acadêmica mais séria, o estudo da linguagem. Nisso, obviamente, ele não estava só e pode ser situado em meio a um círculo maior de intelectuais da Europa central do *fin de siècle* como Karl Kraus, Ludwig Wittgenstein e os filósofos do Círculo de Viena, todos eles analistas dos limites da linguagem. Como diz George Steiner, "começando com Gênesis 11:11 e continuando com as *Investigações* de Wittgenstein ou com o mais recente, e ainda inédito, artigo de Noam Chomsky sobre a morfofonêmica no hebraico, o pensamento judeu desempenhou um papel relevante na mística lingüística, na cultura e na filosofia".[79]

Em 1901 Mauthner publicou o primeiro volume de uma série de críticas à linguagem. "O que perturbava Mauthner", escrevem Allan Janik e Stephen Toulmin em *A Viena de Wittgenstein*, era a tendência das pessoas de "atribuir realidade a termos abstratos e genéricos", que levavam não apenas à confusão intelectual mas, em termos práticos, à injustiça e ao mal. Mauthner reagiu à "feitiçaria política que ele viu ser exercida ao seu redor, através do uso de grandiosos termos abstratos como *Volk* e *Geist*".[80] Ele adotou um nominalismo radical que colocava em questão a verdade e a eficácia da linguagem. Assim como Wittgenstein, ele concluiu que o que era verdadeiramente importante não poderia ser pronunciado. Mauthner cita, com concordância, Maeterlinck: "Logo que temos realmente algo a dizer somos forçados a ficar em silêncio."[81]

O percurso das dúvidas de Mauthner sobre a linguagem começa em sua infância como judeu na Boêmia. Falando muitas línguas e, ao mesmo tempo, sem o domínio de nenhuma delas, ele acreditava não possuir "uma verdadeira língua materna". Ele se perguntava como um judeu "nascido na região eslava do Império Austro-Húngaro poderia ser levado ao estudo da linguagem", uma vez que ele ou ela teria de aprender simultaneamente três línguas: o alemão, a língua oficial e educacional, o tcheco, a língua dos camponeses, dos servos e da grande Boêmia, e o hebraico, a língua da Bíblia e a base do jargão judeu-alemão [*Mauscheldeutsch*]. A mistura dessas três "línguas distintas", lembrava ele em suas memórias, fazia com que a criança atentasse para a linguagem e suas armadilhas. Desde muito cedo, causava-lhe encanto que os objetos tivessem um nome em tcheco e outro em alemão.[82]

Mauthner escreveu uma série de contos, romances e tratados alfinetando as pretensões da linguagem.[83] Na história de abertura de uma coleção de contos de fadas, a sombria Nostalgia (*Sehnsucht*) supera obstáculos, montanhas, mares e tempestades na busca por sua irmã, a luminosa Verdade (*Wahrheit*). Quando a Nostalgia finalmente a encontra, ela a saúda e interroga em todas as línguas conhecidas, mas a Verdade não compreende, ela fala apenas uma língua desconhecida. A Nostalgia entristecida apresenta a sua querida filha, a Crença, a fim de que sua irmã lhe ensine os mistérios da sua linguagem. A Verdade conduz a Crença em um passeio, mas devolve a criança à Nostalgia com um livro de contos de fadas, que ela é nova demais para compreender. No entanto, à medida que a Crença cresce, ela acompanha a Nostalgia ao longo da vida, buscando, na natureza e na vida, "o conto de fadas da verdade" (*"das Märchenbuch der Wahrheit"*).[84]

Tanto nas suas obras mais curtas quanto nas mais longas, Mauthner martelava as inadequações da linguagem — particularmente do conceito de verdade, que ele considerava uma invenção dogmática. De maneira consistente, ele perseguia o que chamou de "desgosto inato por todos os pseudoconceitos [*Scheinbegriffen*]", incluindo o conceito de Deus.[85] A linguagem, dizia ele, é uma ilusão. Ele queria libertar a humanidade da sua "tirania".[86] Naturalmente ele percebeu que essa era uma tarefa quixotesca ou impossível: usar a linguagem para demonstrar a desesperança da linguagem. Será que a demonstração faria afundar a própria crítica? No início de sua obra em três volumes, *Kritik der Sprache* [*Crítica da linguagem*], Mauthner conta a história de um papa sob o flagelo dos percevejos. Nada funcionava em sua tentativa de se livrar deles, até que, um dia, ele consegue um pó considerado infalível. "Ele espalha o pó ao seu redor e se deita. Na manhã seguinte, todos os percevejos estavam mortos, mas também o papa. O que matou os percevejos matou o papa." Mauthner estava preparado para correr o risco.[87]

Separados por vinte anos, Landauer e Mauthner abordaram o mundo de maneira muito diferente. Eles discordavam em relação ao judaísmo, e as suas respostas contrárias à Primeira Guerra Mundial quase os levaram à ruptura. Mesmo assim eles percebiam uma profunda convergência entre si, trocaram mais de 600 cartas e escreveram uma série de obras em homenagem um ao outro. Landauer ajudou a editar o primeiro volume da *Crítica da linguagem* de Mauthner. *Die Sprache* [*A linguagem*], obra de Mauthner de 1906, publicada na coleção de Buber, era dedicada a Landauer, que, por sua vez, escreveu vários artigos e um pequeno livro, *Skepsis und Mystik* [*Ceticismo e misticismo*], sobre o seu amigo.[88] Quando Landauer leu *A linguagem*, ele concluía o seu livro para Buber e escreveu a Mauthner:

> Acabei agora de ler o seu livro com grande empatia. [...] Este livro [...] por vezes parece falar diretamente a mim. [...] Depois de ler o meu livro, você perceberá o quanto temos em comum, embora também verá, ao mesmo tempo, o quão diferente são as nossas visões do mundo. Meu objetivo primeiro é sempre prático, mudar a sociedade. Isso é o mais importante para mim, mesmo que [...], com freqüência, eu me questione sobre o quanto serei capaz de atingir. Espero que você sempre entenda o quanto as nossas visões são próximas, que você é uma parte de mim e que eu estou com você em espírito.[89]

Depois da morte de Landauer, Mauthner planejou escrever um livro sobre ele, como um símbolo de sua "nobreza".[90]

O que os mantinha tão intimamente ligados? Uma suspeita em relação à linguagem, um anarquismo visceral, um desafio às verdades convencionais e um imperativo místico. Para Mauthner, os dogmatismos religiosos e filosóficos reivindicavam a verdade perfeita. "Foram sempre os espíritos livres, os hereges na religião e na filosofia, que ampliaram a idéia de que todo o conhecimento humano se relaciona ao mais alto patamar, à verdade em si mesma."[91] Mauthner perseguiu essa intuição de maneira lógica e incansável. Na verdade, buscou-a até que as portas do misticismo se abrissem. Se o ceticismo e o misticismo podem parecer incompatíveis, para Mauthner e Landauer eles se alimentavam um ao outro. Mauthner se considerava "um místico sem deus" e escreveu, ao final de sua vida, um estudo em três volumes sobre o ateísmo na sociedade ocidental.[92] Um ceticismo profundo acerca das verdades fixas e da linguagem permitiu que eles vislumbrassem uma outra dimensão. Algo do mundo escapa à linguagem. Em seu estudo sobre o ateísmo, Mauthner declara: "A crítica da linguagem é a minha primeira e a minha última palavra. Olhando para trás, a crítica da linguagem é um completo ceticismo destrutivo; olhando para frente, brincando com as ilusões, ela é um anseio pela unidade, é um misticismo."[93]

Landauer direcionou essas idéias para um sentido mais político e social. "Você segue o seu caminho e eu o meu", escreveu ele a Mauthner, e eles prosperariam na sua amizade. Entretanto, para Landauer, "a crítica à linguagem pertence inseparavelmente ao que chamo de anarquismo e socialismo, eu não sei como poderia ser diferente".[94] Ele concordava com Mauthner em sua crença de que a linguagem não poderia ser capturada no mundo "em sua ausência de palavras e de expressividade" [*in ihrer Sprachlosigkeit und Unaussprechbarkeit*]. Para Landauer, a vida antecede e supera a linguagem: "O mundo é desprovido de linguagem." As palavras são, na melhor das hipóteses, um meio precário de se abordar a vida e as suas sensações. *Ceticismo e misticismo*, obra de Landauer dedicada a Mauthner, começa com uma longa e complexa parábola sobre as insuficiências da linguagem.

> Em um sonho um homem caminha ao longo de uma estrada e não sabe que está sonhando. Ele chega a uma montanha de bronze alta e sólida, que bloqueia o seu caminho; ela é tão brilhante que reflete o homem. Ele olha para si mesmo à pouca luz e diz espantado: "Isso é um espelho. Não vejo nada. Eu me vejo — nada." Uma voz grita: "Deixaste o mundo para trás?" "Sim", sussurra o homem. "Está feito." "Então olhe para mim. Por trás do seu reflexo, verás o mundo." O homem fixa-se no seu reflexo escuro e diz lentamente: "Eu vejo o mundo, mas não vejo nada." E afunda nos reflexos sombrios de si mesmo e do mundo.

A parábola continua com o homem acordando e partindo, perturbado mas feliz. Para Landauer, Mauthner provou que as cadeias lingüísticas escravizam o homem: "Será que todos os que tentaram traduzir os sonhos em palavras não sabem que o melhor deles é dissolvido e destruído quando se tenta modelá-los em uma linguagem?" Mesmo assim, a conquista de Mauthner — a sua demonstração de que a linguagem domina e distorce — não basta: "De que valeria a sua grande conquista, se todos os absolutos foram assassinados e todas as verdades destruídas?", pergunta Landauer. A iniciativa crítica deveria abrir caminho para o deleite e para o "jogo da vida". Ao quebrar as cadeias da linguagem não deveríamos nos tornar "sonhadores? aviadores? artistas? livres?". Para Landauer, a crítica de Mauthner sobre a deficiência lingüística "abre a porta" não apenas para o misticismo, como também para a "ação, a beleza e a vida."[95]

Assim como Buber e Landauer, Mauthner recorreu ao misticismo, mas, ao contrário deles, ele não se via como judeu. Landauer declarou ser tão judeu quanto alemão: "Sinto o meu judaísmo nos meus gestos, nas minhas expressões, no meu comportamento, na minha aparência" e em tudo que "eu começo e eu sou". Mas Landauer continuava dizendo que, em sendo judeu, ele era alemão. Ambas as identidades lhe eram essenciais, nenhuma delas era secundária.[96] Mauthner discordava dessa proclamação religiosa: "Sinto-me apenas alemão."[97] O ateísmo de Mauthner era intimamente ligado ao seu ceticismo filosófico e lingüístico, pelo menos em termos autobiográficos: "Como todo judeu em um país bilíngüe, eu não tinha uma verdadeira língua materna, de modo que, como filho de uma família judia completamente sem religião, eu também não tinha uma religião materna [*Mutterreligion*]." Essa declaração encontra-se em um capítulo de sua autobiografia intitulado "Sem linguagem e sem religião".[98]

O distanciamento de Mauthner de uma língua e de uma religião "maternas" pode ter moldado as suas idéias sobre um alemão correto e um alemão com influência iídiche, que por vezes era pejorativamente chamado de "*Mauscheldeutsch*". Assim como muitos dos judeus alemães assimilados — que rejeitavam a religião, a moral e os hábitos dos judeus do Leste Europeu —, o pai de Mauthner desprezava o "*Mauscheldeutsch*", considerando-o um dialeto grosseiro. Mauthner lembra que seu pai "combatia impiedosamente qualquer sinal" de jargão tcheco ou judeu, ele "lutava insanamente para nos ensinar uma língua alemã pura e exageradamente culta".[99] O filho herdou esse desprezo. As identidades lingüística e religiosa eram inextricavelmente ligadas. Se os judeus na Alemanha, escreveu Mauthner, "prestassem mais atenção em si mesmos, então eles teriam de reco-

nhecer que continuarão formando uma tribo enquanto continu-
arem a, mais ou menos, falar um jargão incompreensível aos
alemães não-judeus. O judeu somente se tornará um completo
alemão quando as expressões *Mauschel* se tornarem uma língua
estrangeira para ele".

Sander L. Gilman, em *Jewish Self-Hatred*, cita essa frase
para colocar Mauthner, juntamente com Karl Kraus, Herzl
e até Hitler, no grupo daqueles que viram os judeus como
os poluidores da cultura alemã. Gilman compara os judeus
críticos da linguagem com os anti-semitas que atacam os
judeus por contaminarem a imprensa. Os judeus "evitam
com afinco qualquer forma exterior imediata", declarou
Hitler, mas, "em meio a um *Gezeires* de sons e expressões
refinadas", eles "espalham o seu veneno nos corações dos
leitores".[100] Hitler se referia à imprensa liberal judaica e
Gilman encontra em Hitler ecos do grande crítico da imprensa, Kraus. Gilman acredita que "os críticos judeus" do
Mauschel, tais como Mauthner e Kraus, "não estão tão distantes" de Hitler.[101] Todos eles viram o dialeto judeu como
um alemão corrompido.

Gilman pode ter exagerado o caso, no entanto, ele aponta uma ironia ou uma contradição central na tradição judaica: a desconfiança e o fetichismo simultâneos em relação à
palavra. Mauthner pode ser o primeiro a testemunhar esse
fato. Se o seu ceticismo lingüístico foi extraído da sua experiência judaica, ele, não obstante, acusou os judeus do maior dos
pecados: a idolatria das palavras.[102] Ao judeu religioso pode
não ser permitido pronunciar o nome de Deus, escreveu ele,
mas ele também desenvolveu o "oposto correspondente": o
fetiche das palavras. O judaísmo tornou-se uma "religião de
palavras" [*Wortreligion*], uma preocupação com a palavra de

Deus no Talmude e na Bíblia. "Os 'eruditos' nas comunidades ortodoxas judaicas da Polônia confinam-se às santas escrituras da Bíblia. 'Aprender' em ídiche significa, às vezes, rezar e ler a Bíblia, e, às vezes, disputas teológicas, ou seja, a aplicação da lógica ao texto sagrado."[103]

Os judeus "sabem os termos e as melodias exatos para se dirigir ao Deus judaico", escreve Gilman, "mas eles também reconhecem a singularidade da superstição da palavra, através da qual eles não ousam falar o nome de Deus por medo da punição".[104] Esse fetiche ou tabu marca os grandes críticos da linguagem como Mauthner: uma obsessão pelas palavras e uma total rejeição a elas. A *Crítica da linguagem* de Mauthner começa com um estilo bíblico: "No início, não havia palavra". E continua: "Com essa palavra, a humanidade coloca-se no início do conhecimento e, se permanecer com a palavra, aí pára. Quem quer que queira dar um passo à frente — e mesmo o menor dos passos exige o trabalho intelectual de toda uma vida — deve tentar libertar-se das palavras e da superstição das palavras, deve tentar redimir o mundo da tirania da linguagem."[105]

Landauer concorda, mas, para ele, a redenção requer mais do que trabalho intelectual. Durante a Primeira Guerra Mundial ele participou de atividades pacifistas e antibélicas e, à medida que crescia a desilusão com a guerra, Landauer encontrou um novo público. "Não é culpa minha", notou ele em dezembro de 1917, que antes da guerra os seus textos parecessem praticamente "publicações privadas". Ele se levantou "um pouco cedo demais". Agora, com quase cinqüenta anos, ele tinha sido redescoberto e pretendia republicar e refazer muitos dos seus ensaios.[106] Com o fim da guerra em 1918, o antigo regime vacilava e levantes re-

IMAGEM IMPERFEITA

volucionários pululavam por toda a Alemanha. Um conhecido seu, Kurt Eisner, chamou Landauer para se juntar à Munique revolucionária. Eisner esperava que, com discursos e debates, Landauer pudesse ajudar na "transformação das almas". Landauer não pôde resistir e preparou-se para viajar até Munique. Escreveu a Buber no dia seguinte à sua conversa com Eisner, dizendo que a revolução deve gerar "um novo espírito a partir de novas condições" e pedindo a Buber que se juntasse a ele: "Há", dizia, "trabalho suficiente para ser feito."[107]

Ao longo dos meses seguintes, a reforma, a revolução e a contra-revolução lutaram frente a frente na Alemanha. Landauer desempenhou os papéis de orador, deputado e comissário em Munique. Uma revolução nunca teve muitas chances na conservadora Bavária, mas Munique continuava a se dirigir para a esquerda. Na primavera ganhou existência uma "república parlamentar", que escolheu Landauer como o seu comissário de "educação pública". O dia era 7 de abril de 1919, aniversário de quarenta e nove anos de Landauer, e ele escreveu a Mauthner: "Dê-me algumas semanas e eu espero realizar algo, mas é muito possível que eu tenha apenas alguns dias, e então isso terá sido um sonho."[108]

Landauer tentou reformar a educação, mas, obviamente, ele estava certo, foi um sonho.[109] Em uma semana, a tentativa de golpe executada por uma guarnição direitista de Munique contra a "república parlamentar" levou a mais uma reviravolta: a chegada ao poder de uma república parlamentar vermelha, que consistia em novos líderes ainda mais duros, como o comunista Max Levien. O escritor norte-americano Ben Hetch trabalhava como repórter naquela época e, encontrando-se em Munique, entrevistou alguns personagens-chave. Ele se recorda de que Landauer queria falar principalmente sobre Walt Whitman, que ele havia traduzido para o alemão durante a guerra: "'Toda criança bávara saberá, aos dez anos, Walt Whitman de cor', disse-me Landauer. 'Essa é a pedra fundamental do meu novo programa educacional.'" Mas a nova guarda, incluindo Levien, tinha outras idéias. Hecht se lembra de um discurso em que Levien, um entusiasta bolchevique, "latia e ameaçava" com a sua túnica russa, ao final do qual "anunciou precisamente: 'Não haverá mais poesia!'"[110]

Landauer retirou-se do governo, protestando contra o estilo comunista de revolução: "Eu compreendia a luta como a criação de condições que permitiriam a todos os homens participar dos bens e da cultura da Terra." As suas idéias, escreveu ele ao novo líder comunista, são "um pouco diferentes". Vi "a sua educação", "o seu tipo de luta" e como a realidade lhe parece. Landauer reconheceu que a rejeição, para ele e para os comunistas, era "mútua". Lamentou profundamente que apenas uma pequena parte da sua contribuição para "a cordialidade e o aperfeiçoamento, a cultura e o renascimento" tenha permanecido.[111]

Essa foi a última carta de Landauer. Ele pretendia retomar a sua vida literária, mas, duas semanas depois, Munique caiu diante das tropas brancas enviadas por Berlim para pôr fim à revolução. Em 1º de maio, ele foi preso na casa de Kurt Eisner. No dia seguinte, foi enviado para a prisão de Stadelheim, perto de Munique, onde soldados, em caçoada, primeiro o espancaram e depois mataram-no a tiros. O *New York Times* noticiou que "Gustav Landauer, ministro do esclarecimento", foi "assassinado por uma máfia" depois de ter sido encarcerado por tropas governamentais.[112] As últimas palavras de Landauer, narradas por Buber, foram: "Sim, espanquem-me até a morte! Pensem que são seres humanos!"[113] Ernst Niekisch, escritor e ativista político, preso mais tarde pelos nazistas, também estava em Munique naquela época. Ele descreveu a morte de Landauer em suas memórias, acrescentando que o seu assassinato "foi prova da extensão da bestialidade que reside na alma alemã e já anunciava os horrores posteriores do Terceiro Reich".[114]

Alguns meses antes, Landauer escrevera um novo prefácio para *For Socialism* que parecia prever a trajetória dessa experiência utópica. Datado como "Munique, janeiro de 1919", o prefácio encerra dizendo: "Morreremos em breve, todos nós morreremos. [...] Nada vive senão o que fazemos de nós mesmos, o que fazemos com nós mesmos. [...] Nada vive senão a ação de mãos honestas e o governo de um espírito puro e genuíno [*reinen wahrharten Geistes*]."[115] Esse pode ser um epitáfio muito apropriado, apenas o espírito permanece. Como que para confirmá-lo, a citação foi colocada na sepultura de Landauer alguns anos depois. Buber descreve o monumento como um "obelisco simples, mas imponente", que se ergue em meio às árvores, trazendo o nome de Landauer e uma citação de *For Socialism*. Quarenta e cinco anos depois, um biógrafo de Landauer foi até o cemitério e observou que "o monumento já não se encontra lá. Um homem chamado Dr. Morsbach jaz agora na sepultura".[116]

Em *For Socialism*, Landauer ridicularizou a idéia marxista da utopia como um "bócio gigantesco" no pescoço do capitalismo, denunciando o marxismo por venerar o vapor e a tecnologia. Landauer acreditava no espírito e na fraternidade: "Nós somos poetas", dizia ele, "queremos criar com o coração." Ele também não descreveria o futuro. "Não direi [...]

como a nova realidade que desejamos deve ser constituída como um todo. Não ofereço qualquer descrição de um ideal, qualquer descrição de utopia."[117] Em sua esperança pelo futuro e em sua simultânea recusa a descrevê-lo, Landauer situou-se no eixo central de uma rota alternativa — situou-se entre os utopistas iconoclastas judeus.

4. Um anseio que não pode ser pronunciado

Deus pronunciou todas as palavras que seguem:
Eu sou o Senhor teu Deus, que te libertou do Egito, do
antro de escravidão.
Não terás outros deuses além de mim.
Não farás para ti ídolos, nem figura alguma do que existe
em cima, nos céus, nem embaixo, na terra, nem do que
existe nas águas, debaixo da terra.

Êxodo, 20:1-4

A proibição contra a idolatria encontrada no Antigo Testamento aparece várias vezes e permite pouca latitude:

Não façais para vós falsos deuses. Não levanteis para vós ídolos ou colunas sagradas. Não coloqueis em vosso país nenhuma pedra esculpida para vos prostrardes diante dela, porque eu sou o Senhor vosso Deus.

Levítico, 26:1

Guardai-vos, pois, de esquecer-vos da aliança que o Senhor vosso Deus fez convosco, fazendo imagens ou figuras de tudo o que o Senhor vosso Deus vos proibiu.

Deuteronômio, 4:23

IMAGEM IMPERFEITA

Maldito seja o homem que fizer escultura ou imagem fundida, abominações para o Senhor, bem como obras de artífice, e as puser em lugar oculto! E todo o povo respondendo, dirá: Amém!

Deuteronômio, 27:15

Histórias de advertência e tentações da transgressão abundam notadamente na narrativa sobre o bezerro de ouro. O povo de Israel, impaciente com a ausência de Moisés, chamou Aarão "para fazer-nos deuses". Aarão pôs-se então a colher jóias de ouro, com o que esculpiu um bezerro de ouro e construiu um altar para celebrá-lo. Ele proclamou feriado e o povo reuniu-se para fazer oferendas ao bezerro de ouro. "Moisés retornou para junto do Senhor e disse: 'Oh! Este povo cometeu um grande pecado! Fizeram deuses de ouro'" (Êxodo, 32:31). O Senhor encheu-se de raiva com a transgressão e massacrou o povo.

Qual é o mandamento contra as imagens e quais são as suas conseqüências? "O segundo mandamento", escreve um estudo, "era uma inovação, revolucionária por seu caráter, que iria elevar a fé de Moisés acima das, até então, concepções ordinárias de divindade."[1] A proibição provavelmente não tem precedentes entre os povos antigos, ela distinguiu o judaísmo das outras religiões.[2] Os fiéis também pagaram um preço. Ao longo de milênios os judeus interpretaram, reinterpretaram e ignoraram esse mandamento. Especialmente em relação à arte, rabinos e especialistas ponderaram sobre como esse mandamento deveria ser aplicado. Quais as práticas artísticas por ele permitidas? "Há a arte judaica?", pergunta um acadêmico.[3] Será que o mandamento impediu o desenvolvimento da pintura judaica?

O verbete "pintura" da *Enciclopédia judaica*, publicada, em doze volumes, no início do século XX, contém oitenta palavras — pouco em comparação com, por exemplo, o verbete "poesia", que conta com cerca de oito mil. Ele diz:

> A arte menos desenvolvida entre os hebreus. Se se tem em mente que a interdição de Moisés às imagens afeta diretamente a pintura, não é de se surpreender que essa arte praticamente não seja mencionada no Antigo Testamento. Os afrescos em paredes incluem tão-somente entalhes em relevo, como no Templo, e desenhos traçados com ponta fina, cujos contornos eram coloridos (confira *Ezequiel*, 8:10, 23:14). As decorações em cerâmica também eram apenas desenhos com contornos coloridos.[4]

Uma clássica enciclopédia germano-judaica da década de 1930 dizia que a "arte judaica" não existia. A razão? Como o povo da diáspora, faltou aos judeus a estabilidade exigida e, como um povo "anti-helênico", eles se mantiveram fiéis à proibição do segundo mandamento. Os judeus valorizaram a conduta ética mais do que as formas harmônicas da arte.[5] É possível investigar tais sentimentos em suas origens e em seu futuro. Para alguns críticos (e judeus), a proibição fez com que os judeus permanecessem espiritualmente puros pela restrição às artes visuais. Um rabino alemão do século XIX propôs que, uma vez que "lutava" contra o paganismo, o judaísmo deveria tratar as artes plásticas (*Plastik*) como o seu "grande adversário" e "encontrar seus símbolos próprios apenas na esfera do espiritual". O judaísmo permite a poesia, "mas nenhuma forma de arte plástica pode levantar pensamentos sobre Deus, nenhuma estátua esculpida pode representá-Lo". O judaísmo, afirmava esse rabino, "é hostil às artes plásticas".[6]

O impacto do tabu contra as imagens na cultura judaica permanece um tema polêmico. Quase todas as recentes discussões sobre a proibição à idolatria defendem a arte judaica, tanto contra os amigos internos — judeus que a questionam — quanto contra os inimigos externos — por vezes anti-semitas — que negam a sua existência. Dúvidas de que os judeus tenham produzido arte, nota o acadêmico israelense Yaacov Shavit, pode parecer uma "surpresa" a qualquer um que conheça o "*corpus* da obra literária e artística criada pelos judeus, que abrange obras [...] de todos os tipos". No século XIX, no entanto, conta-nos ele, a noção de que os judeus não tinham arte e imaginação reinava suprema. Shavit identificou Ernest Renan, o historiador francês, como o expoente mais influente dessa idéia. Na medida em que formavam um povo do deserto árido e do monoteísmo estéril, os judeus, segundo Renan, não tinham criatividade.[7] "Essa teoria", escreve Shavit, "permeou inúmeros textos e voltou à tona como uma verdade irrefutável em obras de natureza científica, assim como em tratados ideológicos."[8]

Katman P. Bland, o professor de religião que se remete ao rabino alemão do século XIX para conclamar os judeus a resistirem ao paganismo visual, sustenta essa atitude, não pelos mandamentos, mas pela depreciação germano-judaica da dimensão pictórica. A injunção bíblica, por si mesma, "não consegue explicar por que a rejeição judaica aos ídolos, ao negar a existência da arte judaica, tornou-se a sabedoria convencional estabelecida na academia secular moderna. Ela não consegue explicar por que a idéia de uma rejeição judaica aos ídolos persistiu ao longo do século XX, apesar das aparentes evidências do contrário reunidas por um grupo de arqueólogos, etnógrafos, arquivistas e historiadores da arte". Para Bland, pressões pela assimilação e o anti-semitismo alimentaram esse erro dominante. Alguns intelectuais alemães, seguindo as máximas de Kant e Herder, menosprezaram as conquistas visuais judaicas, ao mesmo tempo em que anti-semitas, como Richard Wagner, afirmaram que aos judeus faltavam talento visual e imaginação.[9]

Para estabelecer a realidade de uma arte visual judaica, seus defensores começam, em geral, com uma avaliação da arquitetura dos templos, dos seus ornamentos e das iluminuras dos manuscritos, que podem ser inventariados ao longo dos séculos. Essa é a abordagem de Grabrielle Sed-Rajna, um especialista francês em arte judaica, que sustenta que o impacto do segundo mandamento foi "exagerado" e que, com algumas exceções, os judeus fomentaram as artes visuais.[10] No período moderno, o surgimento de artistas judeus identificáveis ou assumidos tornou a questão mais premente, à medida que os próprios artistas começaram a se perguntar sobre as realizações judaicas. Em um verbete um pouco mais longo sobre "arte pictórica", a antiga *Enciclopédia judaica* nota que "durante os últimos 150 anos, um certo número de judeus" dedicou-se à pintura. Além disso, o surgimento do cubismo e da arte pós-cubista levou a uma reviravolta. À medida que a arte abstrata fragmenta a forma humana, os observadores judeus vêem-na como mais aceitável. Algo da antiga proibição às imagens persegue a arte abstrata, declarou T. W. Adorno.[11]

Isso é verdade? Evidências de uma afinidade eletiva entre os judeus e a arte abstrata podem existir. Ao menos, numerosos artistas abstratos são de origem judaica. Em 1916, a sociedade etnográfica judaica da Rússia financiou dois jovens artistas, El Lissitzky e Isschar Ryback, em suas investigações sobre a arte das sinagogas de madeira ao longo do rio Dnieper, no sudoeste russo. Alguns anos depois, Ryback foi co-autor de um artigo-manifesto, "Os caminhos da arte judaica", que começava com um lema: "Vida longa à forma abstrata." Os seus autores atacavam o realismo russo e judeu, proclamando que "apenas através do princípio da arte abstrata [...] pode-se atingir a expressão da sua própria forma nacional. [...] A abstração, que é uma forma autônoma da pintura, não permite nenhuma outra forma [...] além da própria pintura, [...] a sua pura essência". O historiador da arte Avram Kampf cogita que, nesse manifesto, o segundo mandamento "nunca é evocado como uma justificativa" porque, na nova União Soviética, o senso comum ia duramente de encontro aos argumentos religiosos.[12]

Em suas viagens, com grande entusiasmo, Lissitzky e Ryback se depararam com os murais e as pinturas da sinagoga de Mohilev — todos eles atribuídos a Haim, o filho de Isaac Segal, de Sluzk. "Senti-me como uma criança ao despertar", lembrava Lissitzky, "abrindo os olhos e sendo surpreendido por libélulas e borboletas brilhando nos raios do sol".[13] Usando motivos populares e judaicos, Segal pintou as paredes com grande simplicidade, habilidade e imaginação — raposas, ursos, a Árvore da Vida, estrelas reluzentes que se transformam em flores, pássaros pescando peixes e tudo isso interligado por acantos floridos.[14] Dois críticos contemporâneos notaram que, uma vez que a arte judaica "permitia a decoração, mas não a ilustração", o artista judeu encheu o decorativo de imaginação. "A sinagoga de Mohilev, por exemplo, contém doze figuras do zodíaco, vários pássaros, serpentes, cidades, árvores etc. Sem a possibilidade de apresentar a figura humana, o artista transformou os seres humanos em animais e pássaros. Na verdade, eles não são animais, mas sim os símbolos da vida judaica."[15] Esses observadores poderiam estar descrevendo uma das obras de Marc Chagall, que, com efeito "adotou", mais tarde, Segal, o artesão de Mohilev, como o seu avô fictício.[16]

A arte e o utopismo brotam do mesmo solo e se confrontam ou desviam do mesmo tabu.[17] Não é por acaso que o *Spirit of Utopia*, de Ernst Bloch, começa com uma discussão sobre os ornamentos e a arte. No entanto, a questão aqui é mais o utopismo do que a arte. Quais foram as conseqüências da proibição das imagens para a tradição utópica, em geral, ou para o utopismo judaico, em particular? Essa questão quase não foi colocada e menos ainda desenvolvida. Uma recente coleção que trata do utopismo é tipicamente intitulada *Visions of Utopia*.[18] Sem dúvida, marcas visuais definem quase todas as utopias. Muitos estabeleceram em detalhes precisos o que deveria ser o futuro. "Não é nem um sonho vão nem uma vaidade inútil", declarou o utopista norte-americano do começo do século XIX J. A. Etzler, "desenhar uma imagem completa do que é facilmente alcançável por nós."

Em seu esforço de mostrar como uma comunidade pode alcançar "a maior soma possível de deleites, confortos e prazeres", Etzler apresenta, em *The Paradise Within the Reach of All Men* (1833), dimensões exatas do futuro: "Todo membro adulto de ambos os sexos deve ter um apartamento para uso exclusivo com vários cômodos, [...] cada um desses apartamentos privados se comunica [...] com a parte externa [...] através de uma porta até um corredor que percorre todo o edifício." O edifício terá cerca de trinta metros de largura e cada pessoa terá dois espaços, de doze metros de largura por sete de profundidade, divididos por um corredor, para o seu uso exclusivo. Se o edifício tivesse trezentos metros de profundidade por trinta metros de largura e dez andares, ele abrigaria quatrocentos apartamentos.

> Quatro desses edifícios reunidos em ângulos retos, de modo a formar um quarteirão de trezentos metros entre eles, poderiam, da maneira descrita acima, alojar 1.600 pessoas, deixando ainda, em cada uma das quatro esquinas, um quadrado de trinta metros, que, em seus dez andares, conteriam cada um quarenta cômodos de trinta metros quadrados: esses seriam usados como dormitórios para as crianças.

Etlzer também descreve como as cozinhas deveriam funcionar e como cada uma delas seria equipada com "caixas móveis", que guardariam "um tipo de mantimento para cada refeição da comunidade".[19]

Com poucas exceções, o utopismo judaico não apresenta esse tipo de detalhes e projetos. Sem marcas visuais, os utopistas judeus são facilmente desconsiderados. Duas antologias representativas das obras utópicas, *The Quest for Utopia* e *The Utopia Reader*, publicadas com um intervalo de quase cinqüenta anos entre si, não incluem essas obras.[20] Há um utopismo sem projetos? Como a proibição das imagens afetou o utopismo judaico? Há um utopismo que ouve, mas não

UM ANSEIO QUE NÃO PODE SER PRONUNCIADO

vê o futuro? Isso pode enfraquecer o futuro, mas será que o exclui do mapa? É possível um utopismo não projetista, mas iconoclasta?

Freqüentemente os pesquisadores levantam razões pragmáticas para a proibição das imagens: ela preserva a singularidade do judaísmo frente às outras religiões. O Deus do Antigo Testamento anuncia repetidamente o seu ciúme e, no esteio da proibição das imagens, Ele declara: "Não te prostrarás diante deles, nem lhes prestarás culto, pois eu sou o Senhor teu deus, um Deus ciumento" (Êxodo, 20:5). Isso é repetido regularmente: "Guardai-vos, pois, de esquecer-vos da aliança que o Senhor vosso Deus fez convosco, fazendo imagens ou figuras de tudo o que o Senhor vosso Deus vos proibiu. Pois o Senhor vosso Deus é fogo abrasador, é um Deus ciumento." (Deuteronômio, 4: 23-24).

Para alguns especialistas a proibição reflete a "tendência original israelita" contra a monarquia.[21] Para outros, ela serviu como uma medida tática de um povo do deserto rodeado por tribos com práticas rituais. O Deus invisível deu aos judeus exilados e impotentes propósito e consolação, argumenta Hermann Vorländer, professor de estudos sobre o Antigo Testamento.[22] "A proscrição contra a produção de imagens", escreve o acadêmico Joseph Gutmann, "deve, portanto, ser compreendida dentro do contexto de uma experiência seminômade. [...] O propósito da lei [...] parece ter sido assegurar a lealdade ao Jeová invisível e evitar que os nômades [judeus] criassem ídolos ou os adotassem das muitas culturas sedentárias com as quais entraram em contato".[23] Em *A imagem proibida*, o acadêmico francês Alain Besançon relaciona a proibição às "leis de pureza" ou aos esforços para manter os israelitas intocados por religiões estrangeiras.[24]

Defrontados com o mundo politeísta dos deuses egípcios de cabeças de gato e das divindades gregas que portavam tridentes, os profetas judeus ordenaram o monoteísmo e proibiram a adoração de imagens.[25] "Um povo insensato", declaram os parcialmente judeus *Oráculos sibilinos* sobre os egípcios, "que adora cobras, cães e gatos, venera pássaros e animais que rastejam no chão, imagens de pedra, estátuas feitas pela mão humana, totens à beira da estrada — esses são os seus deuses, esses e muitas outras coisas ridículas e impronunciáveis."[26]

A explicação prática para a proibição tem os seus limites, muitas outras estratégias poderiam ter sido buscadas para a preservação da autonomia frente a outras tribos. No entanto, o tabu reuniu uma série de noções interconectadas sobre o monoteísmo, a representação e a linguagem.[27] Para começar, ele implica um radical desencantamento do mundo. Max Weber, o grande sociólogo alemão, vislumbrou uma ética religiosa "racional" no judaísmo. Os profetas pregavam uma devoção puritana, antiidólatra e antimágica.[28] O Deus invisível não poderia ser persuadido por oferendas a um ídolo ou por uma atenção à astrologia. As proibições eliminaram a feitiçaria e a astrologia.

Flavius Josephus, o historiador judeu do primeiro século, apresentou evidências dessa ética racional. Ele recontou a história de um arqueiro judeu, Mosollam, o mais habilidoso do exército, que acompanhou as tropas de Alexandre até o momento em que pararam para que um adivinho lesse os movimentos de um pássaro. O augúrio aconselhava que, se o pássaro não conseguisse voar, o exército deveria parar; se o pássaro voasse para a frente, o exército deveria avançar; mas se o pássaro voasse para trás, o exército deveria retirar-se.

Mosollam não deu nenhuma resposta, apenas tomou o seu arco, atirou no pássaro, acertou-o e o matou. Como o vidente e os outros se irritaram [...], ele respondeu-lhes do seguinte modo: — Por que estão com tanta raiva em ter esse pássaro infeliz em suas mãos? Pois como poderia esse pássaro dar-nos qualquer informação verdadeira sobre a nossa marcha, se ele sequer pôde prever como salvar a si mesmo? Se ele fosse capaz de prever o futuro, não teria vindo a este lugar, pois temeria que Mosollam, o judeu, nele atirasse e o matasse.[29]

"O principal propósito de toda lei", declarou Moisés Maimônides, no século XII, em seu *Guia dos perplexos*, "era remover e, por fim, destruir a idolatria e tudo o que, por conseqüência, lhe é ligado, incluindo o seu nome e tudo o que poderia levar a qualquer uma dessas práticas; por exemplo, agir como um vidente ou como um mágico, que faz crianças atravessarem o fogo, que adivinha, observa as nuvens, faz encantos, feitiços ou perguntas aos mortos".[30]

Por partir de imagens e figuras, a própria linguagem, para Maimônides, sofre de idolatria. No entanto, os próprios profetas usaram uma linguagem que sugeria Deus como uma entidade humana, com dedos, lábios e voz. Seria isso uma transgressão? Essas formulações lingüísticas podem ser aceitas como um recurso retórico, segundo Maimônides, mas, na verdade, nós só podemos descrever Deus negativamente — pelo que ele não é. A linguagem gráfica deixa escapar a essência de Deus. "Não podemos descrever o Criador por qualquer outro meio exceto pelos atributos negativos."[31] Maimônides aproxima-se de uma conclusão que marcaria a filosofia judaica sobre a linguagem em geral — e sobre o utopismo em particular: a impossibilidade de se descrever Deus recomenda o silêncio. A concretude da linguagem escrita significa um fracasso em alcançar o absoluto, à qual uma comunicação inefável poderia escapar.

Maimônides reconta a história do Talmude em que o rabino Haninah ouve, por acaso, uma oração que incluía "Deus, o grande, o valoroso, o tremendo, o poderoso, o forte e o dominante". O rabino piedoso protestou: "Concluíste todos os elogios ao teu Senhor?" Então ele mesmo conta a parábola de um rico rei que possuía milhões de moedas de ouro: "Ele era admirado por possuir milhões de moedas de prata; então não seria isso, na verdade, uma depreciação?" Maimônides reflete sobre essa parábola e os insensatos que pensam poder elogiar Deus, para concluir a discussão declarando que a "glorificação de Deus não consiste em *pronunciar* o que não pode ser pronunciado, mas em *refletir* sobre aquilo que o homem deve refletir".[32]

Seis séculos depois, um outro Moisés, Mendelssohn, ponderou sobre essa proibição: "Já vimos como é difícil preservar as idéias abstratas de religião. [...] As imagens e hieróglifos levam à superstição e à idolatria." A humanidade sucumbiu a essas práticas vis.

> O homem, os animais, as plantas, as coisas mais hediondas e desprezíveis na natureza foram adoradas e reverenciadas como divindades. [...] Nos templos mais magníficos, construídos e decorados segundo todas as regras da arte, ao se procurar — para a vergonha da razão, como disse Plutarco — pela divindade ali adorada, encontrava-se no altar um horrendo macaco de rabo comprido; a esse monstro, jovens e virgens na flor da idade eram sacrificados. Tão profundamente a idolatria tornou desprezível a natureza humana![33]

Para Mendelssohn, as leis cerimoniais de Israel induziam os homens ao "conhecimento especulativo da religião e ao ensinamento da moralidade". Essa busca pela verdade era "em última instância removida de toda imagem, pois esse era o principal propósito e a lei fundamental da constituição".

Um século mais tarde, Hermann Cohen, um filósofo germano-judeu, tratou da proibição. Cohen, a quem Leo Strauss chamou de "o mestre" de uma geração de judeus com preocupações filosóficas, entrelaçou o monoteísmo e a proibição às imagens.[34] "Não se obtém uma verdadeira compreensão do monoteísmo", declarou Cohen, "se não se compreende a destruição da idolatria como uma necessidade implacável". A oposição entre um Deus único e muitos deuses é equivalente àquela entre "a *idéia* invisível e a *imagem* perceptível". Em seu póstumo *Religion of Reason*, Cohen voltou várias vezes a essa idéia: "O monoteísmo ensina que Deus não pode absolutamente ser um objeto passível de ser pensado através das instruções de uma imagem; [...] *é a prova do verdadeiro Deus que não possa haver uma imagem Dele.*"[35]

A fuga dos ídolos pode incluir a fuga da linguagem, que poderia, tão prontamente quanto as formas das artes visuais, tornar-se um fetiche. Mendelssohn temia que a própria linguagem escrita pudesse ser adorada — e seria. Alguns judeus acreditavam que as palavras ou os números poderiam desvendar os mistérios do universo:[36] a divindade estava "escondida nesses números, a que se atribuía poderes miraculosos". Esses filósofos sucumbiram à idolatria. "Por esse motivo", indica Mendelssohn, "havia apenas poucas leis escritas e mesmo essas não eram inteiramente compreensíveis sem as instruções e a tradição oral. [...] As leis não-escritas, a tradição oral, as instruções vivas de homem para homem, da boca para o coração, devem explicar, ampliar, limitar e definir mais precisamente o que [...] ficou indeterminado na lei escrita."[37]

O povo do livro também temia o livro; no mínimo as suas palavras poderiam enfeitiçar. A proibição às imagens pode abranger a linguagem escrita: "As próprias palavras que os homens usaram continham tanto imagens, quanto analogias", apresenta Leo Baeck, "e os homens tinham de lutar para alcançar palavras que fossem cheias de vida e, ainda assim, livres do mito. A imagem nas palavras não pode ser realmente uma imagem mas apenas uma pista, uma parábola." Baeck se refere às saudações no Êxodo, em que Moisés pergunta a Deus qual é o seu nome. Deus responde enigmaticamente: "Eu sou aquele que sou" (Êxodo, 3:13). Baeck explica: "Isso significa Ele para Quem nenhuma palavra ou nome é suficiente. A luta pela linguagem aqui se torna a luta *contra* a linguagem."[38]

Essas paixões contrárias — um amor e uma repulsa simultâneos às palavras — vêm à tona de modo ainda mais incisivo no judaísmo místico e cabalístico. Para os judeus místicos, cada palavra e cada letra da Torá são cruciais. Para os cabalistas, escreveu Scholem, "a Torá não contém uma única letra ou um único ponto supérfluo". O seu todo é um documento impecável. Scholem cita um comentário: "Omitir sequer uma letra ou um ponto da Torá é como remover uma parte de um edifício perfeito." Um sábio do segundo século se lembrava de uma sua visita, quando estudante, a um rabino mais velho: "Ele me perguntou: Meu filho, qual é a sua ocupação? Eu respondi: Sou um copista [da Torá]. E ele me disse: Meu filho, seja cuidadoso em seu trabalho, pois esse é o trabalho de Deus, se você omitir uma única letra ou acrescentar uma única letra, você destruirá todo o mundo."[39]

Um literalismo obsessivo coexistiu com uma crença mística no não-literal ou invisível, que, por vezes, tornava-se o seu oposto. A palavra escrita recua frente à oral. A letra é morta sem o espírito. Um cabalista do século XII apresentou uma metáfora elaborada sobre a Torá, na qual ela era composta pelo fogo branco e pelo fogo negro. O fogo branco compreende o rolo de papel da Torá antes das letras aparecerem; o fogo negro, ou a Torá escrita, constituem a tinta. "E então a Torá escrita pode tomar sua forma somente através do poder da Torá oral, o que significa dizer que, sem a Torá oral, ela não pode ser completamente compreendida." "Uma idéia muito abrangente!", comenta Scholem, à medida que "estritamente falando, não há uma Torá escrita". Ao contrário, apenas a "luz negra" invisível das leis orais torna a Torá palpável. Estranhamente Scholem não comenta sobre o nome desse cabalista: "Isaac, o cego."[40]

A tendência a enaltecer o oral não se manifesta apenas na Cabala ou no judaísmo místico, como delineia toda a tradição judaica. O ouvido tem mais poder que o olho. Por si só, a palavra escrita pode conduzir ao caminho errado, ela é gráfica demais. Tanto para os cabalistas quanto para os não-cabalistas, isso se aplica ao nome de Deus, que não deve ser escrito — ou não deve ser dito tal como escrito; muitos cabalistas consideram a "Torá de Deus" não simplesmente uma emanação de Deus, mas um desenvolvimento do nome de Deus. "Toda a Torá é um tecido de designações [...] de Deus", escreve um cabalista espanhol do século XIII. "Esses nomes sagrados são relacionados com o tetragrama YHVH e dependem dele. Portanto toda a Torá é, por fim, uma trama a partir do tetragrama."[41]

Para os judeus, a palavra hebraica de quatro letras, ou tetragrama, que designa Deus, YHVH (em geral traduzida como "o Senhor"), era sagrada demais para ser usada.[42] Scholem trata disso com um jogo de palavras (em alemão):

"É possível se aproximar, mas não pronunciar o nome de Deus." ["Der Name Gottes ist *an*sprechbar, aber nicht *aus*sprechbar"].[43] A proibição do uso ou da pronúncia do verdadeiro nome do Senhor pode contar uma longa história. A referência bíblica favorita, mais uma vez, é o Êxodo, na passagem em que Moisés pergunta a Deus o seu nome. "Deus disse a Moisés: 'Eu sou aquele que sou'" (Êxodo, 3:13-14). Deus é estritamente inominado. Na prática judaica, explica Louis Jacobs, "esse nome [YHVH] nunca foi pronunciado tal como é escrito, mas como *Adonai*, 'o Senhor'. Nos textos impressos, as vogais de *Adonai* eram colocadas sob as letras do tetragrama." (Eruditos cristãos iriam, mais tarde, equivocar-se ao combinar essas vogais com YHVH para derivar Jeová como o nome de Deus).[44] Para Judah Halevi, poeta e sábio do século XI, *Adonai* "aponta para algo que permanece em uma altitude tão imensurável que a sua real designação é impossível".[45]

Como pode um nome ser inominado? Os argumentos sobre o nome próprio ou os sinônimos de Deus causaram uma "amarga luta" de séculos de duração, declara Arthur Marmorstein em seu estudo sobre o nome e os atributos de Deus. Para os crentes, o nome de Deus foi ouvido apenas nos dias mais sagrados do sumo sacerdote no templo — e talvez nem sequer aí. Marmorstein relata que, no templo, o sumo sacerdote abafa o nome de Deus, como se ele fosse sagrado demais para ser escutado. "Mesmo no templo, a pronúncia não era clara. O sumo sacerdote tentava pronunciar o Nome de tal modo que as pessoas que ouviam a bênção não pudessem ouvi-lo distintamente." Uma fonte grega conta a história de Moisés, que entra no palácio real e acorda o rei. O rei, apavorado pede a Moisés que *"nomeie o Deus que o enviou"*, mas Moisés apenas sussurra o nome no ouvido do rei. Marmorstein explica: "O rei pediu o *Nome de Deus*. Moisés sussurrou-o, mas não o pronunciou."[46] Do Mixná, a compilação dos ensinamentos orais, vem o decreto de que, entre os condenados, está "o homem que pronuncia o nome [de Deus] tal como é escrito".[47]

Os nomes soam como dominação, como um esforço de controlar e limitar. A criatura superior nomeia a inferior. Adão nomeia os animais: "Cada ser vivo teria o nome que o homem lhe desse. E o homem deu nomes a todos os animais domésticos, às aves do céu e a todos os animais selvagens" (Gênesis, 2:19-20). Alguns textos rabínicos sugerem que o verdadeiro nome de Deus não pode ser empregado até a era da redenção: "O tetragrama é lido como *Adonai*, mas na época messiânica o nome será mais uma vez pronunciado como é escrito", resume um especialista.[48] Na mesma linha, um cabalista declarava que, na era do Messias, "a imagem e o seu objeto não serão mais relacionados". Não apenas o homem não terá mais contendas com o seu companheiro homem, mas também o mundo, segundo Scholem, "será um mundo sem imagens [...] um novo modo de ser surgirá que não pode ser pictoricamente representado".[49]

Essas idéias ecoariam naqueles que podem ser chamados de judeus utópicos de Weimar — intelectuais como Ernst Bloch, Gershom Scholem, T. W. Adorno e Walter Benjamin.[50] Todos eles rejeitaram — para generalizar grosso modo — compreensões científicas da linguagem como uma ferramenta ou um conjunto de sinais usado para a comunicação; todos eles fizeram avançar o que pode ser chamado de idéias messiânicas sobre a linguagem. Antes da redenção, a linguagem a incomunica, ela é menos um veículo da verdade do que um obstáculo a ela. Isso significa que, como na teologia negativa de Maimônides, a linguagem pode interromper o esforço de compreensão do absoluto. Um *ethos* de silêncio permeia a obra dos utopistas de Weimar. A difícil e densa obra de Benjamin *A origem do drama barroco alemão* recorre a Franz Rosenzweig: "O herói trágico tem apenas uma linguagem que lhe corresponde completamente: precisamente o manter-se em silêncio."[51] A mesma noção aparece em Scholem: "A 'verdadeira' linguagem", escreve ele em "Dez aforismos a-históricos da Cabala", "não pode ser falada."[52] Leo Strauss concorda. Em suas reflexões sobre a "boa sociedade", Strauss escreve que o judaísmo rabínico "sempre sustentou que a Torá escrita deve ser compreendida à luz da Torá oral ou não-escrita, e que a razão mais profunda disso é que a verdade mais fundamental não pode ser escrita ou sequer falada".[53]

A declaração de Adorno de que escrever poesia depois de Auschwitz é uma barbárie, incitou muitos comentários, mas a idéia é parte da sua própria elaboração do tabu sobre as imagens.[54] O absoluto — aqui a violência absoluta — não pode ser compreendido, ele exige o retraimento, talvez o silêncio. A recusa em nomear o absoluto preservou a possibilidade da redenção.[55] De modo análogo, a linguagem seduz pela ilusão de capturar a verdade. O que Adorno chamou de "ficção liberal da comunicabilidade universal de todo e qualquer pensamento" é algo a ser resistido.[56] Devemos manter a consciência da distância e dos abismos, da inabilidade de visualizar o absoluto: "O anseio materialista de compreender a coisa", escreveu Adorno em *Negative Dialectics*, tem como objetivo o oposto do idealismo: "É apenas na ausência de imagens que o objeto como um todo pode ser concebido. Tal ausência concorre com a interdição às imagens."[57] Para Adorno "o verdadeiro discurso da arte é a ausência de discurso".[58]

A interdição às imagens alimentou a "teoria crítica" da Escola de Frankfurt como um todo. Dos seus primeiros aos últimos escritos, abundam referências à redenção utópica e ao tabu às imagens. "A religião judaica", escreve Max Horkheimer (com Adorno) na *Dialética do esclarecimento*, "associou a esperança apenas à proibição de se chamar de Deus o que é falso, de se invocar o finito como o infinito (...). A garantia de salvação repousa na rejeição a qualquer crença que a substituiria: é o conhecimento obtido pela denúncia da ilusão."[59] Depois da morte de Adorno, um conhecido perguntou perplexo a Horkheimer por que o judaísmo não teve lugar no funeral. Horkheimer tentou explicar. Ele se perguntava se, caso Adorno tivesse vivido mais e planejado a sua despedida, as coisas teriam sido feitas de outro modo; fez então referência à declaração de Adorno sobre a poesia e Auschwitz, como uma demonstração da sua identificação com os judeus perseguidos. Indicou também que a mãe de Adorno era católica. "Por outro lado, eu devo dizer que a teoria crítica, por nós dois desenvolvida, tem as suas raízes no judaísmo. Ela se origina do pensamento 'Não deveis fazer imagens de Deus.'[60]

Mesmo os filósofos judeus do século XX que se mantiveram distantes do judaísmo desenvolveram a idéia do silêncio em face ao absoluto.[61] Toda a obra de Mauthner levava ao silêncio e ao misticismo. Uma seção da sua crítica à linguagem em três volumes tem como título "Silêncio" e, quando cita Maeterlinck, em tom favorável, sobre a necessidade do silêncio, ele antecipa a famosa última frase do *Tratactus* de Wittgenstein: "Sobre aquilo que não podemos falar devemos manter-nos calados."[62] O próprio Wittgenstein foi convencionalmente interpretado como um positivista que queria romper com a filosofia como uma empreitada literária. Se a sua obra deu sustentação a filósofos pragmáticos, comprometidos em purificar a filosofia da linguagem turva, a visão oposta, dele como um místico neo-judaico, pode ser mais esclarecedora.

Sem dúvida, tudo sobre Wittgenstein permanece obscuro, incluindo a sua religião e identidade sexual. Como diz o filósofo G. H. von Wright, o homem que sustentava que "'tudo que pode ser dito pode ser dito claramente' era ele mesmo um enigma".[63] Wittgenstein era uma alma complexa e conflitante, oriunda de uma família separada por brigas emocionais — vale lembrar que três de seus irmãos cometeram suicídio. Três de seus avós se converteram ao cristianismo e um Wittgenstein formalmente cristão refletiu, esporadicamente ao longo dos anos, sobre a sua judeidade ou a ausência dela.[64] Ray Monk, biógrafo de Wittgenstein, o vê obcecado por Otto Weininger, o judeu anti-semita e misógino que notoriamente cometeu suicídio em Viena aos vinte e três anos, pouco depois da publicação de seu livro, *Sex and Character*.[65] Weininger, que, por sua vez, converteu-se ao protestantismo, obviamente fascinava Wittgenstein. Em 1938, o cristão Wittgenstein e seus irmãos descobriram repentina e infelizmente que, aos olhos do Estado, eles eram judeus. Com o *Anschluss*, a incorporação da Áustria à Alemanha nazista, os Wittgenstein vienenses ficaram sujeitos às chamadas Leis de Nuremberg, que definiam os judeus puros como aqueles com três avós judeus. As crianças Wittgenstein passaram no teste.

Um amigo de Wittgenstein que buscou refúgio em Israel, Paul Engelmann, escreveu em 1967 uma autobiografia que desafiava a interpretação corrente de Wittgenstein como um positivista que tentava reduzir todo conhecimento a proposições verificáveis.[66] *A Viena de Wittgenstein*, livro de 1973, de Allan Janik e Stephen Toulmin, seguiu Engelmann e apontou, de modo persuasivo, que foram as preocupações éticas e místicas que conduziram a análise filosófica de Wittgenstein.[67] Engelmann salientava o *éthos* do silêncio que permeava a obra de Wittgenstein, que buscava proteger, e não negar, o inefável.

Em 1917, Engelmann enviou ao jovem Wittgenstein um poema de um poeta alemão do século XIX praticamente esquecido.[68] Esse poema instigou o filósofo nascente, que achou-o "magnífico", acrescentando: "Assim é que é: se não tentarmos pronunciar o que é impronunciável, então *nada* se perde. Mas o impronunciável estará — impronunciadamente — *contido* no que foi pronunciado!"[69] Baseado nesse e em outros comentários, Engelmann declarou:

> Toda uma geração de discípulos pôde tomar Wittgenstein como um positivista porque ele teve algo de enorme importância em comum com os positivistas: desenhar a linha entre aquilo sobre o que podemos falar e aquilo sobre o que devemos manter o silêncio. A diferença é que [...] o positivismo sustenta — e essa é a sua essência — que aquilo que podemos falar é tudo o que importa na vida. *Ao passo que Wittgenstein acredita passionalmente que tudo o que realmente importa na vida humana é precisamente aquilo sobre o que, no seu ponto de vista, precisamos nos silenciar.*[70]

Em uma carta sobre o *Tratactus* ao seu editor, Ludwig Ficker, Wittgenstein parece dar apoio ao argumento de Engelmann. Ele explica que o seu propósito é "ético":

IMAGEM IMPERFEITA

Antes eu quis incluir no prefácio uma frase que acabou por não estar lá, mas que eu gostaria de escrever a você. Eis o que eu quis escrever: Meu trabalho consiste em duas partes: uma primeira, apresentada aqui, e uma segunda, que eu *não* escrevi. E *é precisamente essa segunda parte que é mais importante.*[71]

A idéia de que o que é mais importante é o que não está escrito seria congênere aos judeus, crentes e não-crentes, de Maimônides a Mauthner. Com efeito, Wittgenstein vai ainda mais longe. Não apenas a parte essencial de seu livro está ausente, como a referência a essa ausência também está ausente.

Da proibição de se nomear Deus se desdobram inúmeras conseqüências, que vão muito além do escopo desse capítulo. A proibição sustentou um judaísmo oral, inefável e místico como o caminho para se evitar a idolatria da linguagem escrita. Os textos sagrados tinham sentidos duplos, o exterior e o interior. As verdades do texto escrito só poderiam ser reveladas por meio da tradição oral. De fato, o significado aberto e real de um texto poderia ser completamente oposto. A superfície pode iludir quanto ao interior. Obviamente, esse estado de coisas leva a muitos comentários: como se pode saber se o que está escrito é falso ou verdadeiro? Isso implica a discussão; isso requer o retorno à história da tradição oral.

Maimônides acreditava na superioridade dos ensinamentos orais e desconfiava do texto escrito. Segundo Leo Strauss, ele traiu esse princípio ao escrever o *Guia aos perplexos*; ele imprimiu verdades reservadas à transmissão oral. Não obstante, ele prestou atenção à relutância judaica em exprimir o inexprimível através de uma escrita velada e contraditória. Apenas os iniciados poderiam compreender. Maimônides ensina a verdade "não diretamente, mas secretamente". Desse modo ele permaneceu fiel à interdição de se nomear Deus. Strauss perseguiu essa lógica até a sua conclusão paradoxal: escrever o oposto daquilo que se acredita preserva a verdade! "Não há provavelmente melhor maneira de se esconder a verdade do que contradizê-la."[72] Compreender um texto, então, requer o mais cuidadoso esquadrinhamento de palavras e frases. O significado real pode contradizer o significado explícito.

A defesa de Strauss da verdade velada na tradição judaica não foi simplesmente uma apologia a uma prática passada ou idiossincrática, ele levou adiante uma noção muito próxima em seu ensaio "A perseguição e a arte de escrever". A verdade deve ser ocultada, tão-somente porque ela é perigosa. Os autores devem mascarar os seus argumentos "de tal modo que apenas um leitor muito cuidadoso possa detectar o significado". Nesse ensaio, escrito durante a Segunda Guerra Mundial, Strauss sustenta que o pensamento independente precisa ser protegido das autoridades opressivas e, algumas vezes, dos leitores não-filosóficos opressivos. Os autores de filosofia devem apresentar o seu argumento não no texto, mas "nas entrelinhas". Eles devem dar pistas no texto ou "limitar-se à instrução oral de um grupo cuidadosamente selecionado".[73] Chegar às suas verdades exige estudo cuidadoso.

Scholem apresenta uma reviravolta dialética na idéia paradoxal de Strauss de que o melhor modo de proteger a verdade é contradizê-la. Na versão de Scholem, as verdades são preservadas ao serem reveladas a um leitor que não as compreende. Elas não são abertamente contraditas, mas apenas salvaguardadas ao serem declaradas abertamente — talvez de modo análogo ao gatuno, que evita chamar a atenção ao vestir, e não ao esconder, a peça de roupa que furta. Expor a verdade a oculta. Em seus dez aforismos sobre a Cabala, Scholem escreve que "a natureza pública [*Öffentlichkeit*] das principais obras da antiga literatura cabalista é a garantia mais forte dos seus segredos". Ele explica que mesmo depois de aberto um tomo da Cabala, ela permanece como era, um livro fechado. Scholem pondera e pergunta: "Não temos aqui, mais uma vez, a política místico-anarquista na qual os segredos são mais bem protegidos pela expressão do que pelo silêncio?"[74]

Se Strauss apresenta uma análise tradicionalista da escrita velada e Scholem uma versão anarquista, talvez Max Horkheimer tenha contribuído com a perspectiva marxista. No mesmo ano em que Strauss produziu "A perseguição e a arte de escrever", Horkheimer publicou "Arte e cultura de massa". De maneira mais explícita que Strauss, Horkheimer situou suas idéias entre, de um lado, o nazismo e, do outro, as democracias anglo-americanas. Em uma situação em que as pessoas são aterrorizadas pelo Estado autoritário na Europa e hipnotizadas pelo capitalismo de mercado na América, ele se perguntava como a arte pode comunicar. Com efeito, definir a arte — e a filosofia — como comunicação condena-as a reforçar as respostas convencionais. "Os homens, tal como são hoje, compreendem-se uns aos outros. [...] À medida que as últimas obras de arte ainda comunicam, elas denunciam as formas prevalecentes de comunicação." O que isso significa para artistas e filósofos? Que isso pode exigir a formulação de verdades que não podem ser comunicadas: "A única esperança que ainda resta é a de que os ouvidos moucos na Europa implicam uma oposição às mentiras que são marteladas

UM ANSEIO QUE NÃO PODE SER PRONUNCIADO

sobre os homens por todos os lados". Portanto, conclui Horkheimer, "pode não ser inteiramente absurdo continuar a falar uma linguagem que não é facilmente compreendida".[75]

É claro que a sabedoria rabínica não é necessariamente mística, anarquista ou, obviamente, marxista, mas ela privilegia a transmissão oral do conhecimento, sem a qual o texto permanece fechado.[76] Mesmo o hebraico da Torá exige interpretação; à medida que as vogais lhe são ausentes, lê-lo implica fornecer sons e significados. Barry Sander explica que o hebraico "apresenta essa carga especial de responsabilidade ao leitor", que precisa examinar cada raiz para acrescentar-lhe as vogais. O leitor "precisa interpretar todos os significados possíveis, ao mesmo tempo ter certeza de que a palavra criada fará sentido no contexto da narrativa inteira". Pequenas variações nas vogais podem produzir "significados muito díspares de uma mesma raiz".[77]

José Faur, um especialista em Maimônides, coloca o problema da seguinte maneira: "A Torá incorpora dois níveis textuais: no nível escrito, o texto consiste apenas em consoantes e é, portanto, categoricamente ilegível; o texto vocalizado precisa ser transmitido oralmente e não pode ser reescrito." A "leitura" oral fornece as vogais e dá sentido ao texto.[78] Espinosa usou uma metáfora famosa para ilustrar essa distinção: as letras hebraicas são "corpos sem almas". As vogais são as "almas das letras". "Para tornar a diferença entre as letras e as vogais mais claramente inteligível, é possível explicá-la convenientemente pelo exemplo de uma flauta tocada com os dedos. As vogais são o som musical da flauta, as letras são as aberturas tocadas pelos dedos."[79]

Deslindar a verdade de um texto exige comunicação oral e ensinamentos — exige tocar e ouvir a flauta.[80] Não podemos ver a verdade escrita. Na melhor das hipóteses, devemos ouvir outros especialistas e estudantes que nos guiam em sua direção. Do mesmo modo, não podemos ver Deus, mas podemos ouvi-lo: "Ouve, oh Israel!" O deus do Antigo Testamento é o Deus das palavras, mas ele não pode ser visto. O senhor diz a Moisés: "Não poderás ver minha face porque ninguém pode me ver e permanecer vivo" (Êxodo, 33:20). Mais especificamente, o Senhor diz, ouve e comanda. "Há um contraste surpreendente", escreve Besançon, "entre a majestade dominadora e imprecisa das teofanias e a inequívoca familiaridade da palavra. [...] Discussões com Deus preenchem as vidas de Abraão, de Moisés e dos profetas. Deus é infinitamente consultado e responde infinitamente."[81]

Reemerge aqui o tema da relação judaica com as artes visuais e auditivas. A pintura engana, mas a poesia falada instrui. O olho ilude, mas o ouvido guia. Hermann Cohen considera "espantoso" o fato de que as fontes do judaísmo sejam literárias e as do politeísmo visuais. "A forma da poesia, a linguagem original da literatura, [...] pode dirigir espiritualmente o pensamento para o interior mais do que as artes plásticas."[82] Franz Rosenszweig, o filósofo germano-judeu do século XX, que tanto concordava quanto divergia de Cohen, acreditava que os judeus fossem atraídos pela poesia. Os judeus nunca responderam às artes visuais "sem algum receio". No entanto, "nenhum desses receios se aplicam à poesia". Para Rosenzweig, a poesia "fornece estrutura assim como o discurso". A poesia é "a arte mais vital e mais viva". Com efeito, Rosenzweig declara que, enquanto é possível ser um "ser humano completo" sem a pintura ou a música, "é impossível tornar-se humano" sem — ao menos por um momento — "compor poesia".[83] Não é de se surpreender que

Rosenzweig tenha traduzido a poesia de Judah Halevi e que ele tenha sentido afinidades com os seu ímpeto e o seu *páthos* religioso.[84]

Heinrich Gratz, o grande historiador do judaísmo do século XIX, apresentou o que ele considerava ser a essência da religião. Assim como Mendelssohn, ele enfatizava a tradição oral. O povo do livro era o povo do ouvido. "O judaísmo começou como uma negação, uma negação do paganismo." O pagão concebe Deus como "co-extensivo à natureza" e, portanto, adora a natureza. Para os judeus, no entanto, Deus precede e transcende a natureza.

> O pagão percebe o Divino na natureza através do olho e torna-se consciente dele como algo a que se deve ver. Por outro lado, para o judeu, que considera Deus como sendo exterior à natureza e anterior a ela, o Divino se manifesta através da vontade e do ouvido. Ele torna-se consciente Dele como algo a que se deve prestar atenção e ouvir. O pagão contempla seu Deus; o judeu O ouve.[85]

A visão, escreve Martin Jay, é o "principal sentido da era moderna". Todavia, a tradição judaica desafia a idéia habitual da visão ou da "luz" do esclarecimento como uma verdade definidora. (Com efeito, se há um "impulso antiocular" no pensamento pós-moderno francês, ele deriva do impacto de acadêmicos judeus franceses, como Emmanuel Lévinas).[86] A cor e a intensidade da imagem prendem o pensamento. A tela da utopia judaica é quase branca, pronta para ser preenchida — mas ainda não é. Ela é definida por um anseio sem imagens. "Alguém que é profundamente despertado", escreveu Bloch em *The Spirit of Utopia*, "deve fechar seus olhos."[87]

IMAGEM IMPERFEITA

Na vida cotidiana, o visual parece ser trivial — "você leva o que vê" —, mas a escuta exige interpretação e compreensão. Ver é imediato, ouvir é mediado. "O farfalhar de um animal nas folhas, os passos dos homens, o barulho de um carro que passa", escreve Hans Jonas, "indicam a presença dessas coisas através de algo que elas fazem." Quando escuto um cachorro latindo, "posso dizer que escuto um cachorro, mas o que eu escuto é o seu latido." Saber que um cachorro está presente exige inferência e interpretação, não é algo óbvio. Além disso, ao contrário da visão, o som é "dinâmico", ele intervém sobre o "sujeito passivo". Os ouvidos não podem divagar, nem se fechar como os olhos, eles não rodam, nem transladam. Os ouvidos estão sempre prontos a escutar. "A razão mais profunda para isso", escreve Jonas em "A nobreza da visão", "é o fato de que [ouvir] se relaciona ao evento e não à existência, ao vir-a-ser e não ao ser."[88]

Vários pensadores judeus desenvolveram ou confirmaram essa idéia.[89] Os judeus ouvem e o ouvir acontece em um *continuum* temporal. Através de seus ouvidos, como sempre, os judeus são atrelados à história. Ouve-se o tiquetaque do relógio da história: "O tempo, por sua própria natureza", escreveu Israel Eldad, um pensador messiânico do século XX, é "unidimensional. Isso não é verdadeiro em relação ao espaço. O que se viu no instante passado pode ainda ser visto uma segunda ou uma terceira vez. Mas quando algo é ouvido [...], não se pode ouvir novamente o que se ouviu em um instante passado." Daí surge "a responsabilidade por cada ato" e momento.[90]

"Por que razões então", pergunta-se Lionel Kochan em seu estudo *Beyond the Graven Image*, os judeus "conferem ao ouvido um *status* superior?" Ele responde: "Em função da capacidade do ouvido de receber e apreender uma mensagem verbal. [...] O olho é limitado, em seu poder de apreensão, a não mais do que a aparência superficial do objeto, o seu modelo, cor, forma e assim por diante. Quando tomada desse modo, a identidade do objeto pode não ser aparente." O ouvido não recebe uma mensagem apenas, ele registra a seqüência do tempo; o som requer duração. "É necessário esperar pelo momento em que o som (ou uma série de sons) se complete para que a sua importância possa ser avaliada."[91]

Isso pode ser crucial. O som inclui o tempo — e o tempo implica história. A visão é espacial e estática, escreve Jacques Ellul em sua famosa defesa de um iconoclasmo moderno: "Eu não preciso esperar para compreender o sentido do que vejo." Os sons "formam uma seqüência de impressões". Eles são temporais e nos inserem "em uma duração, mais do que em uma expansão". Entender a palavra falada exige que esperemos o final da seqüência. "O começo da frase já foi pronunciado e já se dispersou, o fim ainda não foi dito e ele dará sentido ao que foi dito no começo." Com os sons e as palavras faladas nos perguntamos: "O que vem a seguir?"[92]

Seria esse um elo com o utopismo iconoclasta judaico? Os judeus mantêm os seus ouvidos, e não os seus olhos, no futuro. Descrever o futuro é um sacrilégio, mas ele pode ser ouvido e ansiado. O som traz consigo a mudança imprevisível. Não sabemos o que virá a seguir, mas podemos ponderar e esperar pelo próximo acorde ou nota. "Os judeus foram proibidos de investigar o futuro", escreveu Walter Benjamin em seus últimos escritos. A Torá "tirou do futuro a sua mágica" ao ensinar aos leitores pela reminiscência. "Isso não implica, entretanto, que, para os judeus, o futuro tenha se tornado um tempo homogêneo e vazio. Pois cada segundo de tempo é uma porta estreita pela qual o Messias pode entrar."[93]

IMAGEM IMPERFEITA

Oitenta anos antes, Moisés Hess, o outrora camarada de Karl Marx, refletiu, em *Rome and Jerusalem*, sobre o "anseio irreprimível" pela "hora da redenção" dos judeus que sofrem. Ele recordava como o seu avô crente repulsava descrições sobre a sociedade futura: "Sempre que lhe falavam de planos para o futuro, ele lhes objetava, lembrando que nós, judeus, estando no exílio, não temos o direito de planejar o futuro, pois o Messias pode de repente chegar."[94]

A questão de uma orientação judaica em direção ao ouvido ou ao olho alude a um antigo debate associado aos termos "heleno" e "hebreu". Matthew Arnold faz, em *Cultura e anarquia*, uma exposição sobre a distinção entre o que chamamos de duas "forças" rivais na civilização, o helenismo e o hebraísmo. Ele não inventou essas categorias, simplesmente tomou-as de Heine, mas elas antecedem o poeta alemão em muitos milênios. Tertuliano, um teólogo romano do terceiro século, já perguntava: "O que então têm em comum Atenas e Jerusalém?"[95] Para Heine, "todos os homens são ou judeus, ou helenos" e, assim como Arnold depois dele, ele optava pelos gregos que celebravam a vida. Os judeus, ao contrário, eram moralistas que "odiavam as imagens" (*"mit asketischen, bildfeindlichen, vergeistigungssüchtigen Trieben"*).[96] Heine, nascido judeu, foi batizado em uma igreja luterana principalmente — ao que parece — para aumentar as suas perspectivas de emprego. Sua frase famosa dizia que "o certificado de batismo é o bilhete de entrada para a cultura européia".[97]

Já ao final de sua vida, Heine moderou o seu retrato do temperamento judeu. Talvez a doença terminal que o manteve preso à cama por muitos anos o tenha inspirado-o a mudar as suas visões. Ele recorda que, em sua última visita ao Louvre para despedir-se da Vênus de Milo, a adorável deusa grega decepcionou-o.[98] Ele explica então que seu "temperamento helênico" anterior havia sido repelido pelo "ascetismo judaico". Sua rejeição a Moisés se devia a não perdoá-lo por seu "ódio a todas as imagens e esculturas" [*"seinen Hass gegen alle Bildlichkeit, gegen die Plastik"*], mas agora ele havia compreendido que o próprio Moisés era um artista, não do tipo que produzia suas obras com tijolos e granitos, como os egípcios, mas um artista que criou "um povo, [...] Israel". Heine percebeu que "os gregos eram apenas belos jovens, mas que os judeus sempre foram homens fortes, resolutos, não apenas no passado, mas até hoje".[99]

O próprio Arnold se inclinaria mais tarde em direção ao hebraísmo, mas, em *Cultura e anarquia*, ele declara resolutamente que a Inglaterra contemporânea sofria da "longa predominância exclusiva do hebraísmo", um ascetismo que nega a vida e um moralismo inflexível.[100] O hebraísmo se concentrava estritamente na conduta e na ética, falava a linguagem da consciência rígida. Arnold associou o temperamento helênico ao seu próprio caráter "doce e luminoso", de que ele se orgulhava. O helenismo "vê" as coisas "em sua verdadeira natureza, tal como elas realmente são". Ele preza a harmonia e dá origem à arte grega.[101]

Há alguma verdade nessa oposição entre as dimensões visuais e auditivas? Será que a cultura grega vê e a cultura judaica ouve?[102] O tema está repleto de estereótipos e simplificações, mesmo assim algumas pistas que iluminam as duas abordagens culturais podem ser encontradas. Mesmo a linguagem, ao que se argumenta, registra tais diferenças. Segundo Walter J. Ong, em *Orality and Literacy*, o grego marcou um avanço sobre a escrita semita à medida que incluiu as vogais. O leitor das línguas semitas tinha de confiar em pistas externas — sobretudo em outros indivíduos — para obter os sons apropriados: "A escrita semítica ainda era muito imersa no mundo da vida humana não-textual." O grego marcou uma mudança do "som para a visão". O alfabeto grego era "mais distante" do mundo não-textual "do que deveriam ser as idéias de Platão". Ele "analisava o som de modo mais abstrato, em componentes puramente espaciais".[103]

A relação entre a poesia dos gregos e a dos hebreus também pode ser apresentada como uma evidência de duas tradições opostas. Platão, que expulsou os poetas de seu "estado bem-governado", é um caso em questão. Não podemos "admitir qualquer poesia em nossa cidade", decretou, pois, se aceitarmos "a doce musa da lírica ou da épica", a lei será destronada.[104] Para muitos críticos, a hostilidade de Platão frente ao gênero poético deriva de seu desejo de romper com as tradições homéricas e orais. Platão desafiou a tradição oral dominante, que, segundo Eric A. Havelock, era o meio da transmissão cultural até aquele momento. A tradição oral confiava na memória, no recital e em uma comunidade vigilante. Ao defender um "intelectualismo abstrato", Platão destruiu "todo um modo de vida". Ele pede aos homens que reexaminem a experiência comunal, em vez de meramente expressá-la.[105]

Em contraste a isso, a tradição judaica dá mais espaço aos gêneros orais e poéticos. Aqui, mais uma vez, pensadores como Franz Rosenzweig, um entusiasta da poesia, vêm à mente. O próprio Rosenzweig provavelmente seguia Herder que, em 1782, publicou *The Spirit of Hebrew Poetry*. Em uma linha tipicamente romântica, Herder elogiava os judeus por seu lirismo, que ele acreditava ser um produto do seu primitivismo. Eles eram mais próximos da infância da civilização e isso explicava o seu poder poético; a sua expressão espontânea da emoção não sofreu os revezes do tempo.[106] A "língua [hebraica] luta para se manifestar e chega a expressões fortes porque a sua linguagem não é enfraquecida e facilitada por uma multiplicidade de sons vazios e expressões metafóricas caducas."[107]

Em *Hebrew Thought Compared with Greek*, um teólogo norueguês acentuou as diferenças entre os dois estilos culturais, especialmente em relação à história. Seu livro, datado de 1960, foi duramente criticado, no entanto, os temas levantados por Thorleif Boman continuam encontrando ecos. Ele considera o pensamento grego estático, pacífico e moderado, ao passo que o hebreu é dinâmico, vigoroso e apaixonado.[108] Para os gregos, a visão era o sentido mais importante; para os judeus era a audição. As impressões recebidas pela escuta estão "em constante transformação", já as recebidas pela visão "são estáticas em princípio, porque o olho age como uma câmera". Boman resume as diferenças delineando duas figuras características: "O pensador Sócrates e o judeu ortodoxo em oração":

> Quando Sócrates era tomado por um problema, ele permanecia imóvel por um período indeterminado de tempo, absorto em pensamentos; quando a Sagrada Escritura é lida em voz alta na sinagoga, o judeu ortodoxo mexe todo o seu corpo incessantemente em profunda devoção e adoração. O grego experimenta o mundo e a existência de modo mais apurado enquanto pára e reflete, mas o israelita alcança o seu zênite no movimento incessante. O repouso, a harmonia, a compostura e o autocontrole — esse é o modo grego; o movimento, a vida, a profunda emoção e o poder — esse é o modo hebraico.[109]

Arnold quase concordaria. Ao menos quando escreveu, ele mesmo, um ensaio sobre Heine, alterou a valência dos elementos gregos e hebreus. O hebreu não implica simplesmente um moralismo inflexível, diz ele nesse ensaio, mas uma energia e um anseio inextinguíveis. "Nenhum trabalho sobre Heine", disse Arnold, "está completo se não notar nele o elemento judeu." Ele ensaia a diferença entre a mentalidade grega e a judaica, concluindo que, "por sua perfeição nas formas literárias, por seu amor pela clareza, por seu amor pela beleza, Heine é grego; mas por sua intensidade, por seu caráter indomável, por seu 'anseio que não pode ser pronunciado', ele é hebreu".[110]

Os utopistas iconoclastas judeus ansiaram pelo futuro, mas tocaram as raias do misticismo e do silêncio sobre ele. Não obstante, fragmentos e frases surgem das suas obras apontando para a harmonia e o deleite.[111] Traços utópicos aparecem até no Talmude legalista babilônico: "Três coisas são reflexos do mundo que está para vir", diz ele, "o sabá, a luz do sol e o *tashmish. Tashmish* de quê? Devo dizer da cama?" Um editor moderno explica que o *tashmish* da cama se refere a relações sexuais.[112] Não se encontram aqui imagens elaboradas do futuro, apenas alusões ao descanso, ao sol e ao amor.

O ascetismo visual dos utopistas judeus não implica uma renúncia à vida e às suas possibilidades. Ao contrário, a sua reserva pictórica sobre o futuro coexistiu com uma atenção ao presente. "Não ofereço qualquer descrição de um ideal, qualquer descrição de utopia", escreveu Landauer.[113] No entanto, Landauer acreditava que a vida de hoje molda a vida de amanhã. Nenhuma proclamação estridente, nenhum projeto de edifício, mas o amor e a solidariedade determinam o futuro. Nisso reside um elemento essencial do utopismo iconoclasta: a sua consideração pelo aqui e agora. Ele anseia pelo futuro e valoriza o presente.

O próprio Heine exemplifica esse *éthos*. Em virtude do seu "anseio indomável", Arnold o chama de hebreu. Arnold, no entanto, extrai essa conclusão de uma passagem de *Pictures of Travel*, que ele pensa revelar um lado contrastante do poeta. Ele justapõe ao "anseio" de Heine um Heine "cômico", que descreve a alegria dos judeus com os prazeres ordinários do cotidiano. Todavia, essas eram atitudes menos opostas do que complementares. A passagem de Heine diz o seguinte:

> Vive em Hamburgo [...] um homem chamado Moisés Lump — os amigos, para abreviar, chamam-no de Lumpy — e ele vai para cá e para lá, durante toda a semana, com vento ou chuva, com uma bolsa nas costas, para ganhar alguns marcos. Bem, quando chega a noite de sexta-feira, ele volta para casa, encontra o lustre com suas sete lâmpadas todas acesas e uma toalha branca limpa sobre a mesa; ele se livra da sua bolsa e de suas mágoas, senta-se com a sua esposa encurvada e com sua filha encurvada, come com elas um peixe cozido em um bom molho de alho, canta as mais belas canções do rei Davi e se deleita com todo o coração. [...] Ele fica satisfeito, também, porque todos os malfeitores que fizeram coisas ruins com as crianças de Israel morreram finalmente, porque os reis-faraós Nebuchadnezzar, Haman, Antíoco, Tito e outros do gênero estão todos mortos, e porque Lumpy ainda está vivo e come peixe com sua mulher e sua filha. E vou lhe contar, doutor, os peixes são deliciosos e o homem é feliz. [...] E eu posso lhe dizer que, se acontecer de as lâmpadas ficarem sujas e se a mulher, que deve limpá-las, não estiver disponível, e se acontecer de o grande Rothschild vir com todos os corretores, varejistas, atravessadores e gerentes [...] e lhe dizer: "Moisés Lump, peça o que quiser que lhe será dado", doutor, eu creio que Moosés diria, calma e tranqüilamente: "Limpe as lâmpadas, então!"[114]

Essa comédia não é uma piada. O compromisso utópico com o futuro coexiste com um envolvimento com o aqui e agora.

Desfruta-se das delícias do presente e se anseia por um futuro ainda mais delicioso. Ambos. Quase que para ilustrar essa atitude, em outro momento de *Pictures of Travel*, Heine reflete sobre as saudações matutinas do seu companheiro de viagem: "Será um bom dia!"

> "Sim — será um bom dia", ecoava lentamente o meu coração em súplica, enquanto estremecia de pesar e deleite. Sim, será um belo dia, o sol da liberdade aquecerá o mundo com uma alegria mais emocionante do que aquela que vem das frias estrelas aristocráticas; surgirá uma nova raça, gerada no seio da livre escolha e não no leito da compulsão, sob o controle dos cobradores de impostos; e com o nascimento livre, surgirão na humanidade pensamentos livres e sentimentos livres dos quais nós — pobres nascidos servos — não temos sequer idéia.[115]

Ao agraciar o hoje, os utopistas iconoclastas abrigam esperanças ardentes do amanhã, esperanças de um mundo de vidas e paixões mais livres. Pistas, fragmentos e suspiros — não projetos — sustentam essa esperança.

Há quarenta anos, Kurt Wilhelm, um rabino e acadêmico, destilou das obras judaicas a idéia de uma humanidade futura vivendo em paz e harmonia. Ele cita as palavras de Isaías de que as nações "forjarão de suas espadas arados e de suas lanças, podadeiras. Uma nação não levantará a espada contra outra e não se adestrará mais para a guerra" (Isaías, 2:4), ao que acrescenta: "Então Isaías, o contemporâneo dos reis cuja falta de fé gerou desilusão após desilusão, pôde retratar o futuro da humanidade."[116] Ainda hoje a desilusão extenua esse impulso. Não apenas as mortes causadas pelos homens, mas também a prosperidade causada pelos homens, destroem os alicerces da especulação utópica. O sofrimento próximo ou distante, por um lado, e a abundância ansiosa, por outro, envenenam a sua fonte. Muitos, obviamente, acreditam que o eclipse dos utopistas iconoclastas assinala um grande avanço. Para esses observadores, a extinção do utopismo livra o mundo de uma maldição. Mas um mundo sem anseios utópicos é desesperado. Para a sociedade, assim como para o indivíduo, ele significa uma viagem sem bússola.

O utopismo não requer projetos. A esse respeito, o protesto de liberais antiutópicos como Karl Popper e Isaiah Berlin é preciso. Os projetistas tiveram o seu momento. Mas, se eles constituem uma parte maior da tradição utópica, eles não a exaurem. Uma escola menor de utopistas iconoclastas judeus resistiu a apresentar dimensões precisas para o futuro. Em uma casa bem administrada, eles abrem uma janela para deixar a brisa entrar. No farfalhar dos objetos e na refrescância da face, a brisa pode ser ouvida e sentida, mas não vista. Mas o invisível não é irreal, nem deixa de ser essencial. Ao contrário. Se o nome de Deus é impronunciável e o retrato de Deus não se pode pintar, um futuro de paz e felicidade — um mundo sem ansiedade — pode não ser descritível. Ouvimos sobre ele em parábolas e pistas. Ele fala a nós, talvez de modo mais urgente do que nunca.

Epílogo

"Quando comecei a investigar as utopias históricas", explicava Lewis Mumford há quase cinqüenta anos em seu novo prefácio a *The Story of Utopias*, "eu procurava descobrir o que faltava e definir o que ainda era possível."[1] Esses sentimentos inspiram os meus esforços neste livro: assinalar o que falta e sugerir o que é possível. O "e" deve ser sublinhado, pois, de outro modo, o projeto de traçar o que se perdeu se torna um antiquarianismo, uma coleção de cartões-postais do passado sem razão de ser. Ainda que essa atividade possa satisfazer e instruir, esse não é o meu objetivo — ou, ao menos, não é o meu único objetivo.

Indicar o que é possível exige que se entre no terreno das opções políticas. Quase que por definição, entretanto, o pensamento utópico mantém uma distância do vaivém diário da vida política. Ele não se ocupa com os temas do momento, sejam eles as eleições, o sistema de saúde nacional ou a paz e a guerra no Oriente Médio. Se o fizesse, ele perderia seu compromisso com uma esfera que ultrapassa as escolhas imediatas. Qual é o projeto que soluciona o engarrafamento no trânsito urbano? O desemprego endêmico? A poluição mundial? A guerra civil no barril de pólvora da África? Na medida em que o pensamento utópico fala diretamente dessas crises, ele trai o seu coração e a sua alma.

Contudo, paradoxalmente, o oposto também é verdadeiro. Na medida em que o pensamento utópico permanece transcendental, ele trai o seu coração e a sua alma. O pensamento utópico consiste em mais do que devaneios e rabiscos. Ele surge de e retorna a realidades políticas contemporâneas. Tal como vejo, essa contradição define o projeto utópico: ele participa ao mesmo tempo das escolhas limitadas do hoje e das possibilidades ilimitadas do amanhã. Abre duas zonas temporais: a que nós habitamos agora e a que pode existir no futuro. Sequer isso é algo extraordinário na história do utopismo. Ao menos desde a *Utopia* de More, as crises contemporâneas motivam o autor utópico que sonha com um outro mundo.

A *Utopia* de More foi escrita em duas partes. O primeiro livro trata com coragem da pobreza, da pena de morte e das desigualdades econômicas na Inglaterra do século XVI. "Faça renascer a agricultura e a indústria têxtil", aconselha o visitante de Utopia, "de modo a haver trabalho honesto e útil suficiente para o grande exército de desempregados. [...]. Até que se endireitem essas coisas, não se estará em posição de se vangloriar da justiça imposta aos ladrões", que não têm outra escolha a não ser roubar para comer.[2] Apenas no segundo livro More projeta a sua sociedade utópica. De maneira significativa, More escreveu o segundo livro antes do primeiro. A idéia utópica precede o programa político. A relação entre os livros 1 e 2 em More revela a tensão no pensamento utópico entre "a crítica do que é e a representação do que deveria ser".[3]

O problema hoje é como ligar o pensamento utópico com a política cotidiana. Como os sonhos sobre "o que deveria ser" se relacionam com "o que é"? O fim da Guerra Fria não trouxe a paz e a prosperidade mundiais prometidas. O mundo, agora chamado de "pós-11 de setembro", parece sombrio, sangrento e instável. Há espaço para uma política utópica ou mesmo para um sonho utópico? Certamente deve-se resistir à tentação do narcisismo histórico — a tentação de se pensar que esse momento histórico é único em sua crueldade. A *Story of Utopias*, de Mumford, pode ter sido um projeto originado durante os anos de otimismo que antecederam a Primeira Guerra Mundial, mas o próprio Mumford manteve-se em batalha, tanto nas décadas brilhantes quanto nas sombrias. Ao final de sua vida, em 1990, ele advertia sobre a aniquilação nuclear e o imperialismo tecnológico. Ainda assim, uma visão utópica estimulava sua política e sua crítica prática — estimulava até seu pessimismo.[4]

A dificuldade em esmiuçar uma política contemporânea é especialmente intrincada para os utopistas iconoclastas que apresentei. Eles evitam o programa positivo e se especializam nos negativos: "Uma vez que nós não podemos projetar a imagem da utopia", escreve Adorno, "uma vez que nós não sabemos qual seria a coisa certa a se fazer, sabemos exatamente [...] o que é a coisa errada." E isso significa "que a coisa certa se determina através da coisa falsa".[5] Ainda que pareça esotérica, essa lógica hegeliana é prática, intuitiva e política. É esse o motivo porque tantos slogans políticos são formados negativamente: "Pare a guerra agora!" ou "Fim ao racismo!" O que se segue ao fim da guerra ou ao fim do racismo? Isso não é claro, mas também é menos importante do que a eliminação do mal. A "negação" do falso — aqui a guerra e o racismo — permite que o verdadeiro se desenvolva.

Sem uma condição concreta para negar, os impulsos utópicos parecem vagos. Sem um contexto político específico, eles parecem sem substância. É possível desejar a paz mundial sem desmantelar a máquina de guerra contemporânea? É possível querer a prosperidade mundial sem dar fim às desigualdades econômicas selvagens? Próximo à conclusão de sua obra em três volumes, *O princípio esperança*, Ernst Bloch comenta que "o homem deseja e quer ao longo de toda a sua vida, mas se tiver de dizer o que quer absolutamente [...] não encontrará uma resposta". Muitos contos de fadas, nota Bloch, refletem essa verdade. Em "A pequena arca do tesouro", de Hebel, uma fada concede a um casal pobre três desejos. Ao se projetarem em sua felicidade futura, a esposa cozinha batatas e nota: "Se ao menos tivéssemos salsicha frita para acompanhar..." A melhor salsicha aparece instantaneamente. A perda de um desejo enfurece o marido, que deseja enfiar a salsicha no nariz da mulher. Obviamente, o terceiro desejo é usado para tirar a salsicha.[6] Para os cínicos ou céticos, a conclusão é imediata. As pessoas não sabem o que querem, ou ainda, o que querem é específico e banal, elas desejam esse prato de comida ou aquele par de sapatos. A utopia morre no empobrecimento dos desejos.

Mesmo assim, uma outra conclusão é possível: os desejos utópicos precisam ser situados em contraposição a algo. Uma escola perfeita, por exemplo, deve ser posicionada em contraposição às escolas fracassadas dessa sociedade. Além disso — e isso é decisivo —, o utopismo demanda coragem e audácia no sonho. Essa é uma atitude que não surge automaticamente em um indivíduo. Mais especificamente, o devaneio utópico é uma planta frágil, uma presa fácil do clima reinante. Ela precisa de proteção, cuidado e calor. Hoje o vento sopra forte, o frio chega mais cedo. O mundo pós-11 de setembro — cheio como está de ameaças reais e imaginárias, Estados belicosos, cara abundância, pobreza brutal e guerras civis — destrói as bases do impulso utópico.

EPÍLOGO

Outrora, os estudantes sonhavam em curar as doenças da sociedade; agora — baseado nos meus alunos —, eles sonham em ir para boas faculdades de direito. Não sou o único a notar e a lamentar que, na vigília do 11 de setembro, os Estados Unidos perderam uma oportunidade histórica. Em vez de se voltar para o idealismo latente dos jovens e conclamar por uma nova unidade de paz ou algum compromisso semelhante, os fuzileiros só queriam pôr as mãos nos vilões. Somos treinados para continuar comprando e para prestar atenção em pacotes suspeitos. A resposta americana de atirar primeiro e investigar depois repete uma tendência a não abrir mão, a trocar sonhos utópicos por sistemas de segurança para a casa. Por todos os lugares impera o mesmo modo de pensar. Quem pode acreditar que uma máquina de terraplanagem armada, que derruba os lares palestinos, contribui para gerar um Oriente Médio harmônico? Uma única apresentação da orquestra West-East Divan, fundada por Daniel Barenboim e Edward Said para jovens músicos palestinos e israelenses, faz mais pela paz do que com ações "antiterroristas": ela emite uma faísca de utopismo.

Ligar uma paixão utópica a uma política prática é uma arte e uma necessidade. Mas, com o estreitamento das alternativas políticas, isso pode ser mais difícil do que nunca; não obstante, eu acredito que possa e deva ser feito. Sem um impulso utópico, a política se torna pálida, mecânica e freqüentemente sisifista: ela conserta os vazamentos, um por um, enquanto os anteparos cedem e o navio afunda. Certamente os vazamentos devem ser estancados. Contudo, talvez precisemos de uma nova embarcação, uma idéia facilmente esquecida quando os níveis de água sobem e a tripulação e os passageiros entram em pânico.

Uma política com direção utópica não precisa se limitar a exigências do tipo "Pare a guerra agora!" ou "Pare de matar!" — ou algo tão chamativo quanto isso. O mundo não sofre apenas com guerras desumanas, mas também com um meio ambiente degradado, serviços médicos limitados, desemprego e assim por diante. Hoje essa crise parece insolúvel, mas essa é uma observação política, e não técnica. Temos meios de produzir automóveis eficientes com acessórios luxuosos, podemos colocar um veículo de alta tecnologia, que se move com precisão, em Marte, mas não conseguimos reunir a vontade ou os recursos para corrigir uma ordem social defeituosa. As conseqüências humanas desse fracasso — muitos deixados para trás e muitos prejudicados — fazem com que os que têm sorte se escondam atrás de seus altos portões. Esse não é o único caminho. É possível, e até mesmo necessário, tomar parte nas questões urgentes do dia-a-dia enquanto se mantém um ouvido, para não dizer um olho, no futuro, quando, como Fourier talvez tivesse dito, toda a Terra será "trazida sob a asa" de uma borboleta.[7]

Notas

À exceção dos locais mencionados, todas as traduções do alemão são minhas.

Prefácio

1. Lewis Mumford, *The Story of Utopias* (1922), Nova York, Viking Press, 1962, p. 307, I (edição revisada).
2. Ovídio, *The Metamorphoses*, tradução de Horace Gregory, Nova York, Signet, 2001, p. 33.
3. Frank L. Baum, *The Emerald City* (1910), Nova York, Dover Publications, 1988, p. 30-31 (reimpressão).
4. Alfred Rosenberg, *The Myth of the Twentieth Century* (1930), Newport Beach (Califórnia), Noontide Press, 1982, p. 333 (reimpressão).
5. "Remarks by undersecretary of Defense for policy Douglas Feith to the Council of Foreign Relations", *Federal News Service*, 13 de novembro de 2003.
6. Confira em geral Roxanne L. Euben, *Enemy in the Mirror: Islamic Fundamentalism and the Limits of Modern Rationalism*, Princeton (Nova Jersey), Princeton University Press, 1999, p. 53-92.
7. Qutb *apud* Paul Berman, *Terror and Liberalism*, Nova York, Norton, 2003, p. 86.
8. Malise Ruthven, *A Fury for God: the Islamist Attack on America*, Nova York, Granta Books, 2002, p. 90-91.
9. Sayyid Qutb, *Social Justice in Islam*, Oneonta (Nova York), Islamic Publications International, 2000, p. 90-91.

10. Confira a discussão sobre o documento em Ruthven, *A Fury for God*, p. 37. O texto completo foi disponibilizado em várias páginas da internet, como, por exemplo, <http://abcnews.go.com/sections/world/DailyNews/attaletter_1.html>.

11. Max Horkheimer e T. W. Adorno, *Dialectic of Enlightenment*, tradução de John Cumming, Nova York, Herder and Herder, 1972, p. 64.

12. Jacques Ellul, *The Humiliation of the Word*, Grand Rapids (Michigan), William B. Eerdmans, 1985, p. 115, 94.

13. Darly Hepting, "What's a picture really worth", disponível em <http://www2.cs.uregina.ca/~hepting/proverbial>.

14. Hugo Bergmann, "Die Heiligung des Namens", em *Von Judentum: ein Sammelbuch*, editado pela Verein jüdischer Hochschüller Bar Kochba, em Praga. Leipzig: Kurt Wolff Verlag, 1913, p. 32-43. A coleção também inclui um ensaio de Landauer.

15. John Felstiner, *Paul Celan: Poet, Survivor, Jew*, New Haven (Connecticut), Yale University Press, 2001, p. 153. Celan disse ter "crescido" com os escritos de Landauer (e Peter Kropotkin); confira o seu discurso "The Meridian", em J. Felstiner (ed.), *Selected Poems and Prose of Paul Celan*, Nova York, Norton, 2001, p. 403.

1. Uma brisa anárquica

1. "South Africa confronts landless poor, and a court sends them packing", *New York Times*, 12 de julho de 2001.

2. Confira, em geral, Everett W. Macnair, *Edward Bellamy and the Nationalist Movement, 1889 to 1894*, Milwaukee, Fitzgerald Co., 1957.

3. Edward Bellamy, "Looking forward", *The Nationalist*, 2, nº 1, dezembro de 1889, p. 4; "Chicago's advance", *The Nationalist*, 3, nº 2, fevereiro de 1890, p. 98; "A $ 4.000.000 lesson" (sobre o apagão e o incêndio em Boston), *The Nationalist*, 2, nº 1, dezembro de 1889, p. 69. Confira Arthur Lipow, *Authoritarian Socialism in America: Edward Bellamy and the Nationalist Movement*, Berkeley, University of California Press, 1991.

NOTAS

4. Condorcet, *Tableau historique des progés de l' esprit humain*, Paris, G. Steinheil, 1900, p. 189. Sobre Condorcet, confira Frank E. Manuel e Fritzie P. Manuel, *Utopian Thought in the Western World*, Cambridge, Harvard, 1979, p. 487-518.

5. Confira Daniel P. Resnick, "The Société des Amis des Noirs and the abolition of slavery", *French Historical Studies*, 7, n° 4, outono de 1972, p. 558-569.

6. Confira Leon Cahen, "La Société des Amis des Noirs et Condorcet", *La Révolution Française*, 50, janeiro-junho de 1906, p. 480-511, e J. Salwyn Schapiro, *Condorcet and the Rise of Liberalism*, Nova York, Harcourt, Brace and Co., 1934, p. 148-152.

7. Condorcet, "Rules for the Society of the Friends of Negroes" (1788), em I. McLean e F. Hewitt (eds.), *Condorcet: Foundations of Social Choice and Political Theory*, Hants (Reino Unido), Edward Elgar, 1994, p. 343. "A tendência prática do abolicionismo francês ganhou uma expressão mais desinteressada na obra de Condorcet [...] o mais eminente patrocinador intelectual dos *Amis*" (Robin Blackburn, *The Overthrow of Colonial Slavery: 1176-1848*, Londres, Verso, 1988, p. 170-171).

8. Zachary Karabell, *Parting the Desert: the Creation of the Suez Canal*, Nova York, Knopf, 2003, p. 28-37.

9. Thomas More, *Utopia* (1516), introdução de P. Turner, Nova York, Penguin Books, 1965, p. 44.

10. Victor Considerant, *The Great West* (1854), em *Au Texas*, edição de R. V. Davidson, Philadelphia, Porcupine Press, 1975, p. 54-58.

11. Nathaniel Hawthorne, *The Blithedale Romance* (1852), Nova York, Dell, 1962, p. 41.

12. John Humphrey Noyes, *History of American Socialisms* (1870), introdução de Mark Holloway, Nova York, Dover Publications, 1966, p. 21 (reimpressão).

13. Frederick Law Olmsted a Charles Loring Brace, 26 de julho de 1852, em *The Papers of Frederick Law Olmsted*, edição de C. C. McLaughlin, Baltimore (Maryland), Johns Hopkins University Press, 1977, v. 1: The Formative Years, 1822-1852, p. 375-387. A Falange norte-americana visitada por Olmsted foi, na verdade, uma das comunidades mais bem-sucedidas, tendo durado doze anos. Confira

George Kirchmann, "Why did they stay: communal life at the North American Phalanx", em P. A. Stellhorn, *Planned and Utopian Experiments: Four New Jersey Towns*, Trenton (Nova Jersey), Historical Commission, 1980, p. 11-27.

14. Confira Russell Jacoby, *Dialectic of Defeat: Contours of Western Marxism*, Nova York, Cambridge University Press, 1981.

15. Bernard le Bovier de Fontenelle, *Conversations on the Plurality of Worlds* (1686), edição de N. G. Gelbart, Berkeley, University of California Press, 1990, p. 33-34.

16. More, *Utopia*, p. 68.

17. Segundo Alexandra Aldridge, essa nomenclatura é incorreta ou, pelo menos, incorretamente aplicada; confira a sua obra opiniosa: Alexandra Aldridge, *The Scientific World View in Dystopia*, Ann Arbor, UMI Research Press, 1984, p. 11; e, para uma crítica à definição de Aldridge, confira David W. Sisk, *Transformations of Language in Modern Dystopias*, Westport (Connecticut), Greenwood, 1997, p. 6-9.

18. Glenn Negley e J. Max Patrick, *The Quest for Utopia: an Anthology of Imaginary Societies*, Nova York, Henry Schuman, 1952, p. 298. Precisamente falando, não é correto creditar a Patrick o termo "distopia"; ele o reinventou ou redescobriu. Pertence a John Stuart Mill a honra de ter usado pela primeira vez o termo distopia. Em um debate parlamentar sobre a Irlanda, Mill levantou uma objeção, com seu vigor característico, à proposta do governo conservador de não destituir a Igreja Católica, mas de instituir uma outra, protestante. Ele então apontou que isso não apenas era uma péssima idéia como seria rejeitado por ambas as partes. Disse ele: "É-me permitido, como alguém que, em comum a vários ilustres colegas, recebeu a acusação de ser utópico, parabenizar o governo por ter tomado parte nesse belo grupo. Talvez seja um excesso de cortesia chamá-los de utópicos; eles deveriam, ao contrário, ser chamados de distópicos ou de cacotópicos. O que é comumente chamado utópico é algo bom demais para ser posto em prática, mas o que ele parecem defender é algo ruim demais para ser posto em prática." John Stuart Mill, *Hansard's Parliamentary Debate*, Londres, Cornelius Buck, 1868, terceira série, v. 190: 1867-68, p. 1517.

NOTAS

19. William Morris, "News from nowhere", em *Stories in Prose*, edição de G. D. H. Colse, Londres, Nonesuch Press, 1948, p. 5.
20. George Orwell, *1984*, Nova York, Signet/New American Library, 1950, p. 5.
21. Minha citação de Berdyaev começa antes da citada por Huxley: Nicholas Berdyaev, *The End of Our Time*, Nova York, Seed and Ward, 1933, p. 187.
22. Aldous Huxley, *Island*, Nova York, Harper and Row, 1962, p. 103.
23. Para uma discussão sobre o impacto de Wells em Zamyatin, Huxley e Orwell, confira Mark R. Hillegas, *The Future as a Nightmare: H. G. Wells and the Anti-Utopians*, Nova York, Oxford University Press, 1967.
24. Huxley, *Island*, p. 167.
25. Aldous Huxley, *Brave New World and Brave New World Revisited*, introdução de M. Green, Nova York, Harper and Row, 1965, p. 93.
26. Huxley, *Brave New World Revisited*, p. 2.
27. Confira George Woodcock, *Dawn and the Darkest Hour: a Study of Aldous Huxley*, Londres, Faber and Faber, 1972, p. 173-178.
28. Confira Alex Zwerdling, *Orwell and the Left*, Nova Haven (Connecticut), Yale University Press, 1974.
29. George Orwell, "Why I write", em *The Collected Essays, Journalism and Letters of George Orwell*, edição de S. Orwell e I. Angus, Middlesex (Grã-Bretanha), Penguin Books, 1970, v. 1, p. 28.
30. George Orwell, "Author's preface to the Ukranian edition of *Animal Farm*", em *The Collected Essays, Journalism and Letters of George Orwell*, edição de S. Orwell e I. Angus, Middlesex (Grã-Bretanha), Penguin Books, 1970, v. 3, p. 458.
31. Confira Fredric Warburg, *All Authors Are Equal*, Nova York, St. Martin's Press, 1973, p. 106-119.
32. Orwell, declaração ditada a Warburg, *apud* Bernard Crick, *George Orwell: a Life*, Boston, Little, Brown and Co., 1980, p. 395.
33. George Orwell, "Letter to Francis A. Henson (extract)", em *The Collected Essays, Journalism and Letters of George Orwell*, edição de S. Orwell e I. Angus, Middlesex (Grã-Bretanha), Penguin Books, 1970, v. 4, p. 502.
34. Issac Deutscher, "*1984*: the mysticism of cruelty", em *Russia in Transition*, Nova York, Grove Press, 1960, p. 258.

IMAGEM IMPERFEITA

35. George Orwell, *1984*, Nova York, Signet Books, 1950, p. 199-203.
36. Até que ponto? Para alguns aspectos desse argumento, confira Alex M. Shane, *The Life and Works of Evgenij Zamjatin*, Berkeley, University of California Press, 1968, p. 140. Para uma discussão sobre Huxley, Zamyatin e Orwell, confira Peter E. Firchow, *The End of Utopia: a Study of Aldous Huxley's Brave New World*, Londres, Bucknell University Press, 1984, p. 121-128.
37. Alexander Voronsky, "Evgeny Zamyatin" (1922), em G. Kern (ed.), *Zamyatin's We: a Collection of Critical Essays*, Ann Arbor (Michigan), Ardis, 1988, p. 44, 47.
38. Ievguêni Zamyatin, *We*, tradução e introdução de Mirra Ginsburg, Nova York, Avon Books, 1999, p. 174.
39. Ievguêni Zamyatin, "H. G. Wells", em *Soviet Heretic: Essays by Yevgeny Zamyatin*, edição e tradução de M. Guinsburg, Chicago, University of Chicago Press, 1970, p. 286. Para ser exato, Zamyatin não usou o termo "utópico" de maneira precisa. Em um ensaio do ano seguinte, ele criticava que uma literatura soviética cada vez mais conformista sobrepunha obras "úteis" e "prejudiciais". Mesmo se os comissários revolucionários aprovassem a literatura "útil", ela não deixava de ser conservadora. A literatura prejudicial, por outro lado, desafiava "o enrijecimento, a esclerose, a incrustação, o enferrujamento, a quiescência". Para Zamyatin, a literatura deveria ser ao mesmo tempo "utópica" e "absurda". Ievguêni Zamyatin, "On literature, revolution, entropy and other matters", em *Soviet Heretic: essays by Yevgeny Zamyatin*, edição e tradução de M. Guinsburg, Chicago, University of Chicago Press, 1970, p. 109.
40. Confira a introdução de Clarence Brown em Ievguêni Zamyatin, *We*, Nova York, Penguin Books, 1993, p. xxi.
41. Ievguêni Zamyatin, *The Islanders*, Ann Arbor, Trilogy Publishers, 1978, p. 2.
42. George Orwell, "Review", em *The Collected Essays, Journalism and Letters of George Orwell*, edição de S. Orwell e I. Angus, Middlesex (Grã-Bretanha), Penguin Books, 1970, v. 4, p. 74-75.
43. Raphael Lemkin, *Axis Rule in Occupied Europe*, Washington, D.C., Carnegie Endowment for International Peace, 1944, p. 79.

NOTAS

44. Como disse um admirador: "Ele morreu, quase sem sofrimento, em decorrência de um ataque cardíaco em 1959, em uma quitinete suja [...] em Manhattan [...] poucas, muito poucas pessoas foram ao seu velório" (Steven L. Jacobs, "The papers of Raphael Lemkin: a first look", *Journal of Genocide Research*, 1, nº 1, 1999, p. 106).

45. Sobre Lemkin, confira Samantha Power, *A Problem from Hell*: *America and the Age of Genocide*, Nova York, Harper Collins, 2003, p. 17-60.

46. Ralf Dahrendorf, *Reflections on the Revolution in Europe*, Nova York, Times Books, 1990, p. 61-62.

47. Quase nada, mas algo. Obviamente todas as idéias sobre o futuro e a sociedade futura compartilham algo, mas a questão é se essas visões convergem em pontos realmente decisivos. Assim, alguns críticos argumentam que More e Hitler sustentaram idéias afins. Confira, por exemplo, Henner Löffler, *Macht und Konsens in den klassischen Staatsutopien: eine Studie zur Ideengeschichte des Totalitarismus*, Colônia, Carl Heymanns, 1972. Löffler se limita a utopias que projetam um estado — não abordando, portanto, Fourier ou William Morris. Ele também inclui Orwell, Huxley e Zamyatin como utopistas, o que causa uma confusão irremediável em seu argumento de que os utopistas são totalitários. Ele tem alguns bons argumentos, mas, em geral, mantém-se em um nível formal. Por exemplo, ele escreve que os estados utópicos buscam educar seus cidadãos a partir da mais tenra idade. Adivinhe! "Hitler exigia algo muito parecido" (p. 86). Qual a conclusão? Os utopistas são iguais aos totalitaristas.

48. More, *Utopia*, p. 128, 109, 120. Uso aqui algumas frases da tradução de Robert M. Adams, porque preferíveis às da edição de Turner. Thomas More, *Utopia* (1516), edição e tradução de R. M. Adams, Nova York, Norton, 1992, p. 82, 66, 74.

49. Adolf Hitler, *Mein Kampf* (1925-1926), tradução de R. Manheim, Boston, Houghton Mifflin, 1971, p. 561-562, 679, 300, 296.

50. Hitler, janeiro de 1939, *apud* Saul Friedländer, *Nazi Germany and the Jews*, Nova York, Harper Collins, 1997, v. 1, p. 310.

51. Hanns Ludwig Rosegger, *Der Golfstrom* (1913), *apud* Jost Hermand, *Old Dreams of a New Reich: volkish utopias and National Socialism*, Bloomington, Indiana University Press, 1992, p. 37-38.

52. Hans Mommsen, "The realization of the unthinkable: the 'final solution of the Jewish question' in the Third Reich", em *From Weimar to Auschwitz*, tradução de Alan Kramer e Louise Willmot, Princeton (Nova Jersey), Princeton University Press, 1991, p. 251.

53. Hans Mommsen, "Die Realisierung des Utopischen: die 'Endlösung der Judenfrage' im Dritten Reich", *Geschichte uns Gesellschaft*, 9, 1983, p. 381-420; e Mommsen, "The realization of the unthinkable", p. 224-253.

54. Frank-Lothar Kroll, *Utopie als Ideologie: Geschichtsdenken und politisches Handeln in Dritten Reich*, Paderborn, Ferdinand Schöningh, 1998. Esse talvez seja o mais sério esforço em usar a utopia como moldura para se analisar o nazismo. Kroll se recusa, com resolução, a confinar o termo utopismo à tradição marxista, o que é bom. No entanto, o seu esforço de chamar as idéias nazistas de utópicas não se sustenta. Por mais que tente, ele não encontra de fato temas utópicos no pensamento nazista. Por exemplo, ele escreve que o conceito de "espaço vital" de Hitler tem o "caráter teórico" de um princípio utópico por ter um objetivo além da política cotidiana. O conteúdo desse objetivo é a "luta" movida a "sangue" e "terra" (p. 62-63). Apenas do mais formal dos pontos de vista isso torna Hitler um "utópico". Contudo, a sua conclusão final se baseia nessa definição formal. O problema é que Kroll usa "utopia" em um sentido muito restrito, em parte porque ele segue Mannheim em seu viés mais sociológico. A "utopia" constitui uma quebra ou uma transcendência — não importa o que ela seja — da ordem social existente. Assim, os planos de um maníaco de explodir o mundo a fim de acabar com toda a vida humana seriam chamados de utópicos. Com a sua abordagem formalista, Kroll declara que os esforços para oprimir e privar são tão utópicos quanto os esforços para emancipar. O "caráter desumano" de um tal projeto não "diminui o seu potencial utópico" (p. 310-311). O estudo de Rotermundt (Rainer Rotermundt, *Verkehrete Utopien: Nationalsozialismus, Neonazismus, Neue Barbarei*, Frankfurt, Verlag Neue Kritik, 1980) também merece menção, embora seja de menor importância. Essencialmente, ele considera as idéias nazistas de "Volksgemeinschaft", em que as diferenças alemãs são subsumidas em uma comunidade nacionalista,

NOTAS

como a inversão das idéias utópicas marxistas de uma sociedade sem classes.

55. Frédéric Rouvillois, "Utopia and Totalitarism", em Roland Schaer, Gregory Claeys e Lyman Tower Sargent, *Utopia: the Search for the Ideal Society in the Western World*, Nova York, New York Public Library/Oxford University Press, 2000, p. 316.

56. Charles Fourier, *The Theory of the Four Movements*, edição de G. S. Jones, Nova York, Cambridge University Press, 1996, p. 167.

57. Eric D. Weitz, *A Century of Genocide: Utopias of Race and Nation*, Princeton (Nova Jersey), Princeton University Press, 2003, p. 190.

58. Wietz, *Century of Genocide*, p. 195, 199, 110, 114. Algumas dessas frases foram tiradas da minha resenha da obra de Weitz no *Los Angeles Times Book Review*, 15 de junho de 2003, p. 11.

59. G. W. F. Hegel, "Introdução", em *The Philosophy of History*, Nova York, Dover, 1956, p. 21.

60. David Henige, *Numbers from Nowhere: the American Indian Contact Population Debate*, Norman, University of Oklahoma Press, 1998, p. 23, 315.

61. David E. Stannard, *American Holocaust: Columbus and the Conquest of the New World*, Oxford, Oxford University Press, 1992, p. x, 151. Como disse o historiador David White em uma resenha, "o desejo de Stannard de estabelecer uma população muito numerosa em 1492 está ligado a sua intenção de mostrar uma campanha de genocídio calculado maior do que qualquer outra na história humana (incluindo a dos nazistas). Quanto mais pessoas estivessem vivas em 1492, maior seria o declínio populacional e maior o genocídio". Confira a sua resenha incisiva sobre *American Holocaust* em *The New Republic*, 208, nº 3, 18 de janeiro de 1993, p. 33-37.

62. Peter Martry D'Anghera, "De orbe novo", em E. Dahlberg, *The Gold of Ophir: Travels, Myths and Legends in the New World*, Nova York, Dutton, 1972, p. 73.

63. Hoxie Neale Fairchild, *The Noble Savage: A Study in Romantic Naturalism*, Nova York, Columbia University Press, 1928, p. 10. Confira Christian Marouby, *Utopie et primitivisme*, Paris, Seuil, 1990.

64. Stannard, *American Holocaust*, p. 221.

IMAGEM IMPERFEITA

65. Bartolomé de las Casas, *The Devastation of the Indies* (1552), introdução de B. M. Donovan, Baltimore (Maryland), Johns Hopkins University Press, 1992, p. 31.

66. Gil Elliot, *Twentieth Century Book of the Dead*, Nova York, Charles Scribner's Sons, 1972, p. 1, 215.

67. Stéphane Courtois, "Introduction: the crimes of communism" e "Why?", em S. Courtois *et al.* (ed.), *The Black Book of Communism*, Cambridge (Massachusetts), Harvard University Press, 1999, p. 9-15, 737. *The Black Book of Communism* provocou muita discussão. Para dois críticos muito hábeis, confira J. Arch Getty, "The future did not work", *The Atlantic Monthly*, março de 2000, p. 113 *et seq.*; e John Torpey, "What future for the future? Reflections on *The Black Book of Communism*", *Human Rights Review*, 2, no. 2, janeiro de 2001, p. 135 *et seq.*

68. Enzo Traverso, *The Origins of Nazi Violence*, Nova York, The New Press, 2003, p. 77-85.

69. François Furet, *The Passing of an Illusion*, Chicago, University of Chicago Press, 1999, p. 19-20.

70. Weitz, *Century of Genocide*, p. 230.

71. "Wars and deaths, 1700-1987", em Ruth Leger Sivard (ed.), *World Military and Social Expenditures: 1987-88*, Washington, D.C., World Priorities, 1987, p. 28.

72. Todos os números foram extraídos de Milton Leitenberg, "Deaths in wars and conflicts between 1945 and 2000", artigo elaborado para a conferência sobre a reunião de dados sobre conflitos armados em Uppsala, Suécia, em 8 e 9 de junho de 2002, p. 9.

73. Confira R. J. Rummel, *China's Bloody Century: Genocide and Mass Murder Since 1900*, New Brunswick (Nova Jersey), Transaction Publishers, 1991, p. 103-136.

74. CIA Research Study, *Indonesia, 1965: The Coup that Backfired*, Washington, D.C., Central Intelligence Agency, 1968, p. 70-71.

75. Samantha Power, "A Problem from Hell", p. 303.

76. Leitenberg, "Deaths in Wars", p. 3.

77. Philip Gourevitch, *We Wish to Inform you that Tomorrow We Will be Killed with our Families*, Nova York, Picador USA, 1998, p. 94.

78. Zamyatin, *We*, p. 179-180.

NOTAS

79. Certamente um número cada vez maior de estudos históricos lida com "comunidades imaginárias" ou com a "imaginação imperante", mas a imaginação nesses usos é uma forma de ideologia ou algo distante da imaginação como uma fantasia utópica do indivíduo.

80. Eva T. H. Brann, *The World of the Imagination: Sum and Substance*, Lanham (Maryland), Roman and Littlefield, 1991. Cocking (J. M. Cocking, *Imagination: a Study in the History of Ideas*, Londres, Routledge, 1991) usa uma abordagem histórica, mas se preocupa apenas com a idéia de imaginação entre os filósofos — e, além disso, não é propriamente histórico, ou seja, ele não oferece uma explicação para a mudança nas idéias.

81. Confira Judith Plotz, "The perpetual Messiah: Romantism, childhood and the paradoxes of human development", em B. Finkelstein (ed.), *Regulated Children/Liberated Children*, Nova York, Psychohistory Press, 1979, p. 63-95.

82. Harry Hendrick, "Construction and reconstruction of British childhood: an interpretative survey, 1800 to the present", em A. James e A. Prout, *Constructing and Reconstructing Childhood*, Londres, Falmer Press, 1997, p. 38.

83. Para uma boa análise, confira Colin M. Heywood, *A History of Childhood*, Cambridge, Polity Press, 2001.

84. Nicholas Orme, *Medieval Children*, New Haven (Connecticut), Yale University Press, 2001, p. 10. Confira também Linda A. Pollock, *Forgotten Children: Parent-Child Relations from 1500 to 1900*, Cambridge, Cambridge University Press, 1983: "Os resultados deste estudo [...] demonstram que os principais argumentos apresentados por muitos historiadores são incorretos. [..] Contrariamente à crença desses autores, tais como Ariès, havia um conceito de infância no século XVI" (p. 267).

85. Keith Thomas, "Children in Early Modern England", em G. Avery e J. Briggs (eds.), *Children and Their Books: A Celebration of the Work of Iona and Peter Opie*, Oxford, Clarendon Press, 1990, p. 70. Para uma crítica recente que desafia os números e as conclusões de Ariès, confira Robert Woods, "Did Montaigne love his children? Demography and the hypothesis of parental indifference", *Journal of Interdisciplinary History*, 33, nº 3, 2003, p. 421-442.

IMAGEM IMPERFEITA

86. Para uma boa apresentação da Inglaterra do século XIX, confira Thomas E. Jordan, *Victorian Childhood: Themes and Variations*, Albany, State University of New York Press, 1987.

87. Confira Katherine A. Lynch, *Family, Class and Ideology in Early Industrial France: Social Policy and the Working-Class Family, 1825-1848*, Madison, University of Wisconsin Press, 1988, p. 168-241.

88. "Por volta de 1930, a maior parte das crianças [nos Estados Unidos] com menos de quatorze anos estava fora do mercado de trabalho e nas escolas." Viviana A. Zelizer, *Pricing the Priceless Child: The Changing Social Value of Children*, Nova York, Basic Books, 1985, p. 97.

89. Harry Hendrick, *Children, Childhood and English Society, 1880-1990*, Cambridge, Cambridge University Press, 1990, p. 18.

90. Max Horkheimer, "Art and mass culture", em *Selected Essays*, Nova York, Seabury Press, 1972, p. 277.

91. David Buckingham, *After the Death of Childhood: Growing Up in the Age of Electronic Media*, Cambridge, Polity Press, 2000, p. 32.

92. Buckingham, *After the Death of Childhood*, p. 70-71.

93. Neil Postman, *The Disappearance of Childhood*, Nova York, Penguin Books, 2002, p. 4.

94. Marie Winn, *The Plug-In Drug* (1985), Nova York, Penguin Books, 1982, p. 129 (edição revisada).

95. Confira Julie B. Schor, "The commodification of childhood: tales from the advertising front lines", *Hedgehog Review*, 5, nº 2, verão de 2003, p. 7-23. Esse artigo foi extraído do seu livro, que será publicado em breve: *Born to Buy: Marketing and Transformation of Childhood and Culture*.

96. Stephen Kline, *Out of the Garden: Toys, TV, and Children's Culture in the Age of Marketing*, Londres, Verso, 1993, p. 146.

97. Robert Abelman e David Atkin, "Evaluating the impact of affiliation change on children's TV viewership and perceptions of network branding", em M. C. Macklin e L. Carlson (eds.), *Advertising to Children: Concepts and Controversies*, Thousand Oaks (Califórnia), Sage Publications, 1999, p. 49.

98. Walter Benjamin, "The storyteller", em *Illuminations*, tradução de Harry Zohn, Nova York, Brace and World, 1968, p. 91. Confira

NOTAS

Barry Sanders, *A Is for Ox: Violence, Electronic Media and the Silencing of the Written Word*, Nova York, Pantheon Books, 1994, p. 42-43.

99. Peter Burke, "The invention of leisure in early modern Europe", *Past and Present*, n° 146, fevereiro de 1995, p. 136-151.

100. Confira, em geral, Ian Irvine, "Acedia, tristitia and sloth: early Christian forerunners to chronic ennui", *Humanitas*, 12, n° 1, primavera de 1999, p. 89 *et seq.*

101. Confira Reinhard Kuhn, *The Demon of Noontime: Ennui in Western Literature*, Princeton (Nova Jersey), Princeton University Press, 1976. Kuhn preocupa-se muito em distinguir o aborrecimento do tédio, que ele rejeita como uma desordem psicológica, dependente "inteiramente de circunstâncias externas" (p. 6-7). Infelizmente, em sua análise erudita, ele não chega a qualquer conclusão, exceto à de que as formas do aborrecimento se transformaram. Confira também George Steiner, "The great ennui", em *Bluebeard's Castle*, New Haven (Connecticut), Yale University Press, 1971, p. 1-26. Steiner data o aborrecimento como posterior à Revolução Francesa, o colapso das esperanças e da mudança.

102. Patricia M. Spacks, *Boredom: The Literary History of a State of Mind*, Chicago, Chicago University Press, 1995, p. 9.

103. Senhora Humphry Ward, "A country dinner-party" (1842), *apud* Spacks, *Boredom*, p. 203.

104. Peter N. Stearns, *Anxious Parents: A History of Modern Childrearing in America*, Nova York, New York University Press, 2003, p. 196.

105. Robert Paul Smith, *"Where Did You Go?" "Out" "What Did You Do?" "Nothing"*, Nova York, Norton, 1957, p. 98-99.

106. "Robert Paul Smith dead at 61", *New York Times*, 31 de janeiro de 1977.

107. Peter N. Stearns, *Anxious Parents*, p. 199, 170-171, 196.

108. Stephen Kline, *Out of Garden*, p. 321.

109. M. C. Macklin e L. Carlson, "Introdução", em *Advertising to Children: Concepts and Controversies, Thousand Oaks* (Califórnia) Sage Publications, 1999, p. 11.

110. John Holt, *How Children Learn, apud* Kline, p. 335.

IMAGEM IMPERFEITA

111. Gary Cross, *Kids' Stuff: Toys and the Changing World of American Childhood*, Cambridge (Massachusetts), Harvard University Press, 1997, p. 187. O próprio Cross, nesse estudo, apresenta uma análise muito otimista, que poderia ser caracterizada como um historicismo antiquado: simplesmente as coisas mudam com o tempo. Protestar contra videogames ou brinquedos violentos comercializados por grandes corporações é ser tão antigo quanto um dinossauro. Ele também parece acreditar que a imaginação das crianças é uma entidade estática, aguardando apenas por ser despertada pelos gigantes da mídia. A televisão, escreve ele, "tornou possível uma cultura da brincadeira em constante transformação, que apela diretamente à imaginação das crianças. Ao longo do tempo isso levou à predominância de brinquedos descartáveis estimulados e patrocinados por celebridades da mídia" (p. 162). O empirismo de Cross é a sua melhor marca. A noção, que ele repete com regularidade, de que a mídia de massa é voltada diretamente para as crianças, deixa de lado o fato de que ela também as molda.

112. Iona Opie e Peter Opie, *Children's Games in Street and Playground*, Londres, Oxford University Press, 1969, p. 14. Um historiador da Catalunha apresentou um argumento semelhante, embora concentrado no lazer e na brincadeira em geral: "As pessoas jogam damas no Bryant Park, em Nova York, do mesmo modo que elas jogavam na praça de Baga, no século XIII." Portanto, a moral da história: "O historiador do lazer, assim como o historiador do sexo, deve ter sempre em mente um antigo ditado catalão: *Sempre han tingut bec les oques* (os gansos sempre tiveram bicos)." No entanto, agora os seus bicos são escorados para se manterem abertos e eles são forçosa e mecanicamente alimentados para produzir *foie gras*. Se os gansos pudessem escrever a sua história, eles provavelmente não se limitariam aos seus "quá-quás", mas registrariam e lamentariam algumas mudanças significativas na criação de aves. Com efeito, precisamos de uma boa história do ponto de vista de um ganso; no entanto, esse é um artigo científico. Confira Joan-Lluis Marfany, "The invention of leisure in early modern Europe", *Past and Present*, nº 156, agosto de 1997, p. 174-198.

113. Opie e Opie, *Children's Games*, p. 15.

NOTAS

114. Apenas por um momento. O seu último livro (Iona Opie e Peter Opie, *Children's Game with Things*, Oxford, Oxford University Press, 1997) é ainda mais otimista, mesmo que, mais uma vez, eles detalhem que ruas mais movimentadas e famílias menores possam destruir os jogos (p. 11-12).

115. Smith, *"Where Did You Go?"*, p. 7-18.

116. Para uma crítica geral das interpretações de Scholem, confira Moshe Idel, *Messianic Mystics*, New Haven e Londres, Yale University Press, 1998.

117. Gershom Scholem, "Toward an understanding of the messianic idea in Judaism", *The Messianic Idea in Judaism*, tradução de Michael A. Meyer, Nova York, Schocken Books, 1971, p. 21.

118. Tommaso Campanella, *The City of the Sun: A Poetical Dialogue*, tradução de D. J. Donno, Berkeley, University of California Press, 1981, p. 51.

119. Lewis Mumford, "Preface", em *The Story of Utopias* (1922), Nova York, Viking Press, 1962, p. 4-5 (segunda edição).

120. Mumford, *Story*, p. 5.

121. Hans Kohn, *Living in a World Revolution: My Encounters with History*, Nova York, Trident Press, 1964, p. 61.

122. Confira Paul Mendes-Flohr, *From Mysticism to Dialogue: Martin Buber's Transformation of German Social Thought*, Detroit, Wayne State University Press, 1989, p. 54-57.

123. Heinrich Heine, "Concerning the History of Religion and Philosophy", em *The Romantic School and Other Essays*, edição de J. Hermand, R. C. Holub, tradução de Helen Mustard, Nova York, Continuum, 1985, p. 180-181.

124. T. W. Adorno, *Notes to Literature*, edição de R. Tiedemann, tradução de Sherry Weber Nocholsen, Nova York, Columbia University Press, 1991, p. 81.

125. Ernst Bloch, "Posfácio", em *The Spirit of Utopia* (1963), tradução de Anthony A. Nasser, Stanford (Califórnia), Stanford University Press, 2000, p. 279 (reimpressão). Talvez algo mais devesse ser dito sobre Bloch, que ainda aparecerá em vários momentos deste livro. De *The Spirit of Utopia* a *O princípio esperança* (Ernst Bloch, *The Principle of Hope*, tradução de Neville Plaice, Stephen Plaice e Paul Knight,

Cambridge [Massachusetts], MIT Press, 1986, edição em inglês), ninguém é mais identificado ao utopismo iconoclasta do que Bloch. Todavia, em um capítulo da sua longa vida, ele foi um marxista ortodoxo, um stalinista, um defensor dos julgamentos de Moscou e um causídico da DDR (Alemanha Oriental). Para complicar ainda mais as coisas, ao republicar seus primeiros ensaios e livros, Bloch regularmente alterava e cortava passagens; por exemplo, a primeira e a segunda edições de *The Spirit of Utopia* diferem significativamente, um fato a que Bloch apenas alude. Esse hábito parece menos inocente em relação aos seus textos políticos. Ele deixa de lado frases e ensaios inteiros ao republicar coleções de ensaios políticos; por exemplo, em várias ocasiões ele substituiu "Lenin" por "Stálin".

A evidência é clara de que Bloch defendeu os julgamentos de Moscou e, durante alguns anos, algumas práticas da DDR. Em 1937, ele sustentava que a União Soviética precisava "livrar-se" de muitos inimigos. "Na situação de hoje, deveria ser claramente evidente que declarações antibolchevistas servem apenas ao próprio demônio [...]. Não pode haver luta, não pode haver nada de bom sem a Rússia." (Ernst Bloch, "A jubilee for renegades" [1937], *New German Critique*, 4, inverno de 1975, p. 18, 24.) São essenciais as memórias de uma estudante (Ruth Römer, "Erinnerungen an Ernst Bloch", *Bloch-Almanach*, 10, 1990, p. 107-162), que é ao mesmo tempo muito crítica e muito elogiosa, além da biografia: Peter Zudeick, *Der hintern des Teufels: Ernst Bloch — Leben und Werk*, Bühl-Moos, Elster Verlag, 1985, especialmente p. 153-163. Confira também Edgar Weiss, "Ernst Bloch und das Problem der konkreten Utopie", em J. R. Bloch (ed.), *"Ich bin. Aber ich habe mich nicht. Darum werden wir erst": Perspectiven der Philosophie Ernst Blochs*, Frankfurt, Suhrkamp, 1997, p. 327-343. Foi devido ao seu stalinismo que pessoas da Escola de Frankfurt mantiveram distância de Bloch.

A questão sobre simpatizantes e críticos é semelhante àquela provocada por Heidegger: qual é a relação entre a filosofia de Bloch e pronunciamentos políticos explícitos? Ao contrário de Heidegger, Bloch ao menos tinha a desculpa de sua situação de vida: como um refugiado com poucos recursos e sem abrigo seguro, ele viu a União Soviética como uma barricada contra o nazismo. Nem mesmo os onze

NOTAS

anos que Bloch passou nos Estados Unidos se revelaram profícuos ou destruíram seu marxismo rígido. Como lembra seu filho, "ele não encontrou uma mão sequer em seu auxílio: nenhuma universidade e nenhuma instituição, nenhuma editora e nenhuma fundação" (Jan Robert Bloch, "Dreams of a better life: zum Exil Ernst Bloch in den USA", *Bloch-Almanach*, 18, 1999, p. 130). Quando a DDR ofereceu-lhe uma vaga em 1948, Bloch, que praticamente não aprendera o inglês, aceitou-a com grande esperança e otimismo. Aos sessenta e poucos anos, esse era o seu primeiro compromisso acadêmico e o primeiro salário regular. Durante o seu período na DDR, defendeu as políticas públicas, contudo, ele e seus seguidores acabaram sendo fustigados, presos e jogados para escanteio. Pode-se dizer que a história de Bloch é mais ou menos similar à de seu amigo Bertolt Brecht. Confira Erdmut Wizisla, "Ernst Bloch und Bertold Brecht", *Bloch-Almanach*, 10, 1990, p. 87-106. Ambos expressaram posições marxistas ortodoxas e stalinistas. Depois de experiências pouco felizes nos Estados Unidos, ambos se estabeleceram na DDR e, com ambos, podemos argumentar, o impacto de sua contribuição comprometeu os seus pronunciamentos políticos explícitos.

Em 1961, durante a construção do Muro de Berlin, Bloch aceitou uma oferta de emprego na Alemanha Ocidental, o que abriu o capítulo final da sua longa vida como um professor e escritor muito ativo e agora um simpatizante da Nova Esquerda Alemã. (Para um panorama em inglês sobre a vida de Bloch, confira Vincent Geoghegan, *Ernst Bloch*, Nova York, Routledge, 1996.) Ele morreu em 1977, tendo se reconciliado com alguns de seus antigos críticos. Uma publicação de 1965, em homenagem a Bloch pelo seu aniversário de oitenta anos, incluía contribuições de Adorno, Paul Tillich e George Steiner. Confira S. Unseld (ed.), *Ernst Bloch zu Ehren*, Frankfurt, Surkamp, 1965. Para uma apresentação detalhada da relação, cheia de altos e baixos, entre Adorno e Bloch, confira o excelente estudo de Claussen (Detlev Claussen, *Theodor W. Adorno: ein letztes Genie*, Frankfurt, S. Fischer Verlag, 2003, p. 320-357). Em 1980, Gershom Scholem, um homem difícil de se agradar, um anti-stalinista e antimarxista durante toda a sua vida, escreveu que "o meu ponto de vista atual sobre Bloch, depois de tantos anos e de uma atenção muito mais intensa à sua produção, não corresponde ao que eu, impetuosamente, coloquei no papel nas décadas de 20 e 30" (Gershom Scholem, "Preface", em *The Correspondence of Walter Benjamin and Gershom Scholem: 1932-1940*, tradução de Gary Smith e Andre Lefevere, Nova York, Schocken Books, 1989, p. 7). Em 1992, Leszek Kolakowsi, um crítico amargo do marxismo, aceitou o prêmio Ernst Bloch.

Não obstante, a biografia pode explicar e iluminar, mas não justificar a filosofia. Negt propõe a questão certa, embora a sua resposta seja um tanto quanto apressada: "Será que o comportamento de Bloch *vis-à-vis* os julgamentos stalinistas é uma expressão da natureza íntima do seu pensamento ou um produto da necessidade de identidade e realidade de um intelectual revolucionário?" Sua resposta: "Assim como não podemos rotular Hegel como o filósofo do estado prussiano, não podemos reduzir o pensamento de Bloch, o filósofo em questão, a declarações feitas sobre os julgamentos de Moscou, pois essas declarações claramente contradizem toda a sua filosofia" (Negt, "Ernst Bloch", p. 9). Eu espero que sim.

126. Michael Löwy, *Redemption and Utopia: Jewish Libertarian Thought in Central Europe*, Stanford (Califórnia), Stanford University Press, 1992.

127. Gershom Scholem, "Reflections on Jewish theology", em *On Jews and Judaism in Crisis: Selected Essays*, edição e tradução de Werner J. Dannhauser, Nova York, Schocken, 1966, p. 286.

128. Moisés Maimônides, *The Guide for the Perplexed*, tradução de M. Friedländer, Nova York, Dover Publications, 1956, p. 85.

129. Walter Benjamin, "Franz Kafka", em *Illuminations*, edição de H. Arendt, tradução de Harry Zohn, Nova York, Harcourt, Brace and World, 1968, p. 139.

130. Gershom Scholem, "Walter Benjamin", em *On Jews and Judaism in Crisis: Selected Essays*, edição e tradução de Werner J. Dannhauser, Nova York, Schocken, 1966, p. 196.

131. Michael Löwy, "'Theologia negativa' e 'Utopia negativa': Franz Kafka", em *Redemption and Utopia: Jewish Libertarian Thought in Central Europe*, Stanford (Califórnia), Stanford University Press, 1992, p. 71-94

NOTAS

2. Sobre o antiutopismo

1. Essa é a reivindicação que Karl Popper (cujas idéias discutirei a seguir) faz em relação a Platão em *Open Society and Its Enemies* [1945], v. 2, Nova York, The Free Press, 1962 (edição revisada). Com certeza o autoritarismo e mesmo o militarismo saturam o Estado ideal de Platão tal como é apresentado na *República*. Em todo caso, a minha principal preocupação é com a tradição literária utópica, em que Platão desempenhou um papel menor do que se poderia esperar. Como apontam Frank Manuel e Fritzie Manuel (Frank E. Manuel e Fritzie P. Manuel, *Utopian Thought in the Western World*, Cambridge [Massachusetts], Harvard University Press, 1979), na redescoberta do pensamento greco-romano no Renascimento, muita atenção foi dedicada aos utopistas satíricos: "O jocoso se sobrepõe de tal modo ao sério que a fidelidade a Aristófanes submerge qualquer admiração por Platão" (p. 99). Se é possível dizer que a *República* é utópica, ela é estritamente no sentido de como se constrói uma cidade ou um Estado harmônico, ela é quase um guia prático para as cidades e colônias gregas. "E à medida que a sua cidade é perfeitamente governada segundo a ordem aqui estipulada", declara Sócrates, "ela será a maior das cidades. Eu não quero dizer em reputação, mas em realidade, mesmo que ela tenha apenas mil defensores" (Platão, "The Republic", em *The Complete Dialogues*, edição de E. Hamiliton e H. Cairns, Nova York, Pantheon/Bollinger, 1963, p. 664). Um estudo recente bem razoável conclui que "a *República* sempre teve suas raízes na política grega. Ela sempre quis proporcionar uma nova base ideológica para uma sociedade aristocrática e oligárquica. Sua lição política mais prática, e a lição que provavelmente reuniu o maior interesse dos contemporâneos, foi a defesa da hierarquia" (Doyne Dawson, *Cities of God: Communist Utopias in Greek Thought*, Nova York, Oxford University Press, 1992, p. 93).

2. Confira H. C. Baldry, "Who invented the Golden Age" *Classical Quaterly*, 2, 1952, p. 83-92. Para uma declaração de que Hesíodo foi o criador da idéia da "época de ouro" no pensamento grego, confira também H. C. Baldry, *Ancient Utopias*, Londres, Camelot Press/University of Southampton, 1956, p. 9.

3. Hesíodo, "Works em days", in *Theogony, Works and Days, Shield*, edição e tradução de A. N. Athanassakis, Baltimore (Maryland), Johns Hopkins University Press, 1983, p. 70-72.

4. Hesíodo, *Works and Days*, p. 77, versos 410-413.

5. Joseph Fontenrose, "Work, justice and Hesiod's five ages", *Classical Philology*, 49, nº 1, janeiro de 1974, p. 12. Confira também A. S. Brown, "From the Golden Age to the Isles of the Blest", *Mnemosyne*, 51, nº 4, 1998, p. 385-410; Juha Sihvola, *Decay, Progress and Good Life? Hesiod and Protagoras on the Development of Culture*, Helsinki, Finnish Society of Science and Letters, 1989.

6. Confira M. I. Finley, "Utopianism ancient and modern", em K. H. Wolff e J. R. B. Moore (eds.), *The Critical Spirit: Essays in Honor of Herbert Marcuse*, Boston, Beacon Press, 1967, p. 3-20.

7. Aristófanes, "The birds", em *Four Comedies*, edição e tradução de Dudley Fits, Nova York, Harcourt, Brace and World, 1962, p. 163-243.

8. Confira a discussão sobre essa frase nos escólios em Nan Dunbar, *Aristophanes, Birds*, Oxford, Clarendon Press, 1995, p. 151.

9. Victor Ehrenberg, *The People of Aristophanes: A Sociology of Old Attic Comedy*, Oxford, Basil Blackwell, 1951, p. 57.

10. Confira Douglas M. Macdowell, *Aristophanes and Athens: An Introduction to the Plays*, Oxford, Oxford University Press, 1995, p. 199-228.

11. A. M. Bowie, *Aristophanes: Myth, Ritual and Comedy*, Nova York, Cambridge University Press, 1993, p. 177.

12. Confira Friedrich Solmsen, *Intellectual Experiments of the Greek Enlightenment*, Princeton (Nova Jersey), Princeton University Press, 1975, p. 76-78.

13. Luciano, "The true history", *Satirical Sketches*, edição e tradução de P. Turner, Bloomington, Indiana University Press, 1990, p. 249-294. Para uma discussão sobre Aristófanes e Luciano, bem como um comentário em larga escala sobre "A história verdadeira", confira Aristoula Georgiadou e David H. Larmour, *Lucian's Science Fiction Novel True Histories: Interpretation and Commentary*, Leiden, Brill, 1998.

14. Richard Marius, *Thomas More: A Biography*, Nova York, Knopf, 1984, p. 83.

NOTAS

15. Confira David Marsh, *Lucian and the Latins: Humor and Humanism in the Early Renaissance*, Ann Arbor, University of Michigan Press, 1998, p. 167-176.

16. Erasmo, "Prefatory letter: Erasmus of Rotterdam to his friend Thomas More", em *Praise of Folly*, edição de A. H. T. Levi, tradução de Betty Radice, Nova York, Penguin Books, 1993, p. 6-7.

17. Confira Paul Turner, "Introduction", em Thomas More, *Utopia*, tradução de Paul Turner, Nova York, Penguin Books, 1965, p. 8.

18. More, *Utopia*, edição de Turner, p. 100.

19. Marsh, *Lucian and the Latins*, p. 193. Confira Christopher Robinson, *Lucian and his Influence in Europe*, Londres, Duckworth, 1979, p. 130-133.

20. T. S. Dorsch, "Sir Thomas More and Lucian: an interpretation of *Utopia*", *Archiv für das Studium der neueren Sprachen und Literaturen*, 203, 1966-1967, p. 350.

21. M. A. Scheech, *Rabelais*, Londres, Duckworth, 1979, p. 8. Para o papel de Luciano em Rabelais, confira, de modo geral, Marsh, *Lucian and the Latins*.

22. Para uma consideração sobre os elos de Rabelais com More, confira V. L. Saulnier, "L'Utopie em France: Morus et Rabelais" em J. Lameere (ed.), *Les utopias à la renaissance*, Bruxelas, Presses Universitaires de Bruxelles, 1963, p. 135-162. Confira Michaël Baraz, *Rabelais et la joie de la liberté*, Paris, José Cort, 1983, p. 241-282.

23. François Rabelais, *Gargantua and Pantagruel*, tradução e introdução de J. M. Cohen, Nova York, Penguin Books, 1955, p. 150-159.

24. Robert Bolt, *A Man for All Seasons* (1960), Nova York, Vintage Books, 1990, p. 160 (reimpressão).

25. R. S. Sylvester e G. P. Marc'Hadour (eds.), *Essential Articles for the Study of Thomas More*, Hamden (Connecticut), Archon Books, 1977.

26. J. H. Hexter, *More's Utopia: The Biography of an Idea*, Nova York, Harper and Row, 1965, p. 3.

27. George Steiner, "The Book", em *Language and Silence*, Nova York, Atheneum, 1967, p. 189-190.

28. Brian Moynahan, *If God Spare My Life: William Tyndale, the English Bible and Sir Thomas More — A Story of Martyrdom and Betrayal*, Londres, Little, Brown, 2002, p. 387, 173.

29. Thomas More, *Utopia*, edição e tradução de R. M. Adams, Nova York, Norton, 1992, p. 74.

30. Thomas More, "More's Epitaph", em *Utopia and Other Essential Writings*, edição de J. J. Greene e J. P. Dolan, Nova York, New American Library, 1984, p. 285.

31. John Guy, *Thomas More*, Nova York, Oxford University Press, 2000, p. 106.

32. Russel Ames, *Citizen Thomas More and His Utopia*, Princeton (Nova Jersey), Princeton University Press, 1949, p. 21.

33. Guy, *Thomas More*, p. 121.

34. Thomas More, "The dialogue concerning heresies", em *Utopia and Other Essential Writings*, edição de J. J. Greene e J. P. Dolan, Nova York, New American Library, 1984, p. 208.

35. More, *Responsio ad Lutherum*, apud David Daniell, *William Tyndale: A Biography*, New Haven (Connecticut), Yale University Press, 1994, p. 258-259.

36. Thomas More, "Confutation of Tyndale's answer", em *Utopia and Other Essential Writings*, edição de J. J. Greene e J. P. Dolan, Nova York, New American Library, 1984, p. 223.

37. Guy, *More*, p. 122.

38. Marius, *Thomas More*, p. 406.

39. Jasper Ridley, *The Statesman and the Fanatic: Thomas Wolsey and Thomas More*, Londres, Constable, 1982, p. 293.

40. *Apud* Jasper Ridley, *The Statesman and the Fanatic*, p. 238.

41. C. S. Lewis, *English Literature in the Sixteenth Century*, Oxford, Clarendon Press, 1954, p. 169-170. As poucas páginas de Lewis sobre More são extraordinárias.

42. Norman Cohn, *The Pursuit of the Millennium: Revolutionary Messianism in Medieval and Reformation Europe and its Bearings on Modern Totalitarian Movements* (1957), Nova York, Harper and Brothers, 1961, p. xiv, 308-309 (segunda edição).

43. Confira Thomas Nipperdey, *Reformation, Revolution, Utopie: Studien zum 16. Jahrhundert*, Göttingen, Vandenhoeck and Ruprecht, 1975, p. 38-84.

44. Abraham Friesen, *Reformation and Utopia: The Marxist Interpretation of the Reformation and Its Antecedents*, Wiesbaden, Franz Steiner Verlag, 1974, p. 14.

NOTAS

45. Sobre Müntzer e Lutero, confira em geral Abraham Friesen, *Thomas Muentzer, a Destroyer of the Godless: The Making of a Sixteenth-Century Religious Revolutionary*, Berkeley, University of California Press, 1990. Sobre Müntzer e seus vínculos com o humanismo cristão, incluindo Erasmo, confira Ulrich Bubenheimer, *Thomas Müntzer: Herkunft und Bildung*, Leiden, E. J. Brill, 1989, p. 194-229.

46. As informações biográficas sobre Norman Cohn provêm de comunicação pessoal.

47. Eles também surgem quando o governo e a comunidade acadêmica norte-americanos geram um aumento acentuado na demanda de especialistas na Alemanha e Europa. Confira Alfons Söllner, *Deutsche Politikwissenschatfler in der Emigration: Studien zu ihrer Akkulturation und Wirkungsgeschichte*, Opladen, Westdeutsche Verlag, 1996, p. 250.

48. Elisabeth Young-Bruehl, *Hannah Arendt: For Love of the World*, New Haven (Connecticut), Yale University Press, 1982, p. 294.

49. Hannah Arendt, *The Origins of Totalitarism*, Nova York, Meridian/ World Publishing, 1958, p. vii.

50. Karl Popper, *Unended Quest: An Intellectual Autobiography*, La Salle (Illinois), Open Court, 1976, p. 105.

51. Confira em geral Malachi Haim Hacohen, *Karl Popper: The Formative Years, 1902-1945*, Nova York, Cambridge University Press, 2000.

52. Popper, *Unended Quest*, p. 13.

53. Popper, *Unended Quest*, p. 33.

54. Confira Karl Popper, "Die 'politische' Biographie", em Herbert Marcuse e Karl Popper, *Revolution oder Reform?*, edição de F. Stark, Munique, Kösel Verlag, 1971, p. 9.

55. Karl Popper, *The Poverty of Historicism*, Nova York, Basic Books, 1960, p. 84, 45, 51.

56. Karl Popper, *The Poverty of Historicism*, p. 66-67, 78-79.

57. Popper, *Open Society*, v. 1, p. viii, 22-23.

58. Popper, *Open Society*, v. 1, p. viii, 159, 165.

59. Karl Popper, "Utopia and violence", em *Conjectures and Refutations: The Growth of Scientific Knowledge*, Nova York, Harper and Row, 1968, p. 355-363.

IMAGEM IMPERFEITA

60. Confira o obituário de Talmon: *New York Times*, 18 de junho de 1980.
61. J. L. Talmon, *The Myth of the Nation and the Vision of Revolution: The Origins of Ideological Polarization in the Twentieth Century*, Londres, Secker and Warburg, 1981, p. 535.
62. J. L. Talmon, *Political Messianism: The Romantic Phase*, Nova York, Praeger, 1960, p. 30.
63. J. L. Talmon, *The Origins of Totalitarian Democracy* [1951], Nova York, Norton, 1970, p. 2-3, 253 (reimpressão).
64. J. L. Talmon, *Utopianism and Politics*, Londres, Conservative Political Centre, 1957, p. 12.
65. Talmon, *Political Messianism*, p. 15, viii.
66. "Em seu ecletismo", escreve Irving Louis Horowitz sobre *The Myth of Nation*, "ele parece menos preocupado em estabelecer uma tese do que os volumes anteriores" (Irving Louis Horowitz, "Introduction to the transaction edition", em J. L. Talmon, *Myth of Nation and Vision of Revolution*, New Brunswick (Nova Jersey), Transaction Publishers, 1991, p. xvi).
67. Talmon, *Myth of the Nation,* p. 535-554.
68. George L. Mosse, "Political style and political theory: totalitarian democracy revisited", em *Totalitarian Democracy and After: International Colloquium in Memory of Jacob L. Talmon*, Jerusalém, Israel Academy of Sciences and Humanities, 1984, p. 167. Pode ser ilustrativo do declínio do impacto de Talmon que o volume subseqüente em sua homenagem só o mencione rapidamente confira Z. Sternhell (ed.), *The Intellectual Revolt Against Liberal Democracy, 1870-1945: International Conference in Memory of Jacob L. Talmon*, Jerusalém, Israel Academy of Sciences and Humanities, 1996.
69. David Luban, resenha de *The Cambridge Companion to Hannah Arendt*, *Ethics*, 113, nº 3, abril de 2003, p. 724.
70. Walter Laqueur, "The Arendt Cult", em S. E. Aschheim (ed.), *Hannah Arendt in Jerusalem*, Berkeley e Los Angeles, University of California Press, 2001, p. 47-48.
71. Ian Harris, "Berlin and his critics", em H. Hardy, *Liberty*, Oxford, Oxford University Press, 2002, p. 351; Henry Hardy, "The Editor's Tale", em *Liberty*, Oxford, Oxford University Press, 2002, p. xxviii. O conto de Berlin está no mesmo volume: "The purpose justifies the ways", p. 332-335.

NOTAS

72. Steven Lukes, "Isaiah Berlin in conversation with Steven Lukes", *Salmagundi*, n° 120, outono de 1998, p. 62.
73. Lukes, "Isaiah Berlin in conversation", p. 76.
74. Hacohen, *Karl Popper*, p. 524.
75. Isaiah Berlin, "The sense of reality", em *The Sense of Reality*, edição de H. Hardy, Nova York, Farrar, Straus and Giroux, 1996, p. 1.
76. Isaiah Berlin, "Political ideas in the twentieth century", *Foreign Affairs*, 28, n° 3, abril de 1950, p. 385.
77. A. Arblaster, "Vision and revision: a note on the text of Isaiah Berlins's *Four Essays on Liberty*", *Political Studies*, 19, n° 1, março de 1971, p. 81-86.
78. Isaiah Berlin, *The Crooked Timber of Humanity*, edição de H. Hardy, Nova York, Vintage Books, 1992.
79. Isaiah Berlin, "Political ideas", p. 384-385.
80. Perry Anderson, *A Zone of Engagement*, Londres, Verso, 1992, p. 232-235.
81. Manuel e Manuel, *Utopian Thought*, p. 519.
82. Citado por Ted Humphrey em sua edição de "Idea for a universal history" e em Immanuel Kant, *Perpetual Peace and Other Essays*, edição e tradução de Ted Humphrey, Indianápolis, Hackett, 1983, p. 40.
83. Kant, "Idea for a universal history", edição de Humphrey, p. 33, e Immanuel Kant, "Idee zu einer Allgemeinen Geschichte in Weltbürgerlicher Absicht", em *Werke in zehn Banden*, edição de W. Weischedel, Wiesbaden, Insel Verlag, 1964, v. 9, parte 1, p. 40.
84. Isaiah Berlin, *Four Essays on Liberty*, Oxford, Oxford University Press, 1969, p. 123.
85. Berlin, *Four Essays*, p. 131, 144.
86. Isaiah Berlin, *Freedom and Its Betrayal: Six Enemies of Human Liberty*, Princeton (Nova Jersey), Princeton University Press, 2002, p. 52, 54, 70-71.
87. Berlin, *Four Essays*, p. 132, 166.
88. Matthew Arnold, *Culture and Anarchy and Other Writings*, edição de S. Collini, Cambridge, Cambridge University Press, 1993, p. 83.
89. Matthew Arnold, "My countrymen", em *Selected Prose*, edição de P. J. Keating, Nova York, Penguin, 1987, p. 192-193.
90. Berlin, *Freedom and Its Betrayal*, p. 103.

91. Isaiah Berlin, "The decline of utopian ideas in the West", em *The Crooked Timber of Humanity*, edição de H. Hardy, Nova York, Vintage Books, 1992, p. 46-47.

92. Isaiah Berlin, "The pursuit of the ideal", *The Proper Study of Mankind*, edição de H. Hardy, Nova York, Farrar, Straus and Giroux, 1997, p. 11.

93. Berlin, "The pursuit of the ideal", p. 15.

94. Stefan Collini, *English Pasts: Essays in History and Culture*, Oxford, Oxford University Press, 1999, p. 203-204.

95. Berlin também mencionou que *A Sociedade Aberta e Seus Inimigos*, de Popper, influenciou-o consideravelmente. (Confira Lukes, "Isaiah Berlin in conversation", p. 92.)

96. É claro que há algumas exceções de pequeno porte; Berlin, por exemplo, escreveu uma longa resenha da *História da filosofia ocidental*, de Bertrand Russel (*Mind*, 56, nº 222, abril de 1947, p. 151-166). As outras exceções são as suas breves e invariavelmente laudatórias memórias das conquistas do século XX, reunidas em Isaiah Berlin, *Personal Impressions*, edição de H. Hardy, Nova York, Viking, 1980.

97. Isaiah Berlin, "Philosophy and government repression", em *The Sense of Reality*, edição de H. Hardy, Nova York, Farrar, Straus and Giroux, 1996, p. 64.

98. Christopher Hitchens, "Goodbye to Berlin", em *Unacknowledged Legislation: Writers in the Public Sphere*, Londres, Verso, 2000, p. 144.

99. Hitchens, "Goodbye to Berlin", p. 151.

100. Para uma abordagem diferente das observações finais, confira Avishai Margalit, "The crooked timber of nationalism", em M. Lilla *et al.* (eds.), *The Legacy of Isaiah Berlin*, Nova York, New York Review of Books, 2001: "O que era surpreendente não era tanto o conteúdo da carta, mas o próprio fato de ele a ter escrito. [...] Em suas últimas declarações, ele [Berlin] quis levantar-se e tomar posição" (p. 158).

101. Norman Podhoretz, "A dissent on Isaiah Berlin", *Commentary*, 107, nº 2, fevereiro de 1999, p. 25.

102. Benjamin Constant, "The spirit of conquest and usurpation and their relation to European civilization", em *Political Writings*, edição de B. Fontana, Cambridge, Cambridge University Press, 1988, p. 104.

NOTAS

103. Benjamin Constant, "The liberty of the ancients compared with that of the moderns", em *Political Writings*, edição de B. Fontana, Cambridge, Cambridge University Press, 1988, p. 316.

104. Benjamin Constant, "De la perfectibilité de l'espèce humaine", em *Écrits politiques*, edição de M. Gauchet, Paris, Gallimard, 1997, p. 700-730.

105. Berlin, *Four Essays*, p. 129.

106. Constant, "The liberty of the ancients", p. 314-316.

107. Constant, "The liberty of the ancients", p. 326.

108. Benjamin Constant a Claude Hochet, 5 de outubro de 1812, em Benjamin Constant e Madame De Staël, *Lettres à un ami: cent onze lettres inédites à Claude Hochet*, edição de J. Mistler, Neuchatel, Baconnière, 1949, p. 225.

109. Confira Benjamin Constant, "Écrits sur la liberté de la presse", em *Oeuvres completes*, Tübingen, Max Niemeyer Verlag, 2001, v. 9, parte 1, p. 31-190.

110. Confira Kurt Kloocke, *Benjamin Constant: une biographie intellectuelle*, Genebra, Librarie Droz, 1984, p. 235.

111. Stephen Holmes, *Benjamin Constant and the Making of Modern Liberalism*, New Haven (Connecticut), Yale University Press, 1984, p. 44.

112. Hannah Arendt, *The Human Condition*, Garden City (Nova York), Doubleday Anchor, 1959, p. 6.

113. Hannah Arendt, *The Life of the Mind*, San Diego, Harcourt Brace, 1978, v. 1.

114. Gershom Scholem, "Letter to Hannah Arendt", em *On Jews and Judaism in Crisis: Selected Essays*, edição de W. J. Dannhauser, Nova York, Schocken, 1976, p. 302.

115. Obviamente isso foi amplamente discutido. Confira Richard Wolin, *Heidegger's Children: Hannah Arendt, Karl Löwith, Hans Jonas and Herbert Marcuse*, Princeton (Nova Jersey), Princeton University Press, 2001.

116. Arendt, *Life of the Mind*, p. 1. Confira Mark Lilla, *The Reckless Mind: Intellectuals in Politics*, Nova York, NYRB, 2001, p. 38-39.

117. Hannah Arendt, *Rahel Varnhagen: the Life of a Jewish Woman*, San Diego, Harcourt Brace Jovanovich, 1974, p. 3 (edição revisada). O livro começou a ser escrito em 1930, mas só foi publicado em 1956.

118. Hannah Arendt, *The Jew as Pariah*, edição de R. H. Feldman, Nova York, Grove Press, 1978, p. 245.

119. Em uma entrevista, Arendt se limitou a declarar o seguinte: "Minha mãe [...] é oriunda do movimento social-democrático, [...] assim como o meu pai" (Hannah Arendt, "'What remains? The language remains': a conversation with Günter Gaus", em *The Portable Hannah Arendt*, edição de P. Baehr, Nova York, Penguin Books, 2003, p. 8).

120. Elisabeth Young-Bruehl, *Hannah Arendt*, p. 8-9, 28.

121. Hannah Arendt, *The Origins of Totalitarianism*, Nova York, World Publishing, 1958, p. 475, 468-469 (segunda edição). Da vasta literatura sobre ideologia, confira, por exemplo, George Lichtheim, *The Concept of Ideology and Other Essays*, Nova York, Random House, 1967, e Brian William Head, *Ideology and Social Science: Destutt de Tracy and French Liberalism*, Dordrecht, Mqaartinus Nijhoff, 1985. Vale notar que Arendt conhecia o livro de Mannheim, já que ela escreveu uma resenha sobre ele em 1930; confira Hannah Arendt, "Philosophie und Soziologie: anlässlich Karl Mannheim, Ideologie und Utopie", *Die Gesellschaft*, 1, 1930, p. 163-176.

122. Arendt, *Origins*, p. 443, 458 (segunda edição).

123. Hannah Arendt, "Approaches to the 'German Problem'", *Partisan Review*, 12, 1945, p. 95-96.

124. Hannah Arendt, *Origins of Totalitarianism*, Nova York, Harcourt, Brace and Company, 1951, p. 431-432 (primeira edição). Essa conclusão foi cortada das edições posteriores.

125. Arendt, *The Origins of Totalitarianism*, p. 470-472 (segunda edição).

126. Confira Roy T. Tsao, "The three phases of Arendt's theory of totalitarianism", *Social Research*, 69, n° 2, verão de 2002, p. 579-621. Para um panorama, confira Steven E. Aschheim, "Nazism, culture and *The origins of totalitarianism*: Hannah Arendt and the discourse of evil", em *In Times of Crisis: Essays on European Culture, Germans and Jews*, Madison, University of Wisconsin Press, 2001, p. 122-136.

127. Arendt, *Origins*, p. 470 (segunda edição).

128. Arendt, *Origins*, p. 459 (segunda edição).

NOTAS

129. Arendt a Jaspers, 4 de março de 1951, em Hannah Arendt e Karl Jaspers, *Correspondence: 1926-1969*, edição de L. Kohler e H. Saner, Nova York, Harcourt Brace Jovanovich, 1992, p. 166.

130. Arendt a Scholem, 24 de julho de 1964, em *The Jew as Pariah*, edição de Feldman, p. 250.

131. Arendt a McCarthy, 20 de setembro de 1963, em Hannah Arendt e Mary McCarthy, *Between Friends: The Correspondence of Hannah Arendt and Mary McCarthy*, 1949-1975, edição de C. Brightman, Nova York, Harcourt Brace, 1995, p. 147-148.

132. Arendt, *The Life of the Mind*, p. 4.

133. Stephen J. Whitfield, *Into the Dark: Hannah Arendt and Totalitarianism*, Philadelphia, Temple University Press, 1980, p. 225. Confira Barry Sharpe, *Modesty and Arrogance in Judgement: Hannah Arendt's Eichmann in Jerusalem*, Westport (Connecticut), Praeger, 1999.

134. Richard J. Bernstein, "Did Hannah Arendt change her mind? From radical evil to the banality of evil", em L. May e J. Kohn (eds.), *Hannah Arendt Twenty Years Later*, Cambridge (Massachusetts), MIT Press, 1996, p. 142

135. Margaret Canovan, *Hannah Arendt: A Reinterpretation of Her Political Thought*, Cambridge, Cambridge University Press, 1992, p. 24. Esse livro é uma firula erudita do pensamento de Arendt. Defrontada com as obscuridades, as contradições e a falta de lógica de Arendt, Canovan apresenta declaração do tipo: "Tal como é tão freqüente quando se lê Arendt, é fácil subestimar a complexidade do seu pensamento" (p. 171).

136. Dana R. Villa, *Politics, Philosophy, Terror: Essays on the Thought of Hannah Arendt*, Princeton (Nova Jersey), Princeton University Press, 1999, p. 56. Estranhamente o próprio Villa mudou de opinião — no contexto do mesmo livro: "A crítica que faço de Arendt aqui parte de uma leitura mais simpática que faço da sua noção de mal radical naquele ensaio [capítulo 1]" (p. 231). Adi Ophir tenta reconciliar as suas noções de mal; confira Adi Ophir, "Between Eichmann and Kant: thinking on evil after Arendt", *History and Memory*, 8, nº 2, outono de 1996, p. 89-136.

137. Ernst Gellner, *Culture, Identity and Politics*, Cambridge, Cambridge University Press, 1987, p. 84-85. Confira também Raul Hilberg,

The Politics of Memory: The Journey of a Holocaust Historian, Chicago, Ivan R. Dee, 1996, p. 147-157.

138. Richard Crossman, "Introduction", em André Gide *et al.* (eds.), *The God that Failed*, Nova York, Bantam Books, 1952, p. 10. Crossman cita Ignazio Silone.

139. Confira Dan Diner, "Hannah Arendt Reconsidere: über das Banale und das Böse in ihrer Holocaust-Erzälung", em G. Smith (ed.), *Hannah Arendt Revisited: 'Eichmann in Jerusalem' und die Folgen*, Frankfurt, Surhamp, 2000, p. 131-132; e William David Jones, *The Lost Debate: German Socialist Intellectuals and Totalitarianism*, Urbana, University of Illinois Press, 1999, p. 202-203.

3. Tirar o mundo de seu eixo

1. Isaac Goldberg, *Major Noah: American-Jewish Pioneer*, Filadélfia, Jewish Publication Society of America, 1936, p. 189.

2. Mordecai Noah, "The Ararat proclamation and speech", em *The Selected Writings of Mordecai Noah*, edição de M. Schuldiner e D. J. Kleinfeld, Westport (Connecticut), Greenwood Pree, 1999, p. 114.

3. Confira Amos Elon, *The Pity of it All: A History of Jews in Germany, 1743-1933*, Nova York, Henry Holt, 2002, p. 115.

4. Ben Katchor, *The Jew of New York*, Nova York, Pantheon Books, 1999, p. 11.

5. Quase que simultaneamente, eclodia um outro projeto de uma comunidade na Flórida; confira Jacob Toury, "M. E. Levy's plan for a Jewish colony in Florida — 1825", *Michael*, 3, 1975, p. 23-33. Sobre as iniciativas utópicas judaicas nos Estados Unidos, confira em geral Uri D. Herscher, *Jewish Agricultural Utopias in América: 1880-1910*, Detroit, Wayne State University Press, 1981.

6. Confira Bernard W. Weinryb, "Noah's Ararat Jewish State in its historical setting", *Publications of the American Jewish Historical Society*, 43, 1953-1954, p. 170-191.

7. Jonathan D. Sarna, *Jacksonian Jew: The Two Worlds of Mordecai Noah*, Nova York, Holmes and Meier, 1981, p. 68.

NOTAS

8. *Journal des débats*, 18 de novembro de 1825, p. 2-3. Na última frase lê-se "défendue comme crime de lèse-authorité divine" (p. 3).

9. Robert S. Wistrich, *Revolutionary Jews from Marx to Trotsky*, Nova York, Harper and Row, 1976, p. 2-3.

10. Ernest Renan, "Histoire du people d'Israël", em *Oeuvres completes*, edição de H. Psichari, Paris, Calmann-Lévy, 1953, v. 6, p. 12.

11. Karl Marx, "Postface to the second editon", em *Capital*, introdução de E. Mandel, Nova York, Vintage Books, 1976, v. 1, p. 99.

12. Para uma discussão sobre o utopismo de *The Jewish State*, confira David Herman, "Zionism as utopian discourse", *Clio*, 23, nº 3, primavera de 1994, p. 235-247.

13. Theodor Herzl, *The Jewish State*, Mineola (Nova York), Dover Publications, 1988, p. 69-72, 102, 105.

14. Theodor Herzl, *The Complete Diaries of Theodor Herzl*, edição de R. Patai, Nova York, Herzl Press/Thomas Yoseloff, 1960, v. 3, p. 1071.

15. Theodor Herzl, *Altneuland: Old-New-Land*, tradução de P. Arnold, Haifa, Haifa Publishing Co., 1960, p. 62, 70, 114-115.

16. Miriam Eliav-Feldon, "'If you will it, it is no fairy tale': the first Jewish utopias", *Jewish Journal of Sociology*, 25, nº 2, dezembro de 1983, p. 85.

17. Max Osterberg-Verakoff, *Das Reiche Judäa im Jahr 6000 (2241 christilicher Zeitrechnung)*, Stuttgart, Foerster and Sie, 1893, p. 233-234.

18. H. Pereira Mendes, *Looking Ahead: Twentieth-Century Happenings* [1899], Nova York, Arno Press, 1971, p. 374, 377-378-381 (reimpressão).

19. N. A. (Edmund Eisler), *Ein Zukunftsbild: Romantisches Gemälde*, Viena, J. H. Holzwarth, 1885.

20. Para uma discussão sobre o utopismo de *Altneuland*, confira Jeremy Stolow, "Utopia and Geopolitics in Theodor Herzl's *Altneuland*", *Utopian Studies*, 8, nº 1, inverno de 1997, p. 55. Confira também David Herman, "Zionism as utopian discourse", p. 235.

21. Herzl, *Altneuland*, p. 192.

22. Herzl, *Altneuland*, p. 64.

23. Muhammad Ali Khalidi, "Utopian Zionism or Zionist proselytism? A reading of Herzl's *Altneuland*", *Journal of Palestine Studies*, 30, n° 4, verão de 2001, p. 55 *et seq.*

24. Ahad Ha'am, "The Jewish state and the Jewish Problem" (1897), em A. Hertzberg, *The Zionist Idea: A Historical Analysis and Reader*, Nova York Atheneum, 1977, p. 262-269.

25. Achad Ha'am (Ahad Ha'am), "Altneuland", *Ost und West*, 3, 1903, p. 227-243.

26. Ahad Ha-Am (Ahad Ha'am) para M. Levin, *apud* Jacque Kornberg, "Ahad Ha-Am and Herzl", em *At the Crossroads: Essays on Ahad Ha-Am*, Albany, State University of New York Press, 1983, p. 116.

27. "A reprimenda enfática de Nordau [contra Ahad Ha'am] foi de longe a mais clara síntese do confronto entre o cosmopolitismo *fin-de-siècle* e o sionismo [...] tal como Herzl [...] o concebeu" (Michel Stanilawsi, *Zionism and Fin de Siècle: cosmopolitanism and nationalism from Nordau to Jabotinsky*, Berkeley e Los Angeles, University of California Press, 2001, p. 18).

28. Walter Laqueur, *A History of Zionism*, Nova York, Schocken Books, 1976, p. 133. Confira também David Vital, *Zionism: The Formative Years*, Oxford, Clarendon Press, 1982, p. 348-363.

29. Max Nordau, "Achad-Haam über 'Altneuland'", *Die Welt*, 7, n° 7, 13 de março de 1903, p. 1-5.

30. Naturalmente há muitas questões. A tradição sionista de Ahad Ha'am, por exemplo, era muito mais atenta às questões dos nativos palestinos. Confira Hans Kohn, *Living a World Revolution: My Encounters with History*, Nova York, Trident, 1964, p. 50-52.

31. Para uma crítica do sionismo, confira Karl Landauer e Herbert Weil, *Die Zionistische Utopie*, Munique, Hugo Schmidt, 1914.

32. Steven J. Zipperstein, *Elusive Prophet: Ahad Ha'am and the Origins of Zionism*, Berkeley, University of California Press, 1993, p. xxii.

33. Martin Buber, "Die Wägende", em *Die jüdische Bewegung: gesammelte Aufsätze*, Berlim, Jüdischer Verlag, 1920, p. 71 (segunda edição). Esse texto foi dedicado a Ahad Ha'am em seu sexagésimo aniversário.

34. Confira Jehuda Reinharz, *Fatherland or Promised Land: The Dilemma of the German Jew, 1893-1914*, Ann Arbor, University of Michigan Press, 1975, p. 146-153.

NOTAS

35. Martin Buber, "Herzl and History", em *The First Buber*, edição de G. C. Schmidt, Syracuse, Nova York, Syracuse University Press, 1999, p. 160. Confira Maurice Friedman, *Martin Buber's Life and Work: The Early Years, 1878-1923*, Londres, Search Press, 1982, p. 65-66.

36. Friedman, *Buber's Life and Work*, p. 61-62.

37. Kohn, *Living a World Revolution*, p. 67, 65.

38. Paul Mendes-Flohr, *Divided Passions: Jewish Intellectuals and the Experience of Modernity*, Detroit, Wayne State University Press, 1991, p. 84-85.

39. Gershom Scholem, "Martin Buber's conception of Judaism", em *On Jews and Judaism in Crisis: Selected Essays*, Nova York, Schocken Books, 1976, p. 138.

40. Martin Buber, "Renewal of Judaism", em *On Judaism*, edição de H. N. Glatzer, Nova York, Schocken Books, 1995, p. 37-39.

41. Confira a discussão exemplar em Ritchie Roberston, *Kafka: Judaism, Politics and Literature*, Oxford, Clarendon Preess, 1985, p. 141-184.

42. Scholem, "Martin Buber's conception of Judaism", p. 126-127, 169.

43. Paul Mendes-Flohr, *From Mysticism to Dialogue: Martin Buber's Transformation of German Social Thought*, Detroit, Wayne State University Press, 1989.

44. Para a atração e o rompimento de Landauer em relação à "Neue Gemeinschaft", confira Gertrude Cepl-Kaufmann, "Gustav Landauer and the literary trends of his time", em Paul Mendes-Flohr *et al.* (eds.), *Gustav Landauer: Anarchist and Jew* (no prelo); e Eugene Lunn, *Prophet of Community: The Romantic Socialism of Gustav Landauer*, Berkeley, University of California Press, 1973, p. 142-154.

45. Hans Kohn, *Martin Buber: sein Werk und seine Zeit,* colônia: Joseph Melzer Verlag, 1961, p. 29. Confira Michael Löwy, "Romantic prophets of utopia: Gustav Landauer and Martín Buber", em Paul Mendes-Flohr *et al.* (eds.), *Gustav Landauer: Anarchist and Jew* (no prelo).

46. Martin Buber, "Alte und neue Gemeinschaft: an unpublished Buber Manuscript", edição de P. R. Flohr e B. Susser, *AJS Review*, 1, 1976, p. 41-56.

IMAGEM IMPERFEITA

47. Martin Buber, "The holy way", em *On Judaism*, edição de H. N. Glatzer, Nova York, Schocken Books, 1995, p. 140-141.

48. Martin Buber, *Paths in Utopia*, Syracuse (Nova York), Syracuse University Press, 1996 (primeira edição em inglês, 1949; primeira em hebraico, 1946), p. 6, 9, 15, 136.

49. Buber, *Paths*, p. 142-143. A maioria dos relatos concorda com Buber em que os *kibutz* não se viam e nem eram vistos como comunidades utópicas com projetos e estruturas definidos. Um antigo estudo, por exemplo, declara que é "um erro" classificar o *kibutz* "na mesma categoria" das comunidades utópicas. "Ao contrário das comunidades utópicas", o *kibutz* "não deu origem a uma tentativa deliberada de moldar uma nova forma de organização social nas bases de uma teoria preconcebida [...], o que moldou o seu caráter foi a necessidade de adaptação às condições incomuns existentes na Palestina" (Henrik F. Infield, *Cooperative Living in Palestine*, Nova York, Dryden Press, 1944, p. 25).

50. Buber, *Paths in Utopia*, p. 46-57.

51. Gustav Landauer, "Durch Absonderung zur Gemeinschaft", em *Zeit und Geist: kulturkritische Schriften, 1890-1919*, edição de R. Kauffeldt e M. Matzigkeit, s./l., Klaus Voer Verlag, 1997, p. 99.

52. Karl Mannheim, *Ideology and Utopia*, Nova York, Harcourt, Brace and World, s./d., p. 197-198. Essa edição americana difere fundamentalmente da primeira edição alemã de 1929.

53. Charles B. Maurer, *Call to Revolution: The Mystical Anarchism of Gustav Landauer*, Detroit, Wayne State University Press, 1971, p. 199.

54. Confira Adam Weisberger, "Gustav Landauers mystischer Messianismus", *Aschkenas*, 5, 1995, p. 425-439; Lunn, *Prophet of Community*; Heinz-Joachim Heydorn, "Foreword", em G. Landauer, *Aufruf zum Sozialismus*, edição de H.-J. Heydorn, Frankfurt, Europäische Verlagsamt, 1967, especialmente p. 23-33.

55. Fritz Kahn, *Die Juden als Rasse und Kulturvolk*, Berlin, Welt-Verlag, 1921, p. 201-203.

56. Arthur A. Cohen, "Editor's introduction to 'The maturing of man and the maturing of the Jew' [sobre Landauer], by Ernst Simon", em *The Jew: Essays from Martin Buber's Journal, Der Jude, 1916-1928*, Tuscaloosa, University of Alabama Press, 1980, p. 128.

NOTAS

57. Confira Norbert Altenhofer, "Martin Buber und Gustav Landauer", em W. Licharz e H. Schmidt (eds.), *Martin Buber (1878-1965): Internationales Symposium zum 20, Todestag*, Frankfurt, Haag and Herchen, 1989, v. 2, p. 150-177.

58. Confira em geral Norbert Altenhofer, "Tradition als Revolution: Gustav Landauers 'geworden-werdendes' Judentum", em D. Bronsen (ed.), *Jews and Germans from 1860 to 1933: the Problematic Symbiosis*, Heidelberg, Carl Winter Universitätsverlag, 1979, especialmente p. 180-185.

59. Gustav Landauer, *Die Revolution*, Frankfurt, Literarische Anstalt Rütten and Loening, 1919, p. 80-81.

60. Confira Paul Breines, "The Jew as revolutionary: the case of Gustav Landauer", *Leo Baeck Institute Year Book XII*, 1967, p. 75-84.

61. Gustav Landauer, "Sind das Ketzergedanken?", em *Der werdende Mensch*, Telgte-Westbevern, Verlag Büchse der Pandora, 1977, p. 120-128.

62. Gustav Landauer, "Judentum und Sozialismus", em *Werkausgabe*, edição de H. Delf, Berlim, Akademie Verlag, 1997, v. 3: *Dichter, Ketzer, Aussenseiter*, p. 160-161.

63. Gustav Landauer, *Skepsis und mystik: Versuche im Anschluss an Mauthners Sprachkritik*, Berlim, Egon Fleischel, 1903, p. 69-79.

64. Ernst Bloch, *The Spirit of Utopia* (1963), tradução de Anthony A. Nasser, Stanford (Califórnia), Stanford Universtiy Press, 2000, p. 7, 168 (reimpressão).

65. Ernst Bloch, *Geist der Utopie*, Berlim, Paul Cassirer, 1923, p. 247-248. Bloch revisou muitas vezes essa obra; a seção sobre os judeus, por exemplo, presente na edição de 1923 (p. 287-299) foi cortada das edições posteriores.

66. Landauer a Susman, 31 de janeiro de 1919, em *Gustav Landauer: sein Lebensgang in Briefen*, edição de M. Buber, Frankfurt, Rütten und Loening, 1929, v. 2, p. 371-373. Para uma discussão sobre Landauer e Bloch, confira Bernhard Braun, *Die Utopie des Geister: zur Funktion der Utopie in der politischen Theorie Gustav Landauers*, Idstein, Schulz-Kirchner, 1991, p. 127-140. Scholem concordou com a sua crítica feroz a Bloch, embora mais tarde ele tenha revisto o seu julgamento; confira Gershom Scholem, *Walter Benjamin: the Story of*

a Friendship, tradução de Harry Zohn, Londres, Faber and Faber, 1982, p. 88-89, e Gershom Scholem, "Preface", em *The Correspondence of Walter Benjamin and Gershom Scholem: 1932-1940*, tradução de Gary Smith e Andre Lefevere, Nova York, Schocken Books, 1989, p. 7.

67. Confira Karin Bruns, "Politische Utopie und ästhetisches Programm. *Die Neue Gemeinschaft*: Vorläufer oder Gegenentwirf zum Forte-Kreis?", em R. Faber e C. Holste (eds.), *Der Potsdamer Forte-Kreis*, Würzburg, Königshausen und Newmann, 2001, p. 69-84, e, em geral, Christine Holste, *Der Forte-Kreis (1910-1915): Rekonstruktion eines utopischen Versuchs*, Stuttgart, Verlag für Wissenschaft und Forschung, 1992. O nome do grupo foi tirado do local proposto para a sua reunião inaugural: o porto pesqueiro italiano chamado Forte dei Marmi; além disso, o nome trazia a conotação de força e coragem (Holste, *Der Forte-Kreis*, p. 1).

68. Gustav Landauer, "An den Forte-Kreis Ende November 1914", em *Gustav Landauer: sein Lebensgang in Briefen*, edição de M. Buber e I. Britschgi-Schimmer, Frankfurt, Rütten und Loening, 1929, v. 2, p. 15. Esse apelo ao Círculo Forte é assinado por Landauer e Buber. Sobre a triste história de Britschgi-Schimmer, que dedicou sua vida às cartas de Landauer, confira Wolf von Wolzogen, "Ina Britschgi-Schimmer: co-editor of Gustav Landauer's Letters", em Paul Mendes-Flohr *et al.* (eds.), *Gustav Landauer: anarchist and Jew* (no prelo).

69. Martin Buber, "Thesen von Martin Buber", reimpresso em Holste, *Der Forte-Kreis*, p. 280-281.

70. Maurice Friedman, *Martin's Buber's Life and Work*, p. 182.

71. Gershom Scholem, *From Berlin to Jerusalem: Memories of My Youth*, Nova York, Schocken Books, 1980, p. 81.

72. Confira, em geral, Christine Holste, "'Die grausigste Ideenlosigkeit in ihren Dienst zwingen': Gustav Landauers Entwicklung zum utopischen Denken", em L. M. Fiedler (ed.), *Gustav Landauer (1870-1919)*, Frankfurt, Campus Verlag, 1995, p. 98-117.

73. Gustav Landauer, *For socialism* (1911), tradução de D. J. Parent, St. Louis, Telos Press, 1978, p. 38; Gustav Landauer, *Aufruf zum Sozialismus*, edição de H.-J Heydorn, Frankfurt, Europäische Verlagsanstalt, 1967, p. 68.

NOTAS

74. Landauer, *For Socialism*, p. 65, 54, 74.

75. Gustav Landauer, "Der Musik der Welt" (1905), em *Der werdende Mensch: Aufsätze über Leben und Schrifttum*, Telgte-Westbevern, Verlag Büchse der Pandora, 1977, p. 5.

76. Gustav Landauer, "Gott und der Sozialismus" (1911), *Der werdende Mensch: Aufsätze über Leben und Schrifttum*, Telgte-Westbevern, Verlag Büchse der Pandora, 1977, p. 33.

77. Ahad Ha'am, "Judaism and the Gospels", *Nationalism and the Jewish Ethic: Basic Writings of Ahad Ha'am*, edição de H. Kohn, tradução de Leon Simon, Nova York, Schocken, 1962, p. 295-299.

78. Jörg Asseyer, "Nachwort zur Neu-Herausgabe", em Gustav Landauer, *Skepsis und Mystik*, Telgte-Westbevern, Verlag Büchse der Pandora, 1978, p. 86.

79. George Steiner, *After Babel: Aspects of Language and Translation*, Nova York, Oxford University Press, 1975, p. 60.

80. Allan Janik e Stephen Toulmin, *Wittgenstein's Vienna*, Nova York, Simon and Schuster, 1973, p. 122-123.

81. Fritz Mauthner, *Beiträge zu einer Kritik der Sprache*, Stuttgart, J. G. Cotta'sche Buchhandlung, 1906, v. 1, p. 118 (segunda edição). Confira Elisabeth Leinfellner, "Fritz Mauthner im historischen Kontext der empiristischen analytischen uns sprachkritischen Philosophie", em Elisabeth Leinfellner e H. Schleichert, *Fritz Mauthner: das Werk eines kritischen Denkers*, Viena, Böhlau Verlag, 1995, p. 145-163.

82. Fritz Mauthner, *Erinnerungen: Prager Jugendjahre*, Munique, Georg Müller, 1918, p. 32-33.

83. Confira Elizabeth Bredeck, *Metaphors of Knowledge: Language and Thought in Mauthner's Critique*, Detroit, Wayne State University Press, 1992.

84. Fritz Mauthner, "Aus dem Märchenbuch der Wahrheit", em *Ausgewählte Schriften*, Stuttgart, Deutsche Verlags-Anstalt, 1919, v. 5, p. 123-124. Confira Katherine Arens, *Empire in Decline: Fritz Mauthner's Critique of Wilhelmian Germany*, Nova York, Peter Lang, 2001, p. 1-30.

85. Fritz Mauthner, *Die Philosophie der Gegenwart in Selbstdarstellungen*, edição de R. Schmidt, Leipzig, Felix Meiner, 1922, p. 128-129.

IMAGEM IMPERFEITA

86. Fritz Mauthner, *Die Sprache*, Frankfurt, Literarische Anstalt/Rütten und Loening, s./d., p. 102.

87. Fritz Mauthner, *Beiträge zu einer Kritik der Sprache*, (segunda edição), v. 1, p. 2-3.

88. Landauer, *Skepsis und Mystik*. Confira também Thomas Regehly, "'Die Welt ist ohne Sprache' Bemerkungen zur Sprachkritik Gustav Landauers", em L. M. Fielder, R. Heuer e A. Taeger-Altenhofer, *Eine Bestandsaufnahme zur Rezeptions seines Werkes*, Frankfurt, Campus Verlag, 1995, p. 220-224.

89. Landauer a Mauthner, 9 de julho de 1907, em Gustav Landauer e Fritz Mauthner, *Briefwechsel: 1890-1919*, edição de H. Delf, Munique, Verlag C. H. Beck, 1994, p. 162-163. Uso a tradução de *Cartas a Fritz Mauthner*, tradução de Eleanor Alexander, disponível em <http://www.mauthner-gesellschaft.de/mauthner/fm/land3.html>

90. Ele nunca escreveu esse livro. Confira Hannah Delf, "Einleitung", em Gustav Landauer e Fritz Mauthner, *Briefwechsel: 1890-1919*, p. xiv.

91. Fritz Mauthner, *Wörtherbuch der Philosophie. Leipzig*, 1910-1911 (terceira edição) Disponível em <http://www.mauthner-gesellschaft.de/mauthner>

92. Fritz Mauthner, *Der Atheismus und seine Geschichte im Abendlande*, Stuttgart, Deutsch Verlagsanstelt, 1920-1923.

93. *Apud* Peter Kampits, *Zwischen Schein und Wirklichkeit: eine kleine Geschichte der österreichischen Philosophie*, Viena, 1984. Disponível em <http://www.mauthner-gesellschaft.de/vereinderspra chkritiker>. Confira Bredeck, *Metaphors of knowledge*, p. 116-117.

94. Landauer a Mauthner, 17 de maio de 1911, em Gustav Landauer e Fritz Mauthner, *Briefwechsel: 1890-1919*, p. 232.

95. Landauer, *Skepsis und Mystik*, p. 3-4. Confira, em geral, Uwe Spörl, "Gustav Landauers Wege von der Skepsis zur Mystik", em *Gottlose Mystik in der deutsche Literatur um die Jahrhundertwende*, Paderborn, Ferdinand Schöning, 1997.

96. Landauer, "Sind das Ketzergedanken?", p. 126.

97. Mauthner a Landauer, 10 de outubro de 1913, em Gustav Landauer e Fritz Mauthner, *Briefwechsel: 1890-1919*, p. 282.

98. Mauthner, *Erinnerungen*, p. 49-53.

NOTAS

99. Mauthner, *Erinnerungen*, p. 33.

100. Adolf Hitler, *Mein Kampf*, tradução de Ralph Mannheim, Boston, Houghton Mifflin, 1971, p. 245.

101. Sander L. Gilman, *Jewish Self-Hatred: Anti-Semitism and the Hidden Language of the Jews*, Baltimore (Maryland), Johns Hopkins University Press, p. 226-243.

102. Mauthner se considerava um ateu; confira Gershom Weiler, "Fritz Mauthner: a study in Jewish self-rejection", *Leo Baeck Institute Year Book*, 8, 1963, p. 136-148.

103. Fritz Mauthner, *Beiträge zu einer Kritik der Sprache*, Leipzig, Felix Meiner, 1923, v. 1, p. 169-170 (terceira edição).

104. Gilman, *Jewish Self-Hatred*, p. 231.

105. Fritz Mauthner, *Beiträge zu einer Kritik der Sprache*, v. 1, p. 1.

106. Landauer a Kersternberg, 13 de dezembro de 1917, em Gustav Landauer, *Sein Lebensgang in Briefen*, v. 2, p. 201.

107. Kurt Eisner citado em nota de rodapé de uma carta a Adolf Otto, 15 de novembro de 1918, em Gustav Landauer, *Sein Lebensgang in Briefen*, v. 2, p. 298.

108. Landauer a Mauthner, 7 de abril de 1919, em Gustav Landauer, *Sein Lebensgang in Briefen*, v. 2, p. 413-414.

109. Para os últimos meses de Landauer, confira Eugen Lunn, *Prophet of Community*, p. 291-342 e Charles B. Maurer, *Call to Revolution*, p. 169-200.

110. Ben Hecht, *A Child of the Century*, Nova York, Simon and Schuster, 1954, p. 306, 310.

111. Landauer, "An den Aktionsausschuss", em Gustav Landauer, *Sein Lebensgang in Briefen*, v. 2, p. 420.

112. "Munich Victors kill another red chief", *New York Times*, 6 de maio de 1919.

113. Landauer, *Sein Lebensgang in Briefen*, v. 2, p. 423.

114. Ernst Niekisch, *Erinnerungen eines deutschen Revolutionärs*, Colônia, Verlag Wisseschaft und Politik, 1974, v. 1: *Gewagtes Leben, 1889-1945*, p. 79. Na realidade o próprio Niekisch foi uma figura bem problemática, um direitista extremo, considerado um bolchevique nacionalista.

115. Landauer, *For socialism*, p. 26; *Aufruf*, p. 55.
116. Maurer, *Call to Revolution*, p. 200. Em 1933, os nazistas aparentemente destruíram o monumento e a sepultura foi transferida. Confira Braun, *Die Utopie des Geistes*, p. 114.
117. Landauer, *For Socialism*, p. 44.

4. Um anseio que não pode ser pronunciado

1. Carmel Konikoff, *The Second Commandment and Its Interpretation in the Art of Ancient Israel*, Genebra, Imprimerie du Journal de Genève, 1973, p. 26.
2. Christoph Dohmen, *Das Bilderverbot: seine Entstehung und seine Entwicklung im Alten Testamente*, Königstein, Peter Hanstein Verlag, 1985, p. 15-16. Confira Tryggve Mettinger, "The veto on images and the aniconic God in ancient Israel", em H. Biezais (ed.), *Religious Symbols and Their Functions*, Estocolmo, Almqvist and Wiksell, 1979, p. 15-29.
3. Essa é a primeira frase de Ernst Cohn-Wiener, *Jewish Art: Its History from the Beginning to the Present Day* (1929), Northamptonshire (Grã-Bretanha), Pilkington Press, 2001, p. 7 (reimpressão). Como a proibição à idolatria se desenvolveu nas tradições cristã e muçulmana é uma outra história, cuja abordagem não é o caso aqui.
4. Confira "Painting", em *Jewish Encyclopedia*, v. 9, p. 465, também disponível em <http://www.jewishencyclopedia.com>.
5. Confira "Kunst, Jüdische", em *Jüdisches Lexikon*, Berlim, Jüdischer Verlag, 1929, v. 3, p. 934-935.
6. Confira Katman P. Bland, "Anti-semitism and aniconims: the Germanophone requiem for Jewish visual art", em C. M. Soussloff (ed.), *Jewish Identity in Modern Art History*, Berkeley, University of California Press, 1999, p. 44.
7. Sobre Renan e a sua interpretação do judaísmo, confira David C. J. Lee, *Ernest Renan: In the Shadow of Faith*, Londres, Duckworth, 1996, p. 207-233.
8. Yaacov Shavit, "Have Jews imagination?", em *Athens in Jerusalem: Classical Antiquity and Hellenism in the Making of Modern Secular Jew*, Londres, Littman Library, 1997, p. 220-277.

NOTAS

9. Confira Bland, "Anti-semitism and aniconnism", p. 41-66.

10. Gabrielle Sed-Rajna, *L'art juif orient et occident*, Paris, Arts and Métiers Graphiques, 1975, p. 10-11. Confira também Pierre Prigent, *Le judaïsme et l'image*, Tübingen, J. C. Mohr/Paul Siebeck, 1990; Gabrielle Sed-Rajna, "L'argument de l'iconophobie juive", em F. Boesflug e N. Lossky (eds.), *Nicée II, 787-1987: douze siècles d'images religieuses*, Paris, Les Éditions du Cerf, 1987, p. 81-88. O estudo mais recente de Sed-Rajna nota que as obras até então existentes sobre arte judaica eram "defensivas". Confira Gabrielle Sed-Rajna, *Jewish Art*, com ensaios de A. Amishai-Maisels *et al.*, Nova York, Harry N. Abreams, 1997, p. 9. Para uma síntese de uma discussão mais antiga, confira Gavriel D. Rosenfeld, "Defining 'Jewish art' in Ost and West: 1901-1908", *Leo Baeck Institute Year Book 1994*, 39, 1994, p. 83-110.

11. "Pictorial art", em *Jewish Encyclopedia*, v. 10, p. 32. Theodor W. Adorno, *Aesthetic Theory*, edição e tradução de Robert Hallot-Kentor, Minneapolis, University of Minnesota Press, 1997.

12. Avram Kampf, "In the quest of the Jewish style in the era of the Russian Revolution", *Journal of Jewish Art*, 5, 1978, p. 64.

13. El Lissitzky, "The synagogue of Mohilev, reminiscences", *apud* Avram Kampf, *Chagall to Kitaj: Jewish Experience in Twentieth Century Art*, Nova York, Praeger, 1990, p. 19.

14. Confira Rachel Wischnitzer, *The Architecture of European Synagogue*, Filadélfia, Jewish Publication Society of America, 1964, p. 141-144; e Rachel Wischnitzer, "The wise men of worms", *Reconstructionist*, 25, nº 9, junho de 1959, p. 10-12.

15. S Yudovin e M. Malkin, *Yiddischer Folksornament* (1920), *apud* Kampf, "In the quest", p. 55.

16. O templo foi, mais tarde, destruído pelos soviéticos.

17. Obviamente a controvérsia sobre a arte judaica continua. Para um argumento de que a obra tardia de El Lissitzky deve muito ao seu judaísmo, confira Alan B. Birnholz, "El Lissitzky and the Jewish tradition", *Studio International*, 186, nº 959, outubro de 1973, p. 130-136. Em *Chagall to Kitaj*, Kampf encontra a arte judaica nos expressionistas abstratos da Escola de Nova York, como Barnett Newman: "Newman trabalhou a partir da tradição clássica judaica da 'proibição à idolatria'

não porque as imagens sejam proibidas, mas porque o absoluto não pode ser transformado em uma imagem. É uma concepção puramente abstrata, sem imagens, como o Deus judeu" (Kampf, *Chagall to Kitaj*, p. 161). Por outro lado, Anthony Julius, em seu livro sobre a arte judaica, desafia Kampf. Será que motivos judaicos constituem uma arte judaica? Segundo Julius, os expressionistas abstratos judeus ignoraram amplamente as suas origens e a sua arte carece de aspectos particularmente judaicos. Confira Anthony Julius, *Idolizing Pictures: Idolatry, Iconoclasm and Jewish Art*, Nova York, Thames and Hudson, 2001.

18. Edward Rothstein, Herbert Muschamp e Martin E. Marty, *Visions of Utopia*, Nova York, Oxford University Press, 2003.

19. J. A. Etzler, *The Paradise Within the Reach of All Men, Without Labour: By Power of Nature and Machinery* (2 partes), Pittsburgh, Etzler and Reinhold, 1833, parte 1, p. 71-74.

20. Uma exceção parcial: a antologia mais recente inclui duas páginas do *Manifesto comunista*, de Karl Marx — dificilmente um texto utópico. Confira G. Negley e J. Max Patrick (eds.), *The Quest for Utopia: An Anthology of Imaginary Societies* (1952), Garden City (Nova York), Doubleday/Anchor, 1962; e G. Claeys e L. T. Sargent (eds.), *The Utopia Reader*, Nova York, New York University Press, 1999.

21. Confira Ronald S. Hendel, "The social origins of the aniconic tradition in early Israel", *Catholic Biblical Quaterly*, 50, n° 3, julho de 1988, p. 365-382.

22. Hermann Vorländer, "Der monotheismus Israels als Antwort auf die Krise des Exils", em B. Land (ed.), *Der einzige Gott: die Geburt des biblischen Monotheismus*, Munique, Kösel, 1981, p. 84-113.

23. Joseph Gurmann, "The 'second commandment' and the image of Judaism", em *No Graven Images: Studies in Art and the Hebrew Bible*, Nova York, Ktav Publishing, 1971, p. 3.

24. Alain Besançon, *The Forbidden Image: An Intellectual History of Iconoclasm*, Chicago, University of Chicago Press, 2000, p. 69.

25. Para uma boa discussão sobre a literatura, confira Robert Karl Gnuse, *No Other Gods: Emergent Monotheism in Israel*, Sheffield, Sheffield Academic Press, 1997: "As idéias românticas de outrora de que o monoteísmo deveria ser ligado ao deserto [...] foram totalmente

refutadas. [...] O jeovismo monoteísta surgiu, mais provavelmente, nos centros urbanos da Mesopotâmia durante o exílio na Babilônia" (p. 131).

26. Confira o fragmento dos *Oráculos sibilinos* citado em John R. Bartlett, *Jews in the Hellenistic World: Josephus, Aristeas, the Sibylline Oracles, Eupolemus*, Cambridge, Cambridge University Press, 1985, p. 39; e *The Sibylline Oracles*, tradução de M. S. Terry, Nova York, Easton and Mains, 1899, p. 261. Confira também Erich S. Gruen, *Heritage and Hellenism: The Reinvention of Jewish Tradition*, Berkeley, University of California Press, 1998, p. 268-291.

27. Confira em geral Moshe Halbertal e Avishai Margalit, *Idolatry*, Cambridge, Harvard University Press, 1992.

28. Max Weber, *Ancient Judaism*, tradução de H. H. Gerth e D. Martindale, Nova York, Free Press, 1967, p. 222-225.

29. Flavius Josephus, "Flavius Josephus against Apion", em *The Works of Josephus*, edição de W. Whiston, Peabody (Massachusetts), Hendrickson, 1987, p. 786. Erich S. Gruen caracteriza essa história como "uma bela ilustração do humor sardônico" dos autores judeu-helenistas (confira Gruen, *Heritage and Hellenism*, p. 205).

30. Moisés Maimônides, *The Guide for the Perplexed*, tradução de M. Friedländer, Nova York, Dover Publications, 1956, p. 317. Confira Ehud Z. Benor, "Meaning and reference in Maimonides' negative theology", *Harvard Theological Review*, 88, nº 3, julho de 1995, p. 339 *et seq.*

31. Maimônides, *The Guide for the Perplexed*, p. 81.

32. Maimônides, *The Guide for the Perplexed*, p. 87.

33. Moisés Mendelssohn, *Jerusalem or on Religious Power and Judaism*, introdução de A. Altmann, Hanôver (New Hampshire), Brandeis University Press, 1983, p. 116.

34. Leo Strauss, "Introductory Essay", em Hermann Cohen, *Religion of Reason out of the Sources of Judaism*, tradução de S. Kaplan, Atlanta Scholar's Press, 1995, p. xxiii (segunda edição).

35. Cohen, *Religion of Reason*, p. 53-57.

36. No século XX, talvez o exemplo mais destacado disso seja Oskar Goldberg, um conhecido tanto de Walter Benjamin quanto de Gershom Scholem, que escreve sobre ele em suas memórias e, de modo geral, desconsidera as suas "noções extravagantes". Confira

Manfred Voigts, *Oskar Goldberg: der mystische Experimentalwissenschaftler. Ein verdrängtes Kapitel jüdischer Geschichte*, Berlim, Agora Verlag, 1992.

37. Moisés Mendelssohn, *Jerusalem*, p. 117-119.
38. Leo Baeck, *God and Man in Judaism*, Nova York, Union of American Hebrew Congregations, 1958, p. 19.
39. Gershom Scholem, *On the Kabbala and Its Symbolism*, Nova York, Schocken Books, 1969, p. 44-45, 39.
40. Scholem, *On the Kabbala*, p. 49-50.
41. Scholem, *On the Kabbala*, p. 42.
42. Confira M. Reisel, *The Mysterious Name of Y.H.W.H.*, Assen (Holanda), Van Gorcum, 1957.
43. David Biale, "Gershom Scholem's ten unhisrotical aphorisms on Kabbalah: text and commentary", *Modern Judaism*, 5, 1985, p. 86. Essa referência inclui o texto de Scholem em alemão e comentários de David Biale.
44. Confira Louis Jacobs, "Excursus: the names of God", *A Jewish Theology*, Nova York, Behrman House, 1973, p. 136-151.
45. Judah Halevi, *The Kuzari*, introdução H. Slonimsky, Nova York, Schocken, 1964, p. 203.
46. A. Marmorstein, *The Old Rabbinic Doctrine of God: I. The Names and Attributes of God*, Londres, Oxford University Press, 1927, p. 55, 26. A literatura sobre esse tema é vasta; confira Oskar Grether, *Name und Wort Gottes im Alten Testament*, Giessen, Alfred Töpelmann, 1934.
47. *Apud* George F. Moore, *Judaism in the First Centuries of the Christian Era*, Cambridge (Massachusetts), Harvard University Press, 1950, v. 1, p. 426.
48. Louis Jacobs, *The Jewish Religion: A Companion*, Nova York, Oxford University Press, 1995, p. 545. Confira Reisel, *Mysterious Name*, p. 66-68.
49. Rabino Israel de Rizhin, *apud* Gershom Scholem, *The Messianic Idea in Judaism*, Nova York, Schocken Books, 1971, p. 34-35.
50. Confira Anson Rabinbach, "Between Apocalypse and Enlightenment: Benjamin, Bloch and modern German-Jewish messianism", em *In the Shadow of Catastrophe*, Berkeley, University of California Press,

NOTAS

1997, p. 27-65. Para uma crítica abrangente sobre o pensamento de Benjamin sobre a linguagem, confira Robert Alter, *Necessary Angels: Tradition and Modernity in Kafka, Benjamin and Scholem*, Cambridge (Massachusetts), Harvard University Press, 1991, p. 45-46.

51. Franz Rosenzweig, *The Star of Redemption*, tradução de William W. Hallo a partir da 2ª edição, Boston, Beacon Press, 1972, p. 77. Confira W. Benjamin, *The Origin of German Tragic Drama*, Londres, NLB, 1977, p. 107-108.

52. David Biale, "Gershom Scholem's ten unhistorical aphorisms", p. 86.

53. Leo Strauss, *Liberalism Ancient and Modern*, Ithaca (Nova York), Cornell University Press, 1989, p. 272.

54. Confira Verenz Lenzen, *Jüdisches Leben und Sterben im Namen Gottes*, Munique, Piper, 1995, p. 111-129.

55. Confira em geral Elizabeth A. Pritchard, "Bilderverbot meets body in Theodor W. Adorno's inverse theology", *Harvard Theological Review*, 95, nº 2, julho de 2002, p. 291-319; e René Buchholz, *Zwischen Mythos und Bilderverbot: die Philosophie Adornos als Anstoss zu einer kritischen Fundamentaltheologie im Kontext der späten Moderne*, Frankfurt, Peter Lang, 1991.

56. Theodor Adorno, *Minima Moralia: Reflextions From Damaged Life*, Londres, NLB, 1974, p. 80.

57. T. W. Adorno, *Negative Dialectics*, Nova York, Seabury Press, 1973, p. 207.

58. *Apud* Bechholz, *Zwischen Mytos*, p. 112-114.

59. T. W Adorno e Max Horkheimer, *Dialectic of Enlightenment*, tradução de J. Cumming, Nova York, Herder and Herder, 1972, p. 23.

60. Horkheimer a Otto O. Herz, 1º de setembro de 1969, em Detlev Claussen, *Theodor W. Adorno: ein leztes Genie*, Frankfurt, Fischer Verlag, 2003, p. 429. Esse é um estudo extraordinário sobre Adorno.

61. Obviamente, a ética do silêncio não é exclusivamente judaica; confira George Steiner, *Language and Silence*, Nova York, Atheneum, 1967: "Essa revalorização do silêncio [...] é um dos atos mais originais e característicos do espírito moderno. [...] Em boa parte da poesia moderna o silêncio representa as reivindicações do ideal; falar é dizer menos" (p. 48).

62. Ludwig Wittgenstein, *Tratactus logico-philosophicus* (1921), tradução D. F. Pears e B. F. McGuinness, Londres, Routledge, 1961, p. 74.

63. G. H. von Wright, *apud* Allan Janik, *Essays on Wittgenstein and Weininger*, Amsterdã, Rodopi, 1985, p. 64.

64. Confira David Stern, "Was Wittgenstein a Jew?"; e Brian McGuinness, "Wittgenstein and the idea of Jewishness", ambos em J. C. Klagge, *Wittgenstein: Biography and Philosophy*, Cambridge, Cambridge University Press, 2001, p. 221-271.

65. Ray Monk, *Ludwig Wittgenstein: The Duty of a Genius*, Nova York, Penguin Books, 1991, p. 19-25, 312-318. Confira Allan Janik, *Essays on Wittgenstein and Weininger*.

66. Sobre Engelmann, confira J. Bakacsy, A. V. Munch e A.-L. Sommer (eds.), *Architecture Language Critique: Around Paul Engelmann*, Amsterdã, Rodopi, 2000.

67. Allan Janik e Stephen Toulmin, *Wittgenstein's Vienna*, Nova York, Simon and Schuster, 1973. Confira também Allan Janik, "Paul Engelmann's role in Wittgenstein's philosophical development", em J. Bakacsy, A. V. Munch e A.-L. Sommer (eds.), *Architecture Language Critique: Around Paul Engelmann*, Amsterdã, Rodopi, 2000, p. 40-58; e Jacques Le Rider, *Modernity and Crises of Identity: Culture and Society in Fin-de-Siècle Vienna*, Nova York, Continuum, 1993, p. 52-55.

68. O poeta era Ludwig Uhland. Um livro recente sobre ele começa da seguinte maneira: "Mesmo um leitor culto não deve sentir receio de perguntar: Ludwig quem? Para um poeta que, há muitas gerações, era uma figura emblemática do cânone literário, Ludwig Uhland passou por um período de grande decadência" (Victor G. Doerksen, *Ludwig Uhland and the Critics*, Columbia [Carolina do Sul], Camden House, 1994, p. xi).

69. Wittgenstein a Engelmann, 9 de abril de 1917, em Paul Engelmann, *Letters from Ludwig Wittgenstein with a Memoir*, Nova York, Horizon Press, 1967, p. 7.

70. Engelmann, *Letters*, p. 97; grifos no original.

71. Citado no apêndice do editor em Engelmann, *Letters*, p. 143.

72. Leo Strauss, "Literary character of the *Guide for the perplexed*" [1941], em *Persecution and the Art of Writing*, Chicago, University of Chicago Press, 1988, p. 73.

NOTAS

73. Leo Strauss, *Persecution and the Art of Writing*, p. 24-25.
74. David Biale, "Gershom Scholem's ten unhistorical aphorisms", p. 72-73. Aqui, mais uma vez, encontramos, em Scholem, uma nota anarquista, a que David N. Myers chamou de "anarquismo religioso permeante" de Scholem. Scholem declarou certa vez que "talvez sejamos anarquistas, mas somos contrários à anarquia" (Scholem, extraído do protocolo do círculo de estudos Ha-'ol sobre os artigos de Judah Leib Magnes, *apud* Paul Mendes-Flohr, *Divided Passions: Jewish Intellectuals and the Experience of Modernity*, Detroit, Wayne State University Press, 1991, p. 400). A esse respeito, vale notar (seguindo Myers, que, por sua vez, segue Baruch Kurzweil) que Scholem em seu ensaio sobre Buber identificou o filósofo do chassidismo como um anarquista religioso. Scholem tem uma frase que ele mesmo cortou das versões posteriores do ensaio sobre Buber: "Eu mesmo sou um anarquista, embora não seja alguém persuadido por Buber" (confira David N. Myers, *Re-inventin the Jewish Past: European Jewish Intellectuals and the Zionist Return to History*, Nova York, Oxford University Press, 1995, principalmente p. 151-176). David Biale nota que Scholem se identificou como um "anarquista teológico"; confira David Biale, *Gershom Scholem: Kabbalah and Counter-History*, Cambridge (Massachusetts), Harvard University Press, 1982, p. 22 (segunda edição).
75. Max Horkheimer, "Art and mass culture" [1941], em *Selected Essays*, Nova York, Seabury Press, 1972, p. 273-290.
76. Confira Susan A. Handelman, *The Slayers of Moses: The Emergence of Rabbinic Interpretation in Modern Literary Theory*, Albany, State University of New York Press, 1982, cap. 2, p. 27-50.
77. Barry Sanders, *A Is for Ox*, Nova York, Pantheon Books, 1994, p. 56-57.
78. José Faur, *Golden Doves with Silver Dots: Semiotics and Textuality in Rabbinic Tradition*, Bloomington, Indiana University Press, 1986, p. 9-10. Faur usa essas idéias para elaborar paralelos com a teoria literária moderna. Confira a resenha crítica em Robert Alter, *The New Republic*, 5 de janeiro de 1987, p. 27 *et seq.*

IMAGEM IMPERFEITA

79. Baruch Spinoza, *Hebrew Grammar* [1677], edição de M. J. Bloom, Nova York, Philosophical Library, 1962, p. 7.

80. Para uma argumentação de que os métodos rabínicos modelam o criticismo literário moderno, confira Susan A. Handelman, *The Slayers of Moses*.

81. Besançon, *The Forbidden Image*, p. 71.

82. Cohen, *Religion of Reason*, p. 37.

83. Franz Rosenzweig, *The Star of Redemption*, tradução de W. W. Hallo a partir da 2ª edição, Boston, Beacon Press, 1972, p. 245-246. Se Rosenzweig defende a poesia aqui, isso não faz dele um crítico das imagens; confira a discussão em Leora Batnitzky, *Idolatry and Representation: The Philosophy of Franz Rosenzweig Reconsidered*, Princeton (Nova Jersey), Princeton University Press, 2000, p. 83-90.

84. Confira David N. Myers, *Resisting History: Historicism and its Discontents in German-Jewish Thought*, Princeton (Nova Jersey), Princeton University Press, 2003, p. 74.

85. Heinrich Gratz, "Judaism can be understood only through its history", em M. A. Meyer, *Ideas of Jewish History*, Detroit, Wayne State University Press, 1987, p. 222-223.

86. Martin Jay, *Downcast Eyes: The Denigration of Vision in Twentieth-Century French Thought*, Berkeley, University of California Press, 1993, p. 543-560.

87. Ernst Bloch, *The Spirit of Utopia* (1963), tradução de Anthony A. Nasser, Stanford (Califórnia), Stanford University Press, 2000, p. 144 (reimpressão). A categoria *"noch nicht"*, que provavelmente ele tomou de empréstimo a Landauer, assumiu grande importância na obra de Bloch.

88. Hans Jonas, "The nobility of sight", in *The Phenomenon of Life: Towards a Philosophical Biology*, Chicago, University of Chicago Press, 1982, p. 136-139.

89. Para uma interpretação diferente, confira o livro erudito e estranho de Elliot R. Wolfson, *Through a Speculum that Shines: Vision and Imagination in Medieval Jewish Mysticism*, Princeton (Nova Jersey), Princeton University Press, 1994: "Um aspecto distintivo do optico-centrismo no misticismo medieval judaico é o falocentrismo. [...] A figura especularizada que proporciona a condição fundamental

NOTAS

para a experiência visionária é a revelação do falo. [...] Torna-se evidente [...] que o cabalista contempla visualmente o falo divino" (p. 385-397). Um *perverso*.

90. Israel Eldad, *apud* Shavit, *Athens in Jerusalem*, p. 200.

91. Lionel Kochan, *Beyond the Graven Image: a Jewish View*, Nova York, New York University Press, 1997, p. 164-165.

92. Jacques Ellul, *The Humiliation of the Word*, Grand Rapids (Michigan), William B. Eerdmans, 1985, p. 13-14.

93. Walter Benjamin, "Theses on the philosophy of history", em *Illuminations: Essays and Reflections*, edição de H. Arendt, Nova York, Harcourt, Brace and World, 1968, p. 266.

94. Moisés Hess, *Rome and Jerusalem: A Study in Jewish Nationalism*, introdução de M. Waxman, Nova York, Bloch Publishing, 1943, p. 108-109.

95. *Athens in Jerusalem*, de Yaacov Shavit abre com essa citação de Tertuliano (p. 1). Confira Louis H. Feldman, *Studies in Hellenistic Judaism*, Leiden, E. J. Brill, 1996, p. 487-503.

96. Heinrich Heine, "Ludwig Börne", em *Heinrich Heines Sämtliche Werke*, Leipzig, Insel Verlag, 1913, v. 8, p. 360.

97. Heinrich Heine, *apud* Bluma Goldstein, *Reinscribing Moses: Heine, Kafka, Freud and Schoenberg in a European Wilderness*, Cambridge (Massachusetts), Harvard University Press, 1992, p. 25.

98. Confira em geral Goldstein, *Reinscribing Moses*, p. 21-39.

99. Heinrich Heine, "Geständnisse", em *Heinrich Heines Sämtliche Werke*, Leipzig, Insel Verlag, 1913, v. 10, p. 183-184; e Heirich Heine, "Moses" (1854), em *The Poetry and Prose of Heinrich Heine*, edição de F. Ewen, Nova York, Citadel Press, 1948, p. 661-662.

100. Para uma boa discussão sobre a mudança de posição de Arnold, confira Donald D. Stone, "Matthew Arnold and the pragmatics of hebraism and hellenism", *Poetics Today*, 19, n° 2, verão de 1998, p. 179-198.

101. Mathew Arnold, *Culture and Anarchy and Other Writings*, edição de S. Collini, Nova York, Cambridge University Press, 1993, cap. 4 e 5.

102. Ao elencar muitos exemplos dessa polaridade, Shavit acredita que a noção de que os gregos tenham se destacado no visual é "infundada" (Shavit, *Athens in Jerusalém*, p. 201).

IMAGEM IMPERFEITA

103. Walter J. Ong, *Orality and Literacy: The Technologizing of the Word*, Londres, Methuen, 1987, p. 90-91.
104. Platão, *The Republic*, Livro 10, em *Collected Dialogues*, edição de E. Hamilton e H. Cairns, Nova York, Bollingen/Pantheon, 1963, p. 832.
105. Eric A. Havelock, *Preface to Plato*, Cambridge (Massachusetts), Harvard University Press, 1963, p. 43-47.
106. Confira em geral Eugene H. Reed, "Herder, primitivism and the age of poetry", *Modern Language Review*, 60, nº 4, outubro de 1965, p. 550-567.
107. J. G. Herder, *The Spirit of Hebrew Poetry* (edição em alemão, 1782; edição em inglês, 1833), Napperville (Illinois), Aleph Press, 1971, v. 2, p. 10.
108. Thorleif Boman, *Hebrew Thought Compared with Greek*, Londres, SCM Press, 1960, p. 27.
109. Boman, *Hebrew Thought*, p. 206, 205.
110. Mathew Arnold, "Heinrich Heine" (1863), em Sister T. M. Hoctor, *Essays in Criticism: First Series*, Chicago, University of Chicago Press, 1968, p. 113. Os editores da edição acadêmica das obras de Arnold (Matthew Arnold, *The Complete Prose Works of Matthew Arnold*, Ann Arbor, University of Michigan Press, 1962, v. 3: *Lectures and Essays in Criticism*, p. 439) apontam, em nota de rodapé, Romanos 8:26 como a fonte da citação de Arnold: "Também o Espírito vem em auxílio de nossa fraqueza porque não sabemos pedir o que nos convém. O próprio Espírito é que advoga por nós com gemidos inefáveis."
111. Para uma compilação, confira Michael Higger, *The Jewish Utopia*, Baltimore (Maryland), Lord Baltimore Press, 1932.
112. I. Epstein (ed.), *The Babylonian Talmud seder zera'im* Berakoth 57b, Londres, Soncino Press, 1948, parte 5, v. 1, p. 356.
113. Gustav Landauer, *For Socialism* (1911), tradução de D. J. Parent, St. Louis, Telos Press, 1978, p. 44.
114. Arnold, "Heinrich Heine", p. 113; Heinrich Heine, *Pictures of Travel*, tradução de C. G. Leland, Nova York, D. Appleton, 1904, p. 301. A tradução foi levemente alterada. Confira Heinrich Heine, "Reisebilder", em *Sämtliche Werke*, Munique, Winkler-Verlag, 1969, v. 2, p. 268-269.
115. Heine, *Pictures of Travel*, p. 259.

NOTAS

116. Kurt Wilhelm, "The idea of humanity in Judaism", em R. Loewe, *Studien in Rationalism, Judaism and Universalism*, Londres, Routledge/Kegan Paul, 1966, p. 297.

Epílogo

1. Lewis Mumford, *The Story of Utopias* (1922), Nova York, Viking Press, 1962, p. 2 (edição revisada).
2. Thomas More, *Utopia* [1516], introdução de P. Turner, Nova York, Penguin Books, 1965, p. 49.
3. Max Horkheimer, "Beginnings of the bourgeois philosophy of history", em *Between Philosophy and Social Science: Selected Early Writings*, introdução de G. F. Hunter, Cambridge (Massachusetts), MIT Press, 1993, p. 369.
4. "Ironicamente", escreve Robert Wojtowicz em seu estudo sobre Mumford, "a causa principal do pessimismo posterior de Mumford foi a 'utopia'". (Robert Wojtowicz, *Lewis Mumford and American Modernism*, Cambridge, Cambridge University Press, 1996, p. 162.)
5. T. W. Adorno, "Something's missing: a discussion between Ernst Bloch and Theodor W. Adorno on the contradictions of utopian longing", em Ernst Bloch, *The Utopian Function of Art and Literature*, edição de J. Zipes e F. Mecklenburg, Cambridge (Massachusetts), MIT Press, 1988, p. 11-12. Para uma comparação entre as idéias de Adorno e Bloch sobre a utopia, confira Inge Münz-Koenen, *Konstruktion des Nirgendwo: die Diskursivität des Utopischen bei Bloch, Adorno, Habermas*, Berlim, Akademie Verlag, 1997.
6. Ernst Bloch, *The Principle of Hope*, Cambridge (Massachusetts), MIT Press, 1995, v. 3, p. 1313.
7. Tomo essa formulação de empréstimo de Perry Anderson, que a toma de Fourier. Confira Perry Anderson, "The river of time", *New Left Review*, 26, março-abril de 2004, p. 77.

Índice remissivo

"A busca do ideal" (Berlin), 110-111

"A busca pela sociedade ideal no mundo ocidental", 43

"A realização do utópico: a solução final para a questão judaica no 'Terceiro Reich'" (Mommsen), 43

Aarão, 176

Abraão, 200

Admirável mundo novo (Huxley), 31,33,34,35

Adorno, Theodor W., 67-68,112; sobre a arte abstrata, 179; Bloch e, 234 n125, 235-236 n125; sobre Heine, 67; Horkheimer e, 192-193; sobre linguagem/imagem, 192; messianismo e, 191; negativismo e, 216

África, genocídio na, 51-52

Agência Central de Inteligência (CIA), 51

Airès, Philippe, 54

Alexandre, 184

Altneuland (Herzl), 137-138,140-143; crítica a, 142-143, 144

American Holocaust (Stannard), 46,227 n61

anabatismo, More e, 87,88

anarquismo: Kafka e, 69; Landauer/Mauthner e, 163-164; misticismo e, 199; Scholem e, 197,265 n74; utopismo e, 148, 151, 156

Anderson, Perry, 106

Anschluss, 194

anti-semitismo: Arendt sobre, 120, 122-123, 128-129; Berlin e, 103; Eisler sobre, 140; Eliot e, 113; arte judaica e, 178-179; Wittgenstein e, 194; sionismo e, 142

antiutopismo, 14; comunismo/marxismo e, 90-91,127-129; surgimento do, 87,89; influência do, 90-91,127-128; tradição judaica e, 135; liberal, 14, 44, 89, 128, 211; More e, 81, 83, 88, 127. *Confira também* Arendt, Hannah; Berlin, Isaiah; Cohn, Norman; Popper, Karl; Talmon, J. L.

Aquino, Tomás de, 105
Ararat, 133-134
Arblaster, Anthony, 105
Arendt, Hannah, 14, 40, 89, 90, 97,127-128; anti-semitismo e, 122-123,129; como antiutopista, 120, 121; Berlin e, 117, 120, 121; "contradições" em, 124-127,247 n135, 247 n136; Eichmann e, 119, 124-126; Heidegger e, 118, 120,126; influência de, 101; Luxemburgo e, 90, 119; Mannheim e, 246 n121; marxismo e,120; sobre o nazismo, 121, 122, Popper e, 120, 121, 122, 123,; Scholem e, 119, 124; socialdemocracia e, 119,246 n119, sobre o stalinismo, 123-124
Aristófanes, 75-77,237n1
Arnold, Matthew; Constant e, 117; sobre a liberdade, 110; sobre Heine, 208-209; sobre helenismo *versus* hebraísmo, 204, 205, 207-209
Aron, Raymond, 98
"Arte e cultura de massa" (Horkheimer), 198,199
arte: judeus e, 176-177,178-181, 200, 259 n10, 259 n17; utopismo e, 181
Atta, Mohammad, 13
Audição versus visão, 198-207
Aufruf zum Sozialismus (Landauer), confira *For Socialism*

Auschwitz, 192,193
aves, As (Aristófanes), 75-76

Baeck, Leo, 188
Bangladesh, guerra civil em, 51
Barenboim, Daniel, 217
Baum, L. Frank,11
Bebel, August, 139
Bell, Daniel, 98
bellamistas, 26
Bellamy, Edward, 17, 26, 43, 136, 138-139; como utopista projetista, 17-18; crítica a, 139; Herzl sobre, 138; utopistas judeus influenciados por, 140
Benjamin, Walter, 68,69,112; sobre o tédio, 57-59; Kafka e, 69; messianismo e, 192; sobre o silêncio, 192; sobre a Torá, 203
Berdyaev, Nicolas, 33
Bergmann, Hugo, 19, 220 n14
Bergson, Henri, 53
Berlin, Isaiah, 128, 211; norte-americanos e, 90; Arendt e, 117-119,120-121,122-123; sobre o comunismo, 103; sobre a liberdade, 108-110; influência de, 101; Israel criticado por, 114, 244 n100; Kant e, 106-107, 111; More e, 14; Podhoretz sobre, 114; sobre a política, 105; popularidade de, 102-103; revisões de, 104, 111; Russell, Bertrand, e, 244 n96;

sobre o totalitarismo/utopia, 41; oscilação de, 114, 118

Bernstein, Richard J., 126

Besançon, Alain, 183, 200

Beyond the Graven Image (Kochan), 202

Bíblia, 16, 167

Blackburn, Robin, sobre Condorcet, 221 n7

Bland, Katman P., 178-179

Blavatsky, Helena P., 154

Bloch, Ernst, 233-235 n125, 253 n65; Adorno e, 235 n125; antiocularismo e, 201; sobre a arte, 181; sobre os contos de fadas, 216; Heidegger em comparação a, 234-235 n125; Horkheimer e, 235 n125; como iconoclasta, 16,67-69; Landauer e, 266n87; como marxista/stalinista, 234-235n125, 236n 125; messianismo e, 191; Müntzer e, 88-89; misticismo, cristianismo e, 153-154

Blücher, Heinrich, 128

Bolena, Ana,81

bom selvagem, o, 47

Boman, Thorleif, 207

Bonaparte, Napoleão, 116

Bowie, A. M., 77

Brann, Eva, 53

Brecht, Bertolt, Bloch e, 235 n125

Breuer, Josef, 92

Brod, Max, 19,146

Buber, Martin, 68,162; Ha'am e, 144-145; chassidismo e, 145-

147; utopismo iconoclasta e, 147; influência de, 144-146; sobre o *kibutz*, 149, 252 n49; Landauer e, 146, 147-148, 149-151, 152-154, 155-156, 164-165, 168-169, 170-171; sobre o marxismo, 149; Mauthner e, 164-165; sobre a Palestina, 146; sobre a revolução, 148; Scholem e, 146; sobre o socialismo, 148; sionismo e, 143-150

Buckingham, David, 56

budismo, 34

Burke, Peter, 58

cabalismo: tradição oral e, 187-189; falocentrismo e, 266n89; Scholem sobre, 188-189; 191, 197

Campanella, Tommaso, 64

campos de concentração, 10, 19, 44

Camus, Albert, 112

Canal de Suez, 27-28

Canovan, Margaret, 126, 247 n135

capitalismo: Constant sobre, 116; corrupção do, 153; extinção do, 94; Huxley sobre, 34; Orwell sobre, 36

Casas, Bartolomeu de las, 48

Celan, Paul, 19; Landauer e, 220 n15

Centro de Estudos de Segurança Internacional, Universidade de Maryland, 50

Centuries of Childhood (Airès), 54

Century of Genocide: Utopias of Race and Nation, A (Weitz), 44-45, 50

Chagall, Marc, 181

chassidismo: Buber e, 145-147; sionismo e, 143, 145

Children's Games in Street and Playground (Opie), 61-62

China, guerra civil na, 51

Chomsky, Noam, 159

Cidade Esmeralda (Baum), 11

Círculo de Viena, 159

Círculo Forte, 154-155, 254 n67, n68

Clubes Nacionalistas, 26

Cohen, Hermann, 187, 200

Cohn, Norman, 88-89

Collini, Stefan, 111-112

Colombo, Cristóvão, genocídio dos índios americanos e, 46-47, 227 n61

comunidades utópicas, norte-americanas, 28-30, 133-134

comunismo, 12,36; distopia e, 33; genocídio e, 48-49; revolução alemã e, 168-169; antiutopistas liberais e, 90-91; messianismo da Reforma e, 88; soviético, 31,38-39; utopismo e, 127

condição humana, A (Arendt), 118

Condorcet, marquês de, 27,221 n7

Considerant, Victor, 29

Constant, Benjamin, 114-117

Conversations on the Plurality of the Worlds (Fontenelle), 32

Courtois, Stéphane, 48-49

Critique of Language (Mauthner), 161-162, 166-167

Cross, Gary, 61

Crossman, Richard, 127

cubismo, 179

Cultura e anarquia (Arnold), 109, 204, 205

Dahrendorf, Ralf, 41

Das Reich Judäa im Jahr 6000 (Osterberg-Verakoff), 139

De Maistre, Joseph, 100,105

democracia, utopia e, 33-35

Der Sprache (Mauthner), 161-162

desaparecimento da infância, O (Postman), 57

Destutt de Tracy, Antoine Louis Claude, 120

Deus, o nome de, 189-191

Deuteronômio, 175, 183

Deutscher, Isaac, 37, 113

"Dez aforismos a-históricos da Cabala" (Scholem), 192

Dialética do esclarecimento (Horkheimer e Adorno), 193

Die Juden als Rasse und Kulturvolk (Kahn), 151

"Die Realisierung des Utopischen" (Mommsen), 43

distopia, 122 n17-18; comunismo e, 40; história e, 31; utopia e, 32-34, 39-41; Zamyatin sobre, 38-39

Ehrenberg, Victor, 76
Eichmann em Jerusalém (Arendt), 118, 120, 125-126
Eichmann, Adolf, 98; Arendt e, 123-127; julgamento de, 117-118
Eisler, Edmund, 140
Eisner, Kurt, Landauer e, 167-168, 169
Eldad, Israel, 202
Eliav-Feldon, Miriam, 139
Eliot, T. S., 113
Eliott, Gil, 48
Ellul, Jacques, 18, 230
Elogio da loucura (Erasmo), 78, 85
Enciclopédia judaica, 177, 179
Enfantin, Barthélemy Prosper, 27
Engelmann, Paul, 195
Engels, Friederich, 88
Época de Ouro, 27, 47, 73
Erasmo, 78, 89
Escola de Frankfurt: Bloch e, 234-235 n125; segundo mandamento e, 193
escravatura, abolicionismo e, 27
Espinosa, Baruch, 154; sobre a língua hebraica, 199
estado de bem-estar social, 15
Estado soviético, 48
Estados comunistas, colapso dos, 30-31
Etiópia, Guerra contra a Eritréia, 51-52
Etzler, J. A, 182
Êxodo, 16, 175, 183, 188, 190, 200

Fairchild, Hoxie Neal, 47
Falange norte-americana, 30, 221 n13
fascismo, 37,49,128
Faur, José, 199; sobre Torá e semiótica, 265 n78
Fazenda Brook, 29
Fichte, Johann Gottlieb, 109
Ficker, Ludwig, 195
filosofia da miséria, A (Proudhon), 93
Fontenelle, Bernard le Bovier de, 32
For Socialism (Landauer), 156, 170
Foundations of Coenobitic Life, 58
Fourier, Charles, 12, 44, 136
fourierismo, 30
Franklin, Benjamin, 74
fraternidade islâmica, 11
Freud, Sigmund, 92, 112
Friesen, Abraham, 88
Furet, François, 49

Gargântua e Pantagruel (Rabelais), 80
Geist der Utopie (Bloch). *Confira Spirit of Utopia*
Geist: em Landauer, 152-154, 156-157; Mauthner sobre, 159
Gellner, Ernst, 126
Gênesis, 191
genocídio, 40, 44, 227n61; dos índios americanos, 46-47; comunismo e, 48-49; nacionalismo e, 50, 51; nazismo e, 11, 51; em Ruanda, 51; estatísticas, 49-51; utopia e, 40-45,46,51

Gilman, Sander L., 166-167

Ginzburg, Asher, 142

God that Failed, The (Crossman), 88,127

Goethe, Johann Wolfgang von, 67

Goldman, Emma, 31

Gostaríamos de informá-lo de que amanhã seremos mortos com nossas famílias (Gourevitch),52

Gourevitch, Philip, 52

Gratz, Heinrich, 201

Guerra Fria, 214-215

Guia dos perplexos (Maimônides), 185-186, 196-197

Gutmann, Joseph, 183

Guy, John, 84, 85

Ha'am, Ahad, 142, 146; Buber e, 144-145; sobre as imagens, 158

Halevi, Judah, 190; Rosenzweig e, 200-201

Hardy, Henry, 102-103

Hart, Heinrich, 66

Hart, Julius, 66, 153; Landauer sobre, 153

Havelock, Eric A., 206

Hawthorne, Nathaniel, 29, 30

hebraico, interpretação do,199

Hebrew Thought Compared with Greek (Boman), 207

Hecht, Ben, 168

Hegel, G. W. F., 45, 121; marxismo e, 156

Heidegger, Martin, 112; Arendt e, 118, 119, 126-127; Bloch em comparação a, 234 n125

Heine, Heinrich, 67, 204, 205, 208-210; Arnold sobre, 208

helenismo *versus* hebraismo, 204-208

Henige, David, 46

Henrique VIII, 81

Herder, Johann Gottfried von, 179, 206

Herlz, Theodor, 136-137, 140-144; crítica a, 141-143, 144,166

Hermand, Jost, 42

Hertzka, Theodor, 136

Hesíodo, 43, 73-74

Hess, Moisés, 204

Hexter, J. H, 82, 83

Hill, Christopher, 112

História verdadeira (Luciano), 77-78

História: fim da, 89; idéias e, 13

historicismo, 123,128; Popper e, 121

Hitchens, Christopher, 113

Hitler, Adolf: anti-semitismo e, 42; Arendt e, 118,123; Huxley sobre, 35; sobre o idioma judeu, 168-169; judeus e, 42; More e, 41-42; Popper e, 92; como utopista, 10, 43-44, 226 n54

Hobbes, Thomas, 105

Hobsbawn, Eric, 112

Hofman, Abbie, 134

Holmes, Stephen, 117

ÍNDICE

Holocausto, 11-12. *Confira também* Auschwitz; genocídio
Holt, John, 61
homem que não vendeu sua alma, O, 88
Horkheimer, Max, 19, 56, 193, 198; Adorno e, 192-193; sobre a arte, 198; imagem e, 157
Humuliation of the Word, The (Ellul), 18
Husserl, Edmund, 112
Huxley, Aldous: distopia e, 31, 33, 34, 35; como utopista, 225 n47

idealismo, desaparecimento do, 9
"Idéias políticas no século XX" (Berlin), 105,106
"Ideologia e terror" (Arendt), 96
Ideologia e utopia (Mannheim), 150
ideologia, 126,128; Arendt sobre, 119, 120-121, 122, 123
Ignatieff, Michael, 113
ilha, A (Huxley), 34
iluminismo, 89, 134, 201
imagem proibida, A (Besançon), 183
imagens, 14-15, 258 n3; Adorno sobre, 192-193; proibição bíblica da, 175-176, 178; iconoclastas e, 17; monoteísmo e, 187; obsessão por, 17-19. *Confira também* segundo mandamento

imaginação, 229 n79, n80; tédio e, 57; infância e, 55-62, 232 n111; declínio da, 15, 30, 56; utopismo e, 52-53
Índia, divisão da, 51
Indonésia, golpe na, 1965, 51
infância: tédio na, 59; como um fenômeno histórico, 53-62, 229 n84, 230 n88, 232 n112, 233 n114; imaginação na, 54-61,231 n101; brincadeira, mudanças na, 59-62; imaginação romântica e, 54; televisão e, 56-57
Investigações filosóficas (Wittgenstein), 159
Isaac, o cego, 189
Isaías, 20, 210
Islam/islamitas, radicais, 12-13. *Confira também* muçulmanos, ódio a
Israel, 147; Buber sobre, 149-150; leis de, 187

jacobinismo, 98
Jacobs, Jane, 62
Jacobs, Louis, 190
Janik, Allan, 159, 195
Jaspers, Karl, Arendt e, 124
Jay, Martin, 201
Jew of New York, The (Katchor), 133
Jewish Self-Hatred (Gilman), 166-167
Jewish State, The (Herzl), 136, 137
João Paulo II, papa, 83

Jonas, Hans, 202
Josephus, Flavius, 184
judeus/judaísmo, 11-12, 17, 19, 66; pintura abstrata e, 179; arte e, 176-177, 178-181, 200,259 n10, 260 n17; utopismo projetista e, 140; teoria crítica e, 193; Hitler sobre, 42; utopismo iconoclasta e, 68, 158, 201, 209-211; pensamento de esquerda e, 134-135; messianismo, 63; nazismo e, 42-45; tradição oral e, 200-203, 206; poesia e, 200, 206; comunas utópicas e, 133-134, 248n5; pensamento utópico e, 66, 67-68, 134, 136. *Confira também* antiutopismo, cabalismo, sionismo

Kafka, Franz, 19, 68, 69; anarquismo e, 69; sionismo e, 146
Kahn, Fritz, 151
Kampf, Avram, 180
Kant, Immanuel, 118, 120, 179; Berlin sobre, 105-107, 111
Karabell, Zachary, 27
Katchor, Ben, 133, 134
Kautsky, Karl, 88
Khalidi, Muhammad Ali, 141-142
Khmer vermelho, 44
Kibutz, 44; utopismo e149, 252n49
Kid's Stuff (Cross), 61
Kline, Steven, 61
Kochan, Lionel, 202
Koestler, Arthur, 87

Kohn, Hans, 66, 145
Kraus, Karl, 159; crítica a, 166
Kritik der Sprache (Mauthner). *Confira Critique of Language*

Landauer, Gustav, 19, 68, 149-155; como ativista, 167-169; anarquismo e, 156; Buber e,147-148, 149-151, 152-153, 155, 165, 170-171; Celan e, 220 n15; assassinato de, 169-170; revolução alemã e, 168-169; túmulo de, 258n116; utopismo iconoclasta e, 156-158, 171; sobre imagens/linguagem, 157-158; Mauthner e, 161-165, 168; misticismo, cristianismo e, 153-154; sobre o socialismo/marxismo, 156, 169, 170; sobre a utopia, 208; Walt Whitman e, 169
Language (Mauthner), 162
Language and Silence (Steiner), 263 n61
Laqueur, Walter, 102, 143
Leitenberg, Milton, 50
Lemkin, Raphael, 40,225 n44
Lenda do Baal-Shem (Buber), 151
leninismo, 40
Lesseps, Ferdinand de, 28
Levien, Max, 168
Lévinas, Emmanuel, 201
Levítico, 175
Lewis, C. S., 87
liberalismo, 11

linguagem: crítica à, 162-163, 165; fetichismo e, 167,187; identidade e, 165; idolatria e, 185-186, 187-188, 261n36; Landauer sobre, 157; Mauthner sobre, 159-161, 166-168; segundo mandamento e, 188; semítica *versus* grega, 195

Lisístrata (Aristófanes), 77

Lissitzky, El, 180

livro negro do comunismo, O (Courtois), 48-49

Looking Ahead: Twentieth-Century Happenings (Mendes), 139

Looking Backwards (Bellamy), 17, 26, 139

Löwy, Michael, 67, 69

Luciano, 77-78, More e, 78,79

luteranismo, 92; More e, 84-85, 86-88

Lutero, Martin, 14

Luxemburgo, Rosa, 134; Arendt e, 90, 119

Maeterlinck, Maurice, 160, 193

Maimônides, Moisés: teologia negativa de, 69, 185-186, 192; sobre a transmissão oral, 196, 199; Wittgenstein e, 195-196

Malia, Martin, 40

maniqueísmo, 101

Mannheim, Karl, 150, 246 n121

Manuel, Frank, 106, 237 n1

Manuel, Fritzie, 106, 237 n1

Mao Zedong,40

maoísmo, 34

Maquiavel, Nicolau, 105

Marcuse, Herbert, 68

Marius, Richard, 86

Marmorstein, Arthur, 190

Martyr, Peter, 47

Marx, Karl, 88,93; Berlin sobre, 104; imagens e, 157; como profeta, 150; utopismo e, 135, 260n20

marxismo, 14, 91, 98, 100, 112; Arendt e, 118; Buber sobre, 148-149; historicismo e, 93; ideologia e, 118-119; Landauer sobre, 156, 170; antiutopistas liberais e, 128,; Popper e, 92-93, 128; soviético, 31; utopismo e, 98, 129. *Confira também* socialismo

Mauthner, Fritz: ateísmo de, 161, 165, 257n102; crítica a, 165-167; Landauer e, 161-162, 163, 256n90; sobre linguagem, 159-161, 166-167; misticismo e, 194; Wittgenstein e, 196

Medieval Children (Orme), 55

Mendelssohn, Moisés, 186-189, 201

Mendes, H. Pereira, 139

Mendes-Flohr, Paul, 147

messianismo, 99-101, 151; totalitarismo e, 88,99

1984 (Orwell), 10, 31, 33, 34, 35, 36-38

milenarismo, 88

Mill, John Stuart, 222 n18

IMAGEM IMPERFEITA

Miloševic, Slobodan, 44
Minha luta (Hitler), 41, 43, 225n47
miséria da filosofia, A (Marx), 93
miséria do historicismo, A (Popper), 91,92
misticismo: anarquismo e, 199; Bloch e, 153; Landauer e, 153-154, 162-165; Mauthner e, 165; falocentrismo e, 266n89; utopismo e, 208-211; Wittgenstein e, 194-195
mito do século vinte, O (Rosenberg), 11
Mixná, 191
Moisés, 151, 176-177, 188, 190, 200; Heine sobre, 205
Mommsen, Hans, 43
Monk, Ray, 194
monoteísmo: criatividade e, 178; origens do, 184,260n25
More, Thomas, 14, 32, 41, 48; antiutopismo e, 14, 81, 83, 88, 127; Aristófanes e, 79; como utopista projetista, 17,64,136; na Broadway, 81; canonização de, 81,83; carreira de, 81,84; epitáfio de, 84; Hitler *versus*, 41; sobre a injustiça, 28; como inquisidor, 84-86; Luciano e, 78,79-80; luteranismo e, 84-85; como assassino, 86; nazismo e, 86-87; sobre a representação, 214
Morris, William, 32
Morte e vida das grandes cidades (Jacobs), 62

Moscou, julgamentos de, 98
Moynahan, Brian, 83
muçulmanos, ódio a, 44
Mumford, Lewis, 9, 64, 213; pessimismo de, 215-216, 269 n4
Müntzer, Thomas, 89
Myth of Nation and the Vision of Revolution, The (Talmon), 99, 100, 242 n66

Na senda do milênio (Cohn), 88, 89
nacionalismo: genocídio e, 50-52; judeu, 153; Landauer e, 151; sérvio, 44; Talmon sobre, 100; totalitarismo e, 128; utopismo e, 15; violência e, 12-13
nativos americanos, 46-49
nazismo: Arendt sobre, 121, 122; Celan e, 35; campos de concentração, 10, 19, 44; genocídio e, 11, 51; Horkheimer e, 198; judeus e, 42-45; More e 41,87; Niekisch sobre, 170; Popper e, 92; milenarismo da Reforma e, 88; utopismo e, 15, 41, 45, 99, 100-101, 128-129, 225 n47, 226 n54; Primeira Guerra Mundial e, 49
Negative dialects (Adorno), 192
Neue Gemeinschaft (círculo da Nova Sociedade), 66, 147
New York Review of Books, 112
New Yorker, 118
News from Nowhere (Morris), 32
Niekisch, Ernst, 170, 257 n114
Nietzche, Friedrich, 118

ÍNDICE

Noah, Mordecai, 133-134
nominalismo, 159
Nordau, Max, 143; sobre Ha'am, 250 n27
Noyes, John Humphrey, 29
Numbers from Nowhere (Henige), 46

"O declínio das idéias utópicas no Ocidente" (Berlin), 110
Old Dreams of a New Reich: Volkish Utopias and National Socialism (Hermand), 42-43
Olmstead, Frederick, Law, 30, 221 n13
Oneida, 29
Ong, Walter J., 205
11 de setembro, ataques do, 13, 215; o impulso utópico e o, 216
Opie, Iona, 61-62
Opie, Peter, 61-62
Oráculos sibilinos, 184
Orality and Literacy (Ong), 205
origem do drama barroco alemão, A (Benjamin), 192
origens do totalitarismo, As (Arendt), 40, 89, 90, 97, 120-123, 124-125, 126-128, 129
Origins of Nazi Violence (Traverso), 49
Origins of Totalitarian Democracy, The (Talmon), 89, 99, 101
Orme, Nicholas, 55
Orquestra West-East Diva, 217

Orwell, George: distopia e, 31-33; sobre o comunismo soviético, 35-37; Zamyatin e, 38-39
"Os caminhos da arte judaica" (Ryback), 180
Osterberg-Varakoff, Max, 139
Out of the Garden (Kline), 61
Ovídio, 10
Oz, 11

paganismo, 12
Palestina, 217; Buber sobre, 146; Herzl sobre, 138; nação judaica na, 148; literatura judaica e, 139. *Confira também* sionismo
Paradise within the Reach of All Men, The (Etzler), 181-182
Paraíso perdido, O (de las Casas), 48
Partido Trabalhista Britânico, 36
Paths in Utopia (Buber), 147, 148, 149
Patrick, J. Max, 32, 222n18
"Perseguição e a arte de escrever" (Strauss), 198
Pictures of Travel (Heine), 209-210
PKI (Partido comunista indonésio), genocídio e, 51
Platão, 53, 89, 118, 121; Ong sobre, 205-206; sobre a poesia, 206; Popper sobre, 237 n1
pluralismo, utopia planejada *versus*, 105-106, 108-111
Plutarco, 186

Podhoretz, Norman, 113-114
poesia, grega *versus* hebraica, 206-207
Pol Pot, 10, 34, 50
Political Messianism (Talmon), 99
Popper, Karl: como antiutopista, 89, 91; Arendt e, 119-121, 122, 123-124; Berlin e, 104, 242 n68; utopias projetistas e, 211; Hegel e, 128; historicismo e, 94, 123; marxismo e, 92-94, 98, 127, 128; More e, 14; nazismo e, 93; Platão e, 128, 237 n1; Talmon e, 99-101; sobre o totalitarismo, 40
Postman, Neil, 57
Powers, Samantha, 52
Primeira Guerra Mundial, 9, 48, 49, 91, 92, 98, 148, 161, 267, 215; Hitler sobre, 42; crise política e, 155
princípio esperança, O (Bloch), 216
Processo, O (Kafka), 126
propriedade, poder e, 34-35
Proudhon, Pierre Joseph, 93
pureza ariana, 11

Quest for Utopia, The, 182
quialismo, militante social, 88
Qutb, Sayyid, 12

Rabelais, François, 78; Luciano e, 79
Redenção e utopia (Löwy), 67
Reforma, 14, 81, 87, 115
Reformation and Utopia (Friesen), 88
Regler, Gustav, 31
Rei Jaime, Bíblia do, 82

Religion of Reason (Cohen), 187
Renan, Ernest, 135, 178
República (Platão), 237 n1
revolução dos bichos, A (George Orwell), 36-37
Revolução Francesa, 89; marxismo e, 99-100, Talmon sobre, 99-100
Revolução Russa, 49, 91, 99
Revolução: Buber sobre, 148; francesa, 89, 99, 101; alemã, 153; permanente, 39; terror e, 151
Revolution (Landauer), 151-152
Revolutionary Jews (Wistrich), 135
Ridley, Hasper, sobre More, 86
Romantismo: revolução e, 67; utopismo e, 66, 147
Rome and Jerusalem (Hess), 204
Rosenberg, Alfred, 11
Rosenzweig, Franz, 192, 200; Herder e, 206
Rousseau, Jean-Jacques, 54
Ruanda, 52
Rússia, guerra civil na, 48
Ryback, Isschar, 180

Said, Edward, 217
Sander, Barry, 199
"São esses pensamentos heréticos?" (Landauer), 152
Sartre, Jean-Paul, 112
Scholem, Gershom, 63, 68; anarquismo e, 198, 265 n74; Arendt e, 118, 125; Buber e, 146-147; o Círculo Forte e, 154-155; sobre o cabalismo, 188-189, 192, 198; messia-

nismo e, 191; sobre a verdade, 197

Schopenhauer, Arthur, 105

Schor, Juliet B., 57

sectarismo, 129

secularismo, 12

Sed-Rajna, Gabrielle, 179

Segal, Haim, 180

Segunda Guerra Mundial, 48, 50, 59, 148, 197; antiutopismo seguindo, 89

segundo mandamento, 176, 177, 178, 180, 187, 258 n3; Escola de Frankfurt e, 193; utopias judaicas e, 156-159, 182-184, 185-186, 187; linguagem e, 187-188; ensinamentos orais e, 196

sentido da realidade, O (Berlin), 104

Serges, Victor, 31

Sermão da montanha, 82

Sex and Character (Weiniger), 194

Shavit, Yaacov, 178

Silone, Ignazio, 87

sino-japonesa, guerra, 48; estatística de mortes na, 51

sionismo: Arendt e, 118; Buber e, 144-146, cultural *versus* político, 142-143, 250 n27, 250 n30; Ha'am sobre, 250 n30; Herzl e, 136; Kafka e, 146

Skepticism and Mysticism (Landauer), 163-164

Skinner, B. F., 64

Smith, Robert Paul, 59-60, 63

Social Justice in Islam (Qutb), 12

socialismo, 34, 36; Buber sobre, 148-149; Landauer sobre os judeus e, 152; utopismo *versus*, 66-68

sociedade aberta e seus inimigos, A (Popper), 89, 91, 93, 94-95, 237 n1

Sociedade Etnográfica Judaica na Rússia, 180

Société des Amis des Noirs, 27

Sócrates, 78, 237 n1; Boman sobre, 207

Soviet Tragedy (Malia), 40

Spacks, Patrícia, 59

Spirit of Hebrew Poetry, The (Herder), 206

Spirit of Utopia, The (Bloch), 17, 67, 154, 181, 201, 233 n125, 253 n65

St. Simon, Henri, 27

Stálin, Joseph, 40, 44, 124; depurações de, 38, 51;

stalinismo, 14, 31, 34, 37, 49, 112, 128; Arendt sobre, 123-124; jacobinismo comparado a, 98; More e, 86

Stannard, David, 46-48

Star Chambers, 84

Statesman and the Fanatic, The (Ridley), 86

Stearns, Peter, 59

Steiner, George, 159, 263 n61

Steiner, Rudolf, 154

Story of Utopias, The (Mumford), 9, 64, 213

Strauss, Leo, 187, 192, 197-198

Talmon, J. L., 89, 99, 101, 128; influência de, 101, 242 n68

Talmude, 20, 167, 186; babilônico, 208

Tchékhov, Anton, 105

tecnologia: crítica a, 170-171; imperialismo e, 215

tédio, 57-59, 231 n101

teoria crítica, judaísmo e, 193

terrorismo, 10, 11, 13, 120, 217

Tertuliano, 204

The Boy's Herald, 101

"The holy way" (Buber), 148

"The sanctification of the name" (Bergmann), 19

Thomas, Keith, 55

Tolstói, Lev Nikoleyevich, 105

Torá, 69, 155, 158, 188-189, 192; Benjamin sobre a, 203; interpretação oral da, 199-200

Torquemada, 86

totalitarismo: marxista/fascista, 90-91; Orwell sobre, 36; utopismo e, 10, 14, 26, 30-31, 42-44, 49, 73, 87, 99-101, 108, 128, 226-227 n54

Toulmin, Stephen, 159, 195

Os Trabalhos e os dias (Hesíodo), 73-74

Tratactus logico-philosophicus (Wittgenstein), 193-194, 195

Traverso, Enzo, 49

Trótski, Lev, 31, 134

Tsao, Roy T., 123

Twentieth Century Book of the Dead (Eliott), 48

Tyndale, William, 82-83

Uhland, Ludwig, 264 n68

"Uma nota sobre o conceito de conhecimento em Vico" (Berlin), 118

utilitarismo, contemporâneo, 9

Utopia (More), 28, 32, 41, 48, 81; segregação etária e, 16; desconsideração do autor a, 85; data de criação, 82; autores gregos/latinos e, 78-79; intencionalidade de, 83; questões abordadas em, 214; liberdade religiosa em, 13

"Utopia and Totalitarism" (Rouvillois), 44, 227 n55

"Utopia e violência" (Popper), 97-98

Utopia: características de, 10; base comunal de, 149; definição de, 10; gregos sobre, 73-76; de More em comparação às islâmicas, 13; origem do termo, 14; planejamento, problemas com, 16; liberdade religiosa em, 13; suspeita de, 18; tecnologia e, 149

Utopian Reader, The, 182

Utopian thought in the Western World (Manuel), 237 n1

utopismo iconoclasta, 182-183; Bloch e, 17; projetista *versus*, 15-19, 64-69, 135-136; Buber e, 147; defesa de, 129; elementos essenciais de, 208; judeus e, 67-68, 136, 156-157, 201, 203-204, 208-211; Landauer e, 156-157, 171; misticismo e, 208-211; negativismo e, 215; romantismo e, 66 utopismo judaico: imagem e futuro no, 158-159

utopismo projetista: Berlin e, 211; Herzl e, 137; utopismo iconoclasta *versus*,15-19, 64-69, 135; judeu, 140-141; More e, 17,64; Popper e, 96, 210-211; totalitarismo e, 97

utopismo: arte e, 181; projetista *versus* iconoclasta, 15-19, 64-69, 135-136; atual estado de, 26; historicismo e, 94; Kant e, 105-107; marxismo e, 94, 98; nazismo e, 42-45; reforma prática e, 26-31; totalitarismo e, 10, 25, 30-31, 43-44, 49, 73, 87, 100-101, 108, 127-129, 226 n54. *Confira também* antiutopismo; utopismo projetista; utopismo iconoclasta; utopismo judaico

Varnhagen, Rahel, 119

verdade: paradoxo e, 196-197; relatividade da, 162; Scholem sobre, 197

vida do espírito, A (Arendt), 118, 119, 120, 127

Viena de Wittgenstein, A (Janik e Toulmin), 159, 195

Villa, Dana R., 126

Visions of Utopia (Rothstein *et al.*), 181

Von Wright, G. H., 194

Vorländer, Hermann, 183

Wagner, Richard, 126; anti-semitismo de, 179

Walter, Bruno, 92

We (Zamyatin), 38-39, 52-53

Weber, Max, 112, 184

Weininger, Otto, 194

Weitz, Eric D., 44-45, 50

Weizmann, Chaim, 114

Wells, H. G., 34; Zamyatin sobre, 39

"Where did you go?", *"Out"*, *"What did you do?"*, *"Nothing"* (Smith), 59

Whitman, Walt, 169

Wilhelm, Kurt, 210

Wistrich, Robert S., 135

Wittgenstein, Ludwig, 159, 160, 193-196; preocupações éticas/místicas de, 195, 196-197; poesia de Uhland, Ludwig e, 195, 264 n68

Woman, The (Bebel), 139

Wordsworth, William, 54

World of Imagination, The (Brann), 53

Young-Bruhl, Elisabeth, 119

Zamyatin, Yevgeny, 38-39, 52-53, 224 n39; como utopista, 225 n47

Zeus, 73, 75

Zukunftsbild (Eisler), 140

Zunz, Leopold, 133

*O texto deste livro foi composto em Sabon,
desenho tipográfico de Jan Tschichold de 1964
baseado nos estudos de Claude Garamond e
Jacques Sabon no século XVI, em corpo 11/15.
Para títulos e destaques, foi utilizada a tipografia
Frutiger, desenhada por Adrian Frutiger em 1975.*

*A impressão se deu sobre papel off-white 80g/m²
pelo Sistema Cameron da Divisão Gráfica
da Distribuidora Record.*

Seja um Leitor Preferencial Record
e receba informações sobre nossos lançamentos.
Escreva para
RP Record
Caixa Postal 23.052
Rio de Janeiro, RJ – CEP 20922-970
dando seu nome e endereço
e tenha acesso a nossas ofertas especiais.

Válido somente no Brasil.

Ou visite a nossa *home page*:
http://www.record.com.br